Nadja Schreiber

Zeugenbefragung von Kindern: Wie wirkt die Technik „Einladen zur Spekulation“

UN Psychologie

Nadja Schreiber

Zeugenbefragung von Kindern:

Wie wirkt die Technik „Einladen zur Spekulation“?

LINOS-Verlag

Die Deutsche Bibliothek – CIP-Einheitsaufnahme

Nadja Schreiber

Zeugenbefragung von Kindern: Wie wirkt die Technik „Einladen zur Spekulation"? / Nadja Schreiber. – Grevenbroich: LINOS-Verlag, 2000

Zugl.: Münster, Westf. Wilhelms-Univ., Diss., 2000

ISBN 3-935222-01-7

D 6

LINOS-Verlag, Inhaber: Astrid Florack, Grevenbroich, 2000

Druck
BOD Hamburg
Printed in Germany

Vorwort

Um die Idee zu dieser Arbeit zu haben, sie zu planen, durchzuführen, zu diskutieren und sich den „delay of gratification“ immer wieder vor Augen zu führen, bedarf es wohl mehr als nur eines „Schreibers“.

An erster Stelle möchte ich deshalb ganz besonders PD Dr. Dirk Wentura danken, dessen unermüdlicher Einsatz entscheidend zu dieser Arbeit beigetragen hat. Es waren seine Anregungen in der Planungs-, Durchführungs- und Auswertungsphase, die einen wichtigen Beitrag zu der Arbeit in ihrer jetzigen Form darstellten. Darüber hinaus war es für mich von besonderer motivationaler Wichtigkeit, einen dauerhaften, stets offenen Ansprech- und Diskussionspartner in ihm zu haben; es war eine Freude von ihm zu lernen.

Herzlich danken möchte ich ebenfalls Prof. Dr. Jim Wood und Prof. Dr. Roy Malpass von der University of Texas at El Paso. Im Rahmen meiner Forschungsaufenthalte dort und meiner Diplomarbeit ist die Idee zu dieser Arbeit entstanden. Ihre Kritik und ihre Anregung als Diskussionspartner, auch während der Planungsphase der Experimente, waren äußerst wichtig. Ebenso danken möchte ich Prof. Dr. Wolfgang Bilsky, der durch seinen kontinuierlichen gutachterlichen Einsatz diesen internationalen Austausch ermöglichte. Auch seine wertvollen Hinweise und Ratschläge insbesondere während der Planungsphase, und seine Unterstützung trugen sehr zu der Arbeit bei.

Ausdrücklich danken möchte ich ebenfalls dem „Untersuchungs- und Auswertungsteam“, das sich auf allen Ebenen sehr bewährte: Frau Dipl.-Psych. Cordula Kähler möchte ich für die Durchführung der Interviews, das Schuhe zubinden und Nase putzen der Versuchspersonen und für das Korrekturlesen der Arbeit danken und cand. psych. Arne Weigold und cand. psych. Katharina Kusenberg möchte ich insbesondere für das „Co-Scoren“ der Transkripte danken. Des weiteren möchte ich den Korrekturlesern Dipl.-Psych. Ina Jucks, Dipl.-Psych. Elmar Stahl und Jutta Siepert danken.

„Last but surely not least“ sei meinem „sozialen Netzwerk“ für die vielfältige Unterstützung insbesondere während des letzen Jahres gedankt. Besonders meinen Eltern, Anne und Ferdi Schreiber und meinen Geschwistern möchte ich für den privaten Rückhalt, das offene Ohr, die Rückzugsmöglichkeit und die Unterstützung - in guten wie in schlechten Zeiten - danken.

Münster, im März 2000

Nadja Schreiber

Abstract

In den vergangenen zwanzig Jahren wurden wiederholt Massenbeschuldigungsverfahren sexuellen Mißbrauchs sowohl in den USA als auch in Europa bekannt (Nathan & Snedecker, 1995; Steller, 1997). In diesen Verfahren beschuldigten eine Vielzahl an Kindern in Vorschulinstitutionen und Kindergärten ihre Erzieher und z.T. andere bekannte Erwachsene des oftmals monate- bis jahrelangen sexuellen Mißbrauchs. Das zentrale Problem dieser Massenbeschuldigungsverfahren waren die Zeugenaussagen der Kinder, die in der überwiegenden Mehrzahl der Fälle nach monatelanger suggestiver Befragungen der kindlichen Zeugen entstanden (Volbert, 1999). In der empirischen Literatur wurden bisher verschiedene dieser suggestiven Befragungstechniken überprüft. Es zeigte sich, daß diese Interviewtechniken dazu führen können, Zeugenaussagen von Kindern zu verfälschen. (Bruck & Ceci, 1999; Poole & Lamb, 1998). Eine dieser Interviewtechniken, „Einladen zur Spekulation“ („Was hätte X denn tun können?“), ist in ihrer Wirkung auf nachfolgende Zeugenaussagen bisher noch nicht empirisch überprüft worden. Dies war das Ziel der vorliegenden Arbeit. Kindern aus vier Kindergärten (N=111) wurde eine Live-Clownshow gezeigt, in der ein Clown unter anderem untypische Handlungen mit alltäglichen Gegenständen (z.B. „mit einem Messer trommeln“) zeigte. Eine Woche später wurden Kinder aus Experiment 1 entweder zu keinem (Kontrollgruppe) oder allen (Experimentalgruppe) untypischen Handlungen eingeladen zu spekulieren („Was hätte der Clown noch mit dem Messer machen können?“). Auf diese Art produzierten die Kinder hoch wahrscheinliche Spekulationen (d.h. die typische Handlung: „schneiden“) und die als experimentelle Fehlinformation konzipierte Spekulation wurde somit kontrollierbar. Kinder aus Experiment 2 wurden zu der einen Hälfte der Gegenstände eingeladen zu spekulieren und zur anderen Hälfte nicht. Nach 3 Wochen und nach 5 bis 6 Monaten wurden die Kinder nochmals zu der Clownshow befragt. In Experiment 1 zeigte sich nach drei Wochen kein Anstieg der fälschlicherweise genannten hoch wahrscheinlichen Antworten in der Experimentalgruppe, wohingegen nach 5-6 Monaten mehr hoch wahrscheinlich falsche Antworten in der Experimentalgruppe berichtet wurden - allerdings auch mehr sonstige falsche Antworten - . In Experiment 2 zeigte sich der umgekehrte Effekt: 3 Wochen nach der Clownshow produzierten die Kinder mehr hoch wahrscheinlich aber falsche Antworten zu den Gegenständen, zu denen sie eingeladen wurden zu spekulieren. Dieser Effekt konnte zum zweiten Meßzeitpunkt nicht repliziert werden; es zeigte sich allerdings ein „Carry-over“-Effekt: Die Ergebnisse dieser beiden Experimente bestätigen die Bedenken bezüglich der Anwendung der Interviewtechnik „Einladen zur Spekulation“ in Zeugeninterviews mit Kindern: Kinder im Vorschulalter können so Gefahr laufen, mehr hoch erwartbar falsche Antworten zu produzieren.

Interviewer:	Okay. We'll come back to him in a second. This is the little girl. Have you ever seen any-body hurting the little girls anywhere on their body with any of this stuff?
Child:	No.
Interviewer:	Did you hear of anybody getting hurt with any of this stuff?
Child:	No.
Interviewer:	How do you think one of the little girls or any of the little girls could have gotten hurt by any of this stuff, would you show me how you think they could get hurt with any of this?
Child:	If you take this and go like that, that really hurts.

(Kelly Michaels-Fall, Kind 22c, S. 14)

Inhaltsverzeichnis

1 Überblick

Die vorliegende Arbeit gliedert sich in zwei Teile. Im ersten Teil wird anhand des Fallbeispiels eines Massenbeschuldigungsverfahrens die Verwendung der Interviewtechnik „Einladen zur Spekulation“ („Was könnte X noch gemacht haben?“) in Zeugenbefragungen mit Kindern und deren Problematik dargestellt. Es wird exkursartig auf die Situation kindlicher Zeugen vor Gericht, die Abhängigkeit der Suggestibilität vom Alter und die empirische Untersuchung verschiedener suggestiver Interviewtechniken eingegangen. Anhand zweier kognitionspsychologischer Erklärungsmodelle werden Voraussagen über die Wirkung der Interviewtechnik gemacht und Annahmen über deren empirische Überprüfung.

Der zweite Teil der Arbeit besteht aus der Darstellung der zwei Experimente, die mit einem jeweils anderen Design die Wirkung von „Einladen zur Spekulation“ auf die Zeugenaussagen von Kindern empirisch überprüfen. Ihre Ergebnisse werden diskutiert und in die beiden im ersten Teil dargestellten und weitere theoretische Erklärungsmodelle eingeordnet.

2 Problemstellung

Zu Beginn dieser Arbeit soll dargestellt werden, warum und vor welchem theoretischen und angewandten Kontext „Einladen zur Spekulation“ zur empirischen Überprüfung ausgewählt wurde. Das folgende Fallbeispiel des Münsteraner Montessori-Prozesses dient als Einstieg in die Problematik (Duve, 1994; Friedrichsen & Mauz, 1993; 1994; Köhnken, 1995; Wittlich & Wolfsgruber, 1995)[1]:

Am 7. November 1990 äußerte der fünfjährige Sohn eines damaligen Stadtratmitgliedes in Coesfeld auf die Frage, was passiere, wenn er Fieber habe, „Rainer hat mir den Finger in den Po gesteckt“. Gestellt hatte diese Frage eine Freundin der Familie und Mitarbeiterin der örtlichen Beratungsstelle von „Zartbitter“, einer Beratungsstelle gegen sexuelle Gewalt, nach der Äußerung des Jungen, er habe Fieber und ihm tue der „Popo“ weh. Rainer M. war einer der Erzieher im Montessori-Kinderhaus, das der Fünfjährige besuchte.

Bis zum ersten „offiziellen“ Gespräch über diese Äußerung mit der Leiterin des Coesfelder Montessori-Kinderhauses am 25. Februar 1991 hatte „Zartbitter“ zusammen mit einigen Eltern eine Strategie des Vorgehens entwickelt, das fünfjährige Kind mehrmals ohne Erfolg weitergehend zu dem Vorfall befragt und das Montessori-Kinderhaus im benachbarten Borken informiert, an dem Rainer M. zuvor gearbeitet hatte. Die Beratungsstelle ging von der Annahme aus, daß die Erstaussage eine eindeutige Mißbrauchsbeschuldigung sei und daß dort, wo ein Kind betroffen ist, auch mehrere betroffen seien. In dieses erste „offizielle“ Gespräch wurde Rainer M. nicht miteinbezogen.

Zehn Tage später, am 7. März 1991, wurde der Erzieher von dem Vater des Fünfjährigen, „Zartbitter“-Mitarbeiterinnen, Montessori-Erzieherinnen und der Leiterin des Kinderhauses über den Verdacht informiert und gefragt, was er denn dabei gefühlt habe, als er dem Jungen den Finger in den Po gesteckt habe und wurde entlassen.

Am 12. März 1991 fand eine erste Elternversammlung statt, auf der die Eltern über die Erstbeschuldigung und die Thematik des sexuellen Mißbrauchs allgemein informiert wurden. Sie wurden weiterhin aufgefordert, ihre eigenen Kinder nach möglichen ähnlichen Erfahrungen zu fragen.

Kurz darauf fand bereits ein Austausch über verschiedene Mißbrauchsbeschuldigungen mit dem Borkener Kinderhaus statt.

Am 26. März 1991 wurde die Kriminalpolizei Coesfeld über die Erstaussage informiert und am 27. März 1991 trafen sich Vertreter der Kriminalpolizei, Eltern und Mitglieder des Vorstandes des Montessori-Vereins, um sich über die Sachlage und die weitere Vorgehensweise auszutauschen. In den darauffolgen-

[1] Vgl. auch Urteil des LG Münster vom 16.5.1995, AZ 34 Js 711/91.

den Monaten kam es wiederholt zu Elternversammlungen in Borken und in Coesfeld, zu denen auch der Münsteraner Professor Fürniss als Experte geladen wurde. Auf diesen Elternabenden beriet er Eltern hinsichtlich der Befragung und des Umgangs mit ihren Kindern. Seine Ausführungen zur „Aufdeckungsarbeit“ und zur Befragung der eigenen Kinder interpretierten einige Eltern so, daß sie ihre Kinder im Konjunktiv befragten bzw. einluden zu spekulieren („Was könnte der Rainer mit euch gemacht haben?“), in der Annahme, ihnen auf diese Art das Gespräch über evtl. stattgefundenen Mißbrauch zu erleichtern. Zudem kam es auf den Elternabenden zu einem intensiven Informationsaustausch der Eltern und Erzieher untereinander über Aussagen der Kinder. Zweifel an Befragungsmethoden und deren Ergebnissen wurden in diesen Gruppen bereits sehr früh als unangebracht angesehen.

Parallel hierzu wurde deutlich, daß sich auch die Kinder untereinander in den Kinderhäusern über das Geschehen und ihre Befragungen dazu unterhielten. Weiterhin wurden einige Kinder wiederholt durch ihre Eltern befragt, insbesondere dann, wenn sie keine Angaben zum Mißbrauch machten.

Bis zum Beginn des Strafprozesses gegen Rainer M. am 13. November 1992, in dem er des Mißbrauchs von insgesamt 55 Kindern in den Montessori-Kinderhäusern in Coesfeld und Borken angeklagt wurde, kam es zu einer Vielzahl an Aussagen zu Mißbrauchshandlungen, über die zum großen Teil durch Eltern berichtet wurde. Die Anklageschrift beinhaltete unter anderem, daß Rainer M. Gegenstände in den Anus oder die Scheide der Kinder eingeführt habe, Nadeln, Nägel und Taschenmesser in die Genitalien der Kinder gestochen habe, die Genitalien der Kinder mit Marmelade, Nutella, Zahnpasta, Exkrementen und Sperma eingeschmiert und anschließend abgeleckt habe, die Genitalien der Kinder mit Wasserfarbe angemalt habe, die Kinder gezwungen habe, Exkremente aus der Toilettenschüssel zu essen, sich in Särgen beerdigen zu lassen, sich für pornographische Filmaufnahmen zur Verfügung zu stellen, und sie unter Androhung von Strafen zum Schweigen gezwungen habe. Einige Anschuldigungen enthielten ebenfalls Aussagen über Tunnelsysteme unter dem Turnhallenboden des Kinderhauses und Leichenhallen, in die die Kinder zur Durchführung der Straftaten angeblich gebracht wurden.

Im weiteren Verlauf des Prozesses wurden weitere Personen beschuldigt, am Mißbrauch beteiligt gewesen zu sein, wie z.B. Taxifahrer, die die Kinder angeblich zu weiteren Mißbrauchsorten gefahren und von dort abgeholt hatten.

Zwei Psychologinnen wurden zunächst im weiteren Verlauf des Prozesses als Sachverständige zur Glaubwürdigkeit der Kinder gehört, von denen eine alle Aussagen der involvierten Kinder in diesem Prozeß, die andere einen „Kernbereich“ der Gesamtheit der Aussagen für glaubwürdig erachtete. Die zweite Gutachterin hielt zu diesem Zeitpunkt die in den USA gewonnenen wissenschaftlichen Erkenntnisse zu Zeugenaussagen in Massenbeschuldigungsverfahren bei der Begutachtung in der Bundesrepublik für nicht relevant.

Ein dritter Gutachter, Professor Undeutsch aus Köln, nahm vor Gericht speziell zu der Frage Stellung, ob eine Entstehung der Aussagen durch suggestive Beeinflussung möglich gewesen sei. Später wurde er von der Staatsanwaltschaft wegen Besorgnis der Befangenheit abgelehnt. Im Anschluß an seine Stellungnahme wurde der Angeklagte kurzzeitig aus der Untersuchungshaft entlassen, später allerdings wieder inhaftiert.

Das vierte und letzte Gutachten wurde von Professor Köhnken aus Kiel erstellt. Nach einer intensiven Auseinandersetzung mit dem Verlauf des Falles, der Befragungssituation und den Zeugenaussagen, die zum großen Teil nur mündlich berichtet oder in Wortprotokollen festgehalten wurden, kam er in seinem Gutachten insgesamt zu dem Schluß, daß die Alternativhypothese, daß die Zeugenaussagen der Kinder durch suggestive Befragung entstanden sind, in diesem Verfahren nicht ausgeschlossen werden konnte.

Am 16. Mai 1995, nach 120 Verhandlungstagen, 120 gehörten Zeugenaussagen und insgesamt 26 Monaten Untersuchungshaft für M. wurde der Angeklagte im Montessori-Prozeß freigesprochen. Im Rahmen des Urteilsspruchs wurde darauf hingewiesen, daß dem Angeklagten seine Einlassung nicht widerlegt werden könne, er habe keine sexuellen Handlungen und keine körperliche Mißhandlung an Kindern vorgenommen. Zweifel an seiner Täterschaft bestünden insbesondere deshalb, weil nicht ausgeschlossen werden könne, daß die den Angeklagten belastenden Aussagen das Resultat von Beeinflussungsprozessen seien. Maßgeblich an der Aussageentstehung und -entwicklung beteiligt seien gruppendynamische Prozesse in den Elterngruppen und problematische Interviewtechniken in den Befragungen der Kinder. Dabei seien die Kinder z.B. durch die Frage, was denn passiert sein *könnte* (sog. Konjunktivbefragung bzw. „Einladen zur Spekulation“), zu Konfabulationen angeregt worden, bei denen anschließend die Gefahr bestünde, daß sie „als tatsächliche Wahrnehmung empfunden und berichtet“ würden (Urteil des Landgerichtes Münster vom 16.5.1995, Az 34 Js 711/91; S. 58). Abschließend meinte der vorsitzende Richter Walden: „Die Wahrheit haben wir nicht herausgefunden. Heute sind wir nicht weiter als vor zweieinhalb Jahren.“

Dieses Beispiel veranschaulicht zum einen den typischen Ablauf eines Massenbeschuldigungsverfahrens und zum anderen, und das ist für die vorliegende Arbeit zentral, die Problematik der Verwendung der Interviewtechnik „Einladen zur Spekulation“. In Massenbeschuldigunsverfahren, die in den letzten 20 Jahren typischerweise in Kindergärten und Vorschulinstitutionen stattfanden, beschuldigen zumeist mehrere Kinder einen oder mehrere Erwachsene, sie sexuell - oftmals über mehrere Monate oder Jahre - mißbraucht zu haben. Die Mißbrauchsanschuldigungen beinhalten häufig satanisch-rituelle Elemente, wie z.B. das Tragen von Masken und Gewändern oder das Töten und Verzehren von Tieren und Babys vor den Augen der Kinder (Fraser, 1997; Nathan & Snedeker, 1995).

Im Montessori-Prozeß wurden die kindlichen Zeugen zu wichtigen Sachverhalten eingeladen zu spekulieren („Was könnte der Rainer M. denn gemacht haben?"). Auch in anderen Massenbeschuldigungsverfahren in Kindergärten und Vorschulinstitutionen in Deutschland, Europa und den USA wurde diese Interviewtechnik angewandt.

In verschiedenen *qualitativen Evaluationen* von Interviewerverhalten in Massenbeschuldigungsverfahren sexuellen Mißbrauchs der letzten 20 Jahre wurde auf die Verwendung suggestiver und direktiver Befragungsmethoden, unter anderem der Technik „Einladen zur Spekulation", durch Interviewer hingewiesen (Bruck & Ceci, 1995; Ceci & Bruck, 1995; Endres, 1997; Köhnken, 1997; Nathan & Snedecker, 1995; Rosenthal, 1995). Beispiele für solche Verfahren sind der „McMartin Preschool Fall" in Manhattan Beach, Kalifornien, der „Kelly Michaels Fall" in New Jersey und der oben beschriebene „Montessori-Prozeß" in Münster. Im Kelly Michaels Fall beispielsweise führte ein „Amicus Brief" verschiedener Wissenschaftler, in dem die empirische Forschung zu den Auswirkungen verschiedener suggestiver Befragungstechniken auf die Zeugenaussagen von Kindern referiert wurde, zu einem Revisionsurteil (in diesem Fall einem Freispruch). Die Autoren waren nach Durchsicht der Interviewtranskripte in diesem Fall zu der Ansicht gelangt, daß die Kinder ungewöhnlich suggestiv befragt worden waren (Bruck & Ceci, 1995; Rosenthal, 1995). In einer ersten *quantitativen Evaluation* von Interviewerverhalten in zwei Massenbeschuldigungsverfahren wurde dieses mit dem Interviewerverhalten in „normalen" Mißbrauchsinterviews eines Child Protection Service (CPS) verglichen (Wood et al., 1998). Bei den Massenbeschuldigungsverfahren handelte es sich um eine Stichprobe aus den Interviews mit den kindlichen Zeugen des „McMartin Preschool" und des „Kelly Michaels"- Prozesses. Es zeigte sich signifikant mehr „Einladen zur Spekulation" in den Interviews der beiden Massenbeschuldigungsfälle als in den Interviews des CPS.

Neben der anekdotischen Evidenz des obigen Fallbeispiels gibt es also sowohl qualitative als auch quantitative Evidenz für die Verwendung dieser Interviewtechnik. Darüber hinaus wird „Einladen zur Spekulation" als Interviewtechnik nicht nur verwandt, sondern auch empfohlen. Im Kontext sogenannter „Aufdeckungsarbeit" wird mit verschiedenen direkten und indirekten Techniken gearbeitet, um ein Kind, das noch keine Angaben zu einem stattgefundenen Mißbrauch machte, zu einer Aussage zu bewegen (Fürniss, 1991; 1993b). Hierbei wird von dem Prinzip der „Verleugnung" ausgegangen: ein nicht aussagendes Kind als Teil eines Familienkonfliktes „verleugnet" den Mißbrauch (Fürniss, 1993a). Die Aufgabe eines Interviewers besteht nun darin, mit Hilfe spezifischer Techniken die sexuelle Kindesmißhandlung als „Syndrom von Geheimhaltung" dennoch aufzudecken. Neben den indirekten Techniken wie Aufklärungsbüchern und der Diskussion über gute und schlechte Geheimnisse und Berührungen zählt die „Als-ob“-Technik zu den direkten Techniken (vgl. z.B. McFarlane & Krebs, 1986). Hier wird das Kind aufgefordert, sexuelle Mißbrauchshandlungen so zu schildern, als ob es diese tatsächlich erlebt habe. Dies geschieht typischerweise über ein „Einladen zur Spekulation“, eine Konjunktivfrage („Was könnte X denn gemacht haben?“). Die zugrundeliegende Idee hierbei ist, daß es dem Kind auf dieser hypothetischen Ebene leichter fällt, über verdrängte bzw. verleugnete Sachverhalte zu berichten. Auf diesem Wege kann ein bis dahin nicht berichteter Mißbrauch „aufgedeckt“ werden.

Verschiedene Autoren haben bereits auf die Problematik der Verwendung dieser Interviewtechnik hingewiesen (Köhnken, 1997; Steller & Volbert, 1997). Ein zentraler Kritikpunkt betrifft hierbei die Befragung von Zeugen mit Hilfe dieser Technik in nicht bestätigten Mißbrauchsfällen. Im therapeutischen Kontext bei nachweislich *festgestelltem* Mißbrauch mag „Einladen zur Spekulation“ zur „Verleugnungsarbeit“ durchaus begründet sein, problematisch ist allerdings die Übertragung dieser Technik auf Fälle, in denen Mißbrauch lediglich aufgrund von (Verhaltens-)Signalen vermutet wird (Steller, 1996). Es wird argumentiert, daß im Falle eines falschen Mißbrauchsverdachts Kindern, die bereits längere Zeit interviewt wurden, durch „Einladen zur Spekulation“ erstmalig im Befragungsprozeß die Möglichkeit gegeben wird, weiterhin realtitätstreu zu antworten. Gleichzeitig kann das Kind auch der antizipierten Erwartungshaltung und eventuell inhaltlichen Vorgaben des Interviewers entsprechen. Wird im Anschluß an diese Befragungstechnik wiederum vom Konjunktiv in den Indikativ gewechselt, ist nicht klar, ob das Kind diesen Wechsel der Ebenen nachvollzogen hat (Volbert, 1999). Dennoch wird eine auf das „Einladen zur Spekulation“ konfabulierte Aussage des Kindes in der Praxis häufig ohne Rücksprache mit dem kindlichen Zeugen als realitätsbasiert erachtet (Volbert & Steller, 1997).

Neben dieser geäußerten Kritik an der Verwendung der Interviewtechnik „Einladen zur Spekulation“ in Zeugeninterviews *ohne* festgestellten Mißbrauch bzw. erhärteten Mißbrauchsverdacht liegen kognitionspsychologische Überlegungen nahe, die im Gegensatz zu den theoretischen Annahmen der Verleugnungsarbeit (Fürniss, 1993a) und im Einklang mit obiger angewandter Kritik (z.B. Steller & Volbert, 1997) problematische und unerwünschte Auswirkungen dieser spezifischen Interviewtechnik auf nachfolgende Zeugenaussagen erwarten lassen:

Fehlinformationsparadigma. Das Fehlinformationsparadigma bezieht sich auf den gesicherten empirischen Effekt, daß die Erinnerung an ein bestimmtes Originalereignis durch die Darbietung zusätzlicher diskrepanter Fehlinformation verändert werden kann (z.B. Loftus, Miller & Burns, 1978; Weingardt,

Loftus & Lindsay, 1995). Versuchspersonen einer Experimentalgruppe, denen im Rahmen eines Experiments eine Originalinformation, z.B. ein Vorfahrtsschild, und zu einem anderen Zeitpunkt eine Fehlinformation, z.B. ein Stop-Schild, dargeboten wurden, erinnern die Fehlinformation (Stop-Schild) anschließend signifikant häufiger fälschlicherweise als Originalinformation als eine Kontrollgruppe, der ausschließlich die Originalinformation (Vorfahrtsschild) dargeboten wurde. Als zugrundeliegene kognitive Mechanismen werden unter anderem sowohl das Überschreiben bzw. die Beeinträchtigung der Original- durch die Fehlinformationsgedächtnisspur, als auch ein „Abrufwettstreit" diskutiert (vgl. Kap. 4.1). Überträgt man diesen klassischen kognitionspsychologischen Befund auf die Problematik der Interviewtechnik „Einladen zur Spekulation", so bedeutet dies, daß die Konfabulation eines kindlichen Zeugen auf das „Einladen zur Spekulation" hin als eine Art „selbstgenerierte" Fehlinformation betrachtet werden kann. Im Kontext von Mißbrauchsverfahren und dort insbesondere von Massenbeschuldigungsverfahren kann somit in Anlehnung an das Fehlinformationsparadigma argumentiert werden, daß durch diese Technik eine zusätzliche, möglicherweise falsche Gedächtnisspur, z.B. über Mißbrauchshandlungen, generiert wird, die anschließend fälschlicherweise als tatsächlich erlebnisbasiert anstelle einer Originalinformation, z.B. einer alltäglichen Interaktion mit dem Beschuldigten, berichtet werden kann. Der Logik des Fehlinformationsparadigmas folgend kann somit davon ausgegangen werden, daß „Einladen zur Spekulation" zu einem Anstieg falscher Aussagen bei kindlichen Zeugen führen kann.

Quellenüberwachungsansatz. Ein aus dem Fehlinformationsparadigma resultierender und somit eng verbundener weiterer kognitionspsychologischer Ansatz, der Quellenüberwachungsansatz, macht ähnliche Vorhersagen. Hier liegt der Fokus weniger auf der Unterscheidung zwischen Original- und Fehlinformation als vielmehr auf der subjektiven Überzeugung einer Person, daß eine spezifische Information Teil des Originalereignissses war. Information aus verschiedenen Quellen wird im Erinnerungsprozeß einem bestimmten Ursprung zugeschrieben. Fehlerhafte Quellenzuschreibung tritt dann auf, wenn Personen zusätzliche Informationen zu einem Ereignis in ihre Erinnerung integrieren, sich anschließend aber nicht daran erinnern, daß die Information nicht direkt dem originalen Ereignis entstammt bzw. welcher Quelle sie entstammt (Lindsay, 1990). Wenn ein Zeuge nicht dazu in der Lage ist, die Quelle einer spezifischen Erinnerung korrekt zu identifizieren, kann diese Erinnerung z.B. fälschlicherweise einem Erlebnis und nicht Wahrnehmungen oder Erfahrungen außerhalb dieses Erlebnisses zugeschrieben werden. Übertragen auf die Interviewtechnik „Einladen zur Spekulation" würde der Quellenüberwachungsansatz vorhersagen, daß Kinder durch ihre Konfabulation einen zusätzlichen Gedächtnisinhalt produzieren, dem anschließend möglicherweise eine falsche Quelle zugeordnet wird. Sie könnten z.B. nicht mehr dazu in der Lage sein zu entscheiden, ob eine Information erlebnisbasiert oder nur vorgestellt war.

Dies bedeutet weder, daß alle Kinder, die mit dieser Technik befragt wurden, anschließend keine erlebnisbasierte Aussage mehr tätigen können, noch daß eine therapeutische Wirkung dieser Technik im Rahmen oben postulierter Aufdeckungsarbeit abzustreiten wäre. Das Fehlinformationsparadigma und der Quellenüberwachungsansatz stellen lediglich eine Alternativerklärung zur „Aufdeckung eines Mißbrauchs“ für eine durch „Einladen zur Spekulation“ entstandene Zeugenaussage dar: Wenn ein Kind in einem Zeugeninterview zum Mißbrauchssachverhalt eingeladen wurde zu spekulieren, so ist erstens nicht auszuschließen, daß diese Konfabulation nicht der Wahrheit entspricht und zweitens, daß diese Konfabulation anschließend fälschlicherweise als „Originalereignis“ berichtet bzw. einer tatsächlich erlebten Quelle zugeschrieben wird. Im Kontext der Massenbeschuldigungsverfahren sexuellen Mißbrauchs war diese mögliche zeitlich verzögerte Wirkung der Interviewtechnik fatal: die Annahme, daß frühere nicht-erlebnisbasierte Konfabulationen anschließend fälschlicherweise nicht mehr als Fehlinformation für die Kinder erkennbar waren und als Originalinformation berichtet wurden, ließ sich vom Gericht nicht ausschließen.

Es wird also anhand von quantitativen und qualitativen Evaluationen von Interviewerverhalten deutlich, daß „Einladen zur Spekulation“ als Zeugenbefragungstechnik in Interviews mit Kindern insbesondere in Massenbeschuldigungsverfahren sexuellen Mißbrauchs Verwendung findet. Darüber hinaus wird diese Technik von einigen Autoren insbesondere unter „Aufdeckungs“- und therapeutischen Gesichtspunkten empfohlen. Zwei miteinander verwandte kognitionspsychologische Ansätze, das Fehlinformationsparadigma und der Quellenüberwachungsansatz, sagen allerdings einen möglichen Anstieg falscher Zeugenaussagen aufgrund dieser Interviewtechnik vorher.

Um die Wirkung von „Einladen zur Spekulation“ auf nachfolgende Zeugenaussagen von Kindern insbesondere im Vorschulalter über die theoretischen Annahmen hinaus abschätzen zu können, fehlen allerdings empirische Untersuchungen zu dieser Interviewtechnik. Dieser experimentellen Überprüfung widmet sich die vorliegende Arbeit.

Bevor die eigentliche Untersuchung dargestellt wird, soll exkursartig auf die empirische Evidenz für ausgesuchte suggestive Befragungsmethoden in Zeugeninterviews mit Kindern und deren empirische Überprüfung eingegangen werden, in deren Rahmen auch „Einladen zur Spekulation“ eingebettet wird. Anschließend werden die beiden oben genannten zentralen kognitionspsychologischen Ansätze, das Fehlinformationsparadigma und der Quellenüberwachungsansatz, ausführlicher dargestellt. Es wird überprüft, ob die theoretischen Annahmen über die Wirkungsweise der Interviewtechnik „Einladen zur Spekulation“ im Gegensatz zu weiteren zentralen Befunden der beiden Ansätze stehen und wie eine empirische Untersuchung auf der Basis dieser theoretischen Ansätzen konzipiert werden kann.

Der interessierte Leser sei an dieser Stelle ebenfalls auf die Anhänge A.1 und A.2 verwiesen. Um sich ein umfassenderes Bild von dem tatsächlichen Ausmaß und der Häufigkeit von Zeugenbefragungen in sexuellen Mißbrauchsfällen und weiteren speziellen Charakteristika der Massenbeschuldigungsfälle machen zu können, wird in Anhang A.1 ein allgemeiner Abriß des Problems des sexuellen Mißbrauchs und speziell der Massenbeschuldigungsverfahren gegeben. Anhang A.2 geht zusammenfassend auf die aussagepsychologischen Aspekte der Zeugenaussagen von Kindern, die Beurteilung der Aussagetüchtigkeit und Validität und Methoden der Aussageanalyse und deren Abhängigkeit von der jeweiligen Zeugenbefragung ein.

3 Zeugeninterviews mit Kindern

Zur Verdeutlichung des Umfeldes, in dem „Einladen zur Spekulation" in Zeugeninterviews Verwendung findet, wird exkursartig an dieser Stelle zum einen kurz auf die (Befragungs-) Situation kindlicher Zeugen in gerichtlichen Verfahren und den Alterstrend der suggestiven Beeinflußbarkeit und zum anderen breiter auf das Problem der suggestiven Befragungsmethoden eingegangen.

3.1 Die Situation kindlicher Zeugen vor Gericht

Kinder werden insbesondere im Kontext sexueller Mißbrauchsverfahren als Zeugen befragt. Sexueller Mißbrauch stellt selbst unter Hinzuziehung konservativerer Schätzungen ein ernsthaftes gesellschaftliches Problem dar (Bruck, Ceci & Hembrooke, 1998; Lamb, 1994; Yuille, Hunter, Joffe & Zaparniuk, 1993) und auch in jüngsten Massenbeschuldigungsverfahren nehmen die Zeugenaussagen der involvierten Kinder eine zentrale Position ein (APSAC, 1995; Jones, 1991). Aus diesem Grund ist es wichtig, sich mit der kindlichen Zeugenaussage, deren Entstehung und dem rechtlichen Rahmen eines Zeugeninterviews, in dem mögliche problematische Techniken verwendet werden, auseinanderzusetzen.

In der Bundesrepublik beginnt das allgemeine rechtlich-prozeduraleVorgehen bei Verdacht auf sexuellen Mißbrauch mit der Anzeigeerstattung bei der Polizei, wo in einigen Fällen speziell für die „Anhörung von Kindern" geschulte Polizeibeamte, in anderen Fällen ungeschulte Polizeibeamte das Kind interviewen (Volbert,1992a). In der Regel fertigen Polizeibeamte Wortprotokolle während des Interviews an, so daß der detaillierte Verlauf eines Interviews im Nachhinein nur schwer nachzuvollziehen ist. In jüngster Zeit allerdings richten einige Polizeibehörden Videovernehmungsstudios ein, in denen sowohl eine Videoaufzeichung der Zeugenbefragung des Kindes als auch, im günstigsten Fall, eine zeitgleiche Übermittlung zusätzlicher Fragen an den Zeugen durch hinter einer Einwegscheibe sitzende rechtliche Vertreter per Computerübertragung möglich ist. Dies hat zum einen den Vorteil einer reliablen Rekonstruktion der verwendeten Interviewtechniken und zum anderen den Vorteil, daß Mehrfachbefragungen, durch die das Risiko von Interviewer- und Zeugenfehlern steigt, vermieden werden können (Bruck & Ceci, 1999).

Wenn Anklage erhoben wird, was in etwa 40 % der angezeigten Fälle sexuellen Mißbrauchs der Fall ist (Volbert, 1992b), so liegt zwischen der polizeilichen Befragung und der Verhandlung oftmals mehr als ein Jahr, in dem ein Kind typischerweise von verschiedenen Institutionen wiederholt befragt wird. Der kindliche Zeuge wird in aller Regel in den Fällen zu einer Aussage vor Gericht geladen, in denen kein Geständnis von seiten des Angeklagten vorliegt.

Ein Mindestalter für Zeugenfähigkeit liegt nicht vor, so daß im Einzelfall schon Dreijährige vor Gericht aussagten.

Nach einer Entscheidung des Bundesgerichtshofes soll vom Gericht zudem in all jenen Fällen ein Glaubwürdigkeitsgutachten eingeholt werden, in denen die Aussage des Kindes den einzigen und zentralen Beweis darstellt. Diese Entscheidung wurde allerdings in nachfolgenden Urteilen auf die komplizierten und besonderen Fälle reduziert (Volbert, 1992a).

Überdies stellt der Bundesgerichtshof Mindestanforderungen an strafprozessuale Glaubhaftigkeitsgutachten einer kindlichen Zeugenaussage. Hierbei soll sich der Sachverständige bei der Begutachtung ausschließlich methodischer Mittel bedienen, die dem aktuellen wissenschaftlichen Kenntnisstand gerecht werden (Bundesgerichtshof, 1999). Dieses bedeutet primär eine Orientierung an der Kriteriologie der Realkennzeichen (Steller & Köhnken, 1989) (vgl. Anhang A.2). Hier werden Aussagen hinsichtlich spezifizierter aussageimmanenter Qualitätsmerkmale wie z.B. Detailreichtum, Gefühlsbeteiligung, originelle Details, indirekte Handlungsbezüge und spontane Aussageverbesserungen analysiert. Je mehr dieser Kriterien in einer Aussage vorhanden sind, desto größer ist die Wahrscheinlichkeit, daß eine spezifische Aussage erlebnisbegründet ist (Greuel et al., 1998). Die Glaubhaftigkeitsbegutachtung mit Hilfe der Realkennzeichen ist allerdings um so besser möglich, je erzählerischer eine Aussage ist. Eine Zeugenaussage, die auf offene Fragen des Interviewers hin entstand, ist allgemein besser auf ihre Glaubhaftigkeit hin zu beurteilen als eine auf geschlossene Fragen hin entstandene. Je suggestiver die Aussageentstehung und somit die verwendeten Interviewtechniken sind, desto problematischer wird die anschließende Glaubhaftigkeitsbegutachtung (Bruck, Hembrooke & Ceci, 1997; Poole & Lamb, 1998; Volbert & Steller, 1997).

In diesem Zusammenhang stellt auch die Videoaufzeichnung der Erstbefragung des Kindes ein erstrebenswertes Ziel dar, da sowohl auf Opfer- als auch auf rechtlicher und gutachterlicher Seite Störfaktoren minimiert (z.B. Vermeidung von Mehrfachbefragungen; Beurteilung des Interviewerverhaltens) und Beweiskraft maximiert (z.B. Glaubhaftigkeitsbeurteilung der Erstaussage) werden könnten (Busse & Volbert, 1997; Home Office, 1994; Marquardt, 1993; Poole & Lamb, 1998).

Auch in US-amerikanischen Strafverfahren sexuellen Mißbrauchs werden Kinder als Zeugen im Laufe des Verfahrens mehrfach - durchschnittlich 3.5 bis 11 Mal - und durch verschiedene Personen befragt (Ceci & Huffman, 1997; Cheung, 1997; McGough, 1994). Überproportional häufig werden dort überdies Kinder im Vorschulalter Zeugen in Verfahren sexuellen Mißbrauchs (Ceci & Bruck, 1995).

Sowohl in den USA als auch in der Bundesrepublik sind in der überwiegenden Mehrzahl der Fälle sexuellen Mißbrauchs die Aussagen eines kindlichen Zeugen das einzige Beweismittel der Anklage (Ceci & Bruck, 1995; Davies &

Westcott, 1995; Dezwirek-Sas, 1992; Gerstendörfer, 1994; Nathan & Snedekker, 1995; Poole & Lamb, 1998; Wakefield & Underwager, 1989; Yuille et al., 1993). Nicht zuletzt aus diesem Grund gilt es, den Beweiswert dieser Aussage durch einen offenen und wenig suggestiven Befragungsstil zu erhalten.

Zusammenfassend läßt sich festhalten, daß der kindliche Zeuge im Strafverfahren sexuellen Mißbrauchs häufig Mehrfachbefragungen ausgesetzt ist, die die Gefahr problematischer Interviewtechniken erhöhen. Dies bedeutet, daß die Aussage vor Gericht am Ende einer „Aussagegeschichte" steht, deren Entwicklung im einzelnen oftmals schwer nachzuvollziehen ist. Eine Glaubhaftigkeitsbegutachtung ist nur dann möglich, wenn im Zeugeninterview Mindeststandards bezüglich möglichst offener und wenig suggestiver Interviewtechniken eingehalten wurden. Überdies werden diese Interviews häufig nicht aufgezeichnet. Da nur in Ausnahmefällen medizinische Beweise vorliegen und die Zeugenaussage des Kindes das zumeist einzige Beweismittel der Anklage darstellt, ist gerade die Validität der Aussage und somit die Qualität ihrer Erhebung von zentraler Bedeutung für den Verfahrensverlauf und Verfahrensausgang. Die aktuelle prozessuale Vorgehensweise des Rechtssystems birgt aber Gefahren für Zeugenaussagen als Beweismittel.

Im folgenden Kapitel werden verschiedene suggestive Interviewtechniken und empirische Evidenz bezüglich ihrer Wirkung auf Zeugenaussagen von Kindern dargestellt. In diese Kategorisierung wird „Einladen zur Spekulation" eingeordnet.

3.2 Alterstrends in der suggestiven Beeinflussbarkeit

Da es in den nachfolgenden empirischen Untersuchungen zur Wirkung von „Einladen zur Spekulation" um eine allgemeinpsychologische Fragestellung geht, soll die Diskussion um Suggestibilität als Persönlichkeitseigenschaft an dieser Stelle nicht vertieft werden (vgl. z.B. Gudjonsson, 1992). Kurz erwähnt werden soll jedoch die entwicklungspsychologische Betrachtungsweise der Suggestibilität, da es diese in Zeugeninterviews mit Kinder besonders zu berücksichtigen gilt. Da in den USA beispielsweise 39% aller involvierten Kinder in Verfahren sexuellen Mißbrauchs unter 8 Jahren sind (US Department of Health and Human Services, 1998, zitiert nach Bruck & Ceci, 1999), ist es wichtig, die Schwächen und Stärken dieser speziellen Altersgruppe in Zeugeninterviews zu berücksichtigen. Erst in den letzten 20 Jahren wurde diese Gruppe der Kindergartenkinder auch in der empirischen Forschung zur Wirkung von Interviewtechniken stärker berücksichtigt (Bruck & Ceci, 1999).

Es zeigte sich, daß sich aufgrund der kognitive Entwicklung kein Mindestalter festlegen läßt, ab dem Kinder interviewt werden können. Auch sehr junge Kinder können brauchbar und wahrheitsgemäß aussagen, wenn sie richtig befragt werden. Andererseits können auch Erwachsene grundsätzlich suggestiv beeinflußt werden (Ceci & Bruck 1995; Davies, 1991; Poole & Lamb, 1998). Kinder sind ebenfalls prinzipiell dazu in der Lage, sich auch nach längeren Zeiträumen an Erlebtes korrekt zu erinnern (Paterson & Bull, 1999). Es gibt zudem einige Hinweise darauf, daß selbst Kinder im Alter von vier Jahren überzufällig gut zwischen Lüge und Wahrheit unterscheiden können; Kinder scheinen bereits im Vorschulalter ein Konzept von Wahrheit und Unwahrheit zu besitzen und können auch beides für ihre Zwecke nutzen (Bussey, 1992).

Die empirische Literatur zu diesem Bereich zeigt aber ebenfalls eine erhöhte Empfänglichkeit jüngerer Kinder gegenüber Suggestionen und, spezieller, gegenüber Fehlinformationen (Bruck & Ceci, 1999; Ceci, Ross & Toglia, 1987). Die Suggestibilität ist hierbei eine Funktion des Alters: je jünger das Kind, desto größer ist die Anfälligkeit gegenüber Suggestionen von außen (Ornstein, Gordon & Larus, 1992; Roebers, Rieber & Schneider, 1995). Insbesondere Kinder im Vorschulalter, insbesondere die 3- bis 4-jährigen sind empfänglich für Beeinflussungen durch einen Interviewer (Cassel, Roebers & Bjorklund, 1996; Ceci & Bruck, 1993; 1995; Leichtman & Ceci, 1995; McGough, 1994; Poole & Lamb, 1998; Volbert, 1999). Als Erklärung für diesen Alterseffekt können kognitive, soziale und motivationale Faktoren herangezogen werden. Zu den kognitiven Faktoren zählt z.B. weniger schematisiertes Wissen zur Organisation des Gedächtnisses bei jungen Kindern. Als sozialer Faktor ist z.B. die andere Wirkung des Status eines erwachsenen Interviewers bei jungen Kindern anzusehen und unter die motivationalen Faktoren fällt z.B. der mangelnde Anreiz zur willentlichen Falschaussage bei jungen Kindern (Ceci, 1995; Ceci & Bruck, 1993; 1995; Goodman & Schwartz-Kenney, 1992; Volbert, 1999). Hierbei kann allerdings ein methodisches Artefakt eine Rolle spielen: Durch unterschiedliche kognitive Entwicklungsstadien könnte eine unterschiedliche Anfälligkeit für Suggestion zwischen verschiedenen Altersstufen in Wahrheit ein Unterschied in kognitiven Fähigkeiten sein und weniger eine davon unabhängige unterschiedliche Suggestionsanfälligkeit (Brainerd & Reyna, 1988; Ceci, Toglia & Ross, 1988). Allgemein können auch Unterschiede in Aufmerksamkeitsspannen und Anzahl enkodierter Informationen eines Ereignisses dazu führen, daß Suggestionen bei jungen Kindern leichter wirken.

Kinder im Vorschulalter produzieren zudem insgesamt weniger Details in freien Erzählungen über Ereignisse, und diese sind über verschiedene Interviews hinweg weniger konsistent (Poole & Lamb, 1998).

Es zeigt sich also, daß anhand der empirischen Literatur zur Altersabhängigkeit suggestiver Beeinflussung zusätzlich von einer problematischeren Wirkung der Interviewtechnik „Einladen zur Spekulation“ für die Altersgruppe der drei- bis sechsjährigen Zeugen auszugehen ist. Da es sich bei dieser Zeugengruppe um die typische der Massenbeschuldigungsverfahren handelt, wird auf sie bei der empirischen Überprüfung in dieser Arbeit zurückgegriffen.

3.3 Suggestive Befragungsmethoden

In diesem Kapitel wird „Einladen zur Spekulation“ in den Kontext und die Kategorisierung verschiedener suggestiver Befragungsmethoden eingebettet. Es soll dargelegt werden, welche suggestiven Techniken unterschieden werden, wie sie empirisch überprüft wurden und wie demnach ihre Wirkung auf die kindliche Zeugenaussage einzuschätzen ist. Anschließend wird „Einladen zur Spekulation“ im Rahmen dieser Kategorisierung näher definiert und die bisherige empirische Überprüfung von Teilbereichen der Interviewtechnik näher erläutert.

Den einzelnen Interviewtechniken übergeordnet ist die sogenannte „emotionale Färbung (emotional tone)“ des Interviews anzusiedeln (Ceci & Bruck, 1995; Poole & Lamb, 1998). Hiermit ist das Schaffen einer freundlichen Atmosphäre von seiten des Interviewers gemeint. Diese erleichtert es dem Kind, über schwierige und unangenehme Sachverhalte zu reden, und ist grundsätzlich zu empfehlen. Carter, Bottoms und Levine (1996) konnten z.B. zeigen, daß das Schaffen einer positiven und warmen Atmosphäre im Gegensatz zu Einschüchterungen zu einer größeren Resistenz junger Kinder gegenüber suggestiven Interviewereinflüssen führt. Als problematisch ist diese Technik nur dann anzusehen, wenn über den Sachverhalt selbst Unklarheit besteht, d.h. wenn der Interviewer nicht sicher davon ausgehen kann, daß tatsächlich etwas vorgefallen ist, von dem das Kind berichten kann. In einer solchen Situation können Sätze wie „Du mußt keine Angst haben, etwas zu erzählen“ oder „Wir wissen, daß etwas passiert ist“ von einer unterstützenden in eine anschuldigende Atmosphäre führen. Aus diesem Grund geht von unterstützend gemeinten, aber uneindeutigen Bemerkungen in Erstinterviews ohne Außenvalidierung eines tatsächlich stattgefundenen Ereignisses ein Reliabilitäts- und Validitätsrisiko aus (Ceci & Bruck, 1995).

Ebenfalls den speziellen Interviewtechniken übergeordnet ist der Punkt „Voreinstellung des Interviewers (interviewer bias)“ zu sehen. Er ist sozusagen als Grundvoraussetzung für die Verwendung suggestiver Interviewtechniken zu betrachten (Bruck & Ceci, 1999): Hat ein Interviewer eine bestimmte Voreinstellung zu einem noch zu explorierenden Sachverhalt, so kann dies dazu führen, daß er zum einen keine Alternativhypothesen testet, d.h. nicht wirklich untersucht, ob eventuell gar kein Ereignis stattgefunden hat, und zum anderen über die Verwendung suggestiver Befragungstechniken eine rein konfirmatorische Strategie wählt. Eine experimentell manipulierte Voreinstellung des Interviewers stellte sich als potentielle Gefahr für den Wahrheitsgehalt einer anschließenden Zeugenaussage heraus (Ceci & Huffman, 1997; Goodman & Clarke-Stewart, 1991; Köhnken, 1997; White, Leichtman & Ceci, 1997). In jüngster Zeit ist auf dieses Phänomen im Rahmen der Gruppenprozesse in Massenbeschuldigungsverfahren hingewiesen worden. In Anlehnung an Janis‘

Konzept des „group think“ (1972) führt Köhnken (1997) aus, daß neben einer individuellen Voreinstellung des Interviewers auch gruppendynamische Prozesse berücksichtigt werden müssen. Dies bedeutet, daß „group think“- Interviewer, d.h. Interviewer die Einflüssen einer Gruppe innerhalb von Institutionen (z.B. Kindergärten) unterliegen, neben dem Mangel an Testung von Alternativhypothesen ebenfalls zu sehr von ihren eigenen Kenntnissen und Fähigkeiten überzeugt sind, einer gruppeneigenen Moral unterliegen, Meinungsgegner stereotypisieren und einem Druck unterliegen, sich der in der Gruppe vorherrschenden Meinung anzupassen (siehe auch Frey, 1994).

In diese beiden allgemeinen Aspekte bzw. Voraussetzungen für suggestive Interviewtechniken, „emotionale Färbung“ und „Voreinstellung des Interviewers“, sind nun die folgenden spezifischen Interviewtechniken einzuordnen:

Bereits 1970 wiesen Arntzen und Michaelis auf die potentielle Gefahr einer suggestiven Wirkung bestimmter Fragetypen im Kontext von Zeugenbefragungen hin. Sie empfahlen insbesondere, Fragen mit inhaltlicher Vorgabe und übermäßiges Lob in Interviews mit Kindern zu vermeiden. Ebenso ist bereits seit dieser Zeit auf die Verwendung eines alters-angemessenen Vokabulars hingewiesen worden. Der Interviewer sollte darauf achten, daß die Bedeutung zentraler Begriffe wie z.B. die Benennung von Körperteilen in Übereinstimmung mit dem Sprachverständnis des Kindes verwendet wird (Walker & Warren, 1995).

Die neuere empirische Literatur zu diesem Themenbereich fokussiert insbesondere den Befragungsstil des Interviewers und unterscheidet verschiedene Fragetypen und spezifische Interviewtechniken:

Fragetypen. Wood und Mitarbeiter (2000) unterscheiden vier verschiedenen Fragetypen: „Open narrative“ (eine Frage, die eine erzählende Antwort erwarten läßt), „Open closed“ (eine Frage, die mit einem Wort bzw. ohne die Benutzung eines Verbes beantwortet werden kann), „Choice“ (eine Frage, die Antwortmöglichkeiten vorgibt) und „Yes/No“ (eine Frage, die nur mit Ja oder Nein beantwortet werden kann).

Breite Übereinstimmung findet sich in der Literatur hinsichtlich der Favorisierung offener Fragetypen. In einer Vielzahl von Experimenten stellte sich heraus, daß offene Fragen im Gegensatz zu geschlossenen Fragen deutlich umfangreichere und richtigere Antworten erwarten lassen (Bruck & Ceci, 1999; Bruck, Ceci & Hembrooke, 1998; Ceci & Bruck, 1995; Lamb et al. 1996; Ornstein et al., 1992; Poole & Lamb, 1998). Bei sehr jungen Kindern allerdings kann die Menge an Details als Antwort auf offene Fragen im Einzelfall gering sein. Einige Autoren konnten zudem zeigen, daß unter Umständen spezifische Fragen notwendig sind, um von Kindern Aussagen z.B. über eine Impfung oder eine genitale Untersuchung, also körperbezogene, einschneidende, unangenehme Erlebnisse, zu bekommen (Saywitz, Goodman, Nicholas & Moan, 1991; Tucker, Martin & Luszcz, 1990).

Mit geschlossenen Fragen laufen Interviewer generell eher Gefahr, neue suggestive Inhalte mit einzuschließen, die vom kindlichen Zeugen selber noch nicht mitgeteilt wurden. In einigen Untersuchungen zeigte sich beispielsweise eine Abnahme der Anzahl richtiger Antworten als Reaktion auf spezifische Fragen (Hutcheson, Baxter, Telfer & Warden, 1995). Je jünger hierbei das interviewte Kind ist, desto schwieriger wird es für dieses, sich dem sozialen Druck spezifischer Fragen zu widersetzen (Poole & Lamb, 1998).

Interviewtechniken. Spezifische Interviewtechniken können, müssen aber nicht die Verwendung von Fragen implizieren. Sie können sowohl in einer Frage als auch in einem Aussagesatz enthalten sein. So kann das *Einführen suggestiver Information* in ein Zeugeninterview sowohl im Rahmen einer Frage als auch in Form eines Aussagesatzes geschehen. Hierbei informiert der Interviewer das Kind über Dinge, die er oder sie bereits aus anderer Quelle oder auch aus einem anderen Interview mit demselben Kind kennt, die das Kind aber im aktuellen Interview noch nicht erwähnt hat. Auf diese Art präsentierte Information kann ebenfalls vom Kind übernommen werden und anschließend mit tatsächlich Erlebtem verwechselt werden (Leichtman & Ceci, 1995). Der Einwand, daß Kinder zwar für Suggestionen nebensächlicher Details empfänglich seien, sich aber hinsichtlich Details, die ihren eigenen Körper betreffen, nicht beeinflussen lassen würden, konnte in einer Anzahl verschiedener Untersuchungen, die sich mit dieser Problematik der ökologischen Validität beschäftigen, widerlegt werden. Bruck, Ceci, Francoeur und Barr (1995) beispielsweise konnten in ihrer Studie zeigen, daß Kinder auch zu einem schmerzhaften, ihren eigenen Körper betreffenden, zentralen Erlebnis, einer Impfung beim Kinderarzt, suggestiv beeinflußbar sind. Sie berichteten weniger Schmerz, wenn ihnen zuvor ein „schmerz-verneinendes“ Feedback gegeben wurde und gaben an, eine Krankenschwester anstelle des Arztes habe ihnen die Spritze gegeben, wenn ihnen dies zuvor fälschlicherweise suggeriert wurde. Ebenso sind sie sowohl hinsichtlich angenehmer als auch unangenehmer Ereignisse suggestiv beeinflußbar (Bruck et al., 1997). Je öfter, anhaltender und suggestiver hierbei die Information in einem Interview eingeführt wird, desto stärker ist ihr Effekt im Hinblick auf eine Verfälschung einer nachfolgenden Aussage (Ceci & Loftus, 1994; Zaragoza & Mitchell, 1996). Warren, Hulse-Trotter und Tubbs (1991) konnten allerdings zeigen, daß eine Warnung der Kinder vor potentieller suggestiver Beeinflussung die Anzahl falscher Antworten reduzierte.

Es konnte weiterhin bestätigt werden, daß Kinder auch vollständig fiktive Episoden eines Ereignisses in ihre Aussagen übernehmen können, insbesondere nach wiederholter Suggestion. So stellte sich in einer Studie von Ceci, Huffman, Smith und Loftus (1994) heraus, daß Kinder, wenn sie 7 bis 10 Mal gebeten werden sich vorzustellen, sie hätten sich ihren Finger in einer Mausefalle eingeklemmt, im Anschluß daran überzeugt sind, dieses Ereignis tatsächlich erlebt zu haben (siehe auch Ceci, 1995; Ceci & Bruck, 1995; Ceci, Leichtman & Bruck, 1995).

Eine Interviewtechnik, die in direktem Zusammenhang mit obigen Fragetypen steht, ist die des *wiederholten Fragens*. Hierbei kann man zwischen wiederholten Fragen innerhalb eines Interviews oder zwischen verschiedenen Interviews unterscheiden. Wiederholtes Fragen innerhalb desselben Interviews bezieht sich auf das Stellen der inhaltlich gleichen Frage innerhalb derselben Zeugenbefragung, obwohl der Zeuge auf diese Frage bereits geantwortet hat (z.B. mit „Ich weiß nicht."). In verschiedenen Untersuchungen konnte gezeigt werden, daß insbesondere Kinder auf das mehrmalige Wiederholen der gleichen Frage hin ihre Antwort ändern. Dies geschieht allerdings unterschiedlich häufig in Abhängigkeit vom jeweiligen Fragetyp (offen vs. geschlossen). Das mehrmalige Wiederholen einer offenen Frage stellte sich als vergleichsweise harmlos heraus, wohingegen das mehrmalige Wiederholen einer geschlossenen, spezifischen oder sogar suggestiven Frage zu inkonsistentem und spekulativem Antwortverhalten führen kann (Cassel et al. 1996; Ceci & Bruck, 1993; 1995; Fivush & Schwarzmueller, 1995; Memon & Vartoukian, 1996). Es wird angenommen, daß diese Änderung zum einen lerntheoretisch erklärbar ist, da dem Kind signalisiert wird, daß die gegebene Antwort unzureichend ist, zum anderen aber auch unter eher sozialpsychologischen Gesichtspunkten, da so sozialer Druck erzeugt wird, der speziell in Kombination mit dem typischerweise hohen Autoritätsstatus des Befragenden zu einer Änderung des Antwortverhaltens des Kindes führen kann (Meyer & Jesilow, 1996; Moston, 1990; Poole & Lamb, 1998).

Wiederholtes Stellen der inhaltlich gleichen Fragen zwischen verschiedenen Interviews zum selben Sachverhalt ist ebenfalls im Hinblick auf eine so entstandene Zeugenaussage suboptimal und die jeweilige Wirkung hängt von der Qualität der Frage ab. Besonders problematisch sind auch hier wiederholte Befragungen in suggestiver Form, die zu einer Veränderung der Zeugenaussagen über die Zeit hinweg führen können (Dunn, 1995; Volbert, 1997). Auf der einen Seite kann zwar ein wiederholtes Ansprechen eines Erlebnisinhaltes ein Vergessen hinauszögern, auf der anderen Seite kann es hierdurch aber auch zu einer Veränderung und Verfälschung des originalen Gedächtnisinhaltes kommen. Je suggestiver hierbei die Fragen gestellt werden, desto größer sind die Verfälschungen der Aussage (Fivush, 1993).

Eine weitere problematische Interviewtechnik ist die Technik des *Gruppendrucks*. Hierunter werden Aussagen des Interviewers gefaßt, die dem Zeugen suggerieren, daß andere Zeugen bereits zu dem Thema berichteten. Typischerweise teilen die Interviewer hierbei dem Kind mit, sie hätten bereits mit vielen anderen Kindern gesprochen und von diesen Informationen erhalten. In einigen wenigen Fällen werden kindliche Zeugen auch zusammen befragt und ein Kind gebeten, vor einem anderen seine Aussage zu wiederholen. Moston und Engelberg (1992) konnten zwar in einer Untersuchung zeigen, daß die Anwesenheit eines Freundes den Bericht eines Kindes über ein tatsächliches Erlebnis erleichtert, hierbei handelte es sich allerdings um ein *real erlebtes* Ereignis. Die empirische Literatur weist andererseits bereits seit Binets Studien zu Beginn dieses Jahrhunderts auf die Problematik des sozialen Einflusses hin (Ceci & Bruck, 1995): das Wissen um die Meinung anderer und die Anwesenheit anderer kann die eigene Meinung bzw. ein eigenes Urteil verfälschen. Einige neue Untersuchungen befaßten sich mit dieser Technik im Kontext von Zeugenaussagen von Kindern, teilweise in Kombination mit anderen suggestiven Fragetechniken und zeigten einen Anstieg falscher, aber erwartbarer Aussagen (Garven, Wood, Malpass & Shaw, 1998; Pynoos & Nader, 1989; Shaw, Garven & Wood, 1997). In diesem Bereich besteht allerdings noch deutlich Forschungsbedarf, insbesondere zur gesonderten Überprüfung des Gruppendrucks im Rahmen von Zeugeninterviews mit Kindern.

Zu den problematischen suggestiven Befragungstechniken zählt weiterhin das *Induzieren von Stereotypen.* Der Interviewer führt hierbei ein zumeist negatives Bild eines Angeschuldigten in das Zeugeninterview ein und vermittelt insbesondere dem kindlichen Zeugen - unabhängig von dessen bisherigen Aussagen - so eine bestimmte Erwartungshaltung gegenüber dieser Person. In verschiedenen experimentellen Untersuchungen mit Kindern als Zeugen konnte gezeigt werden, daß das Induzieren von Stereotypen insbesondere in Kombination mit der Verwendung suggestiver Befragungstechniken eine Gefahr für den anschließenden Wahrheitsgehalt einer Zeugenaussage darstellt (Leichtman & Ceci, 1995; Lepore & Sesco, 1994).

Die Wirkung der Technik der *selektiven Verstärkung* ist vor dem Hintergrund der Lerntheorie erklärbar und ist deshalb kritisch zu betrachten. Der Zeuge wird hier für Aussagen, die den Erwartungen des Interviewers entsprechen, z.B. durch ein Lob, belohnt („Ich wußte ja, daß du ein ganz schlaues Mädchen bist!“) oder auch für Aussagen, die nicht hypothesenkonform sind, bestraft („Tja, ich dachte du wärst schlauer. Aber da habe ich mich doch geirrt!“). Weiterhin können unter diese Kategorie Äußerungen des Interviewers gefaßt werden, die implizieren, daß ein interviewtes Kind Hilfsbereitschaft signalisieren kann, indem es aussagt. Ebenso ist von selektiver Verstärkung auszugehen, wenn dem Kind erst erlaubt wird, z.B. zur Toilette zu gehen, wenn es aussagt oder wenn dem Kind negative Attribute während des Interviews zugeschrieben werden („Lügner!“). Ein solches Verstärkungsmuster kann dazu führen, daß Kinder ihre Aussagen anschließend in Richtung der antizipierten Erwartung des Interviewers ändern (Garven, Wood & Malpass, in press; Garven et al., 1998; McGough, 1994).

Zusammen mit vielen dieser genannten suggestiven Interviewtechniken findet sich insbesondere in Massenbeschuldigungsverfahren typischerweise auch die Interviewtechnik „Einladen zur Spekulation“, die Gegenstand der vorliegenden Arbeit ist. Hierunter werden drei verschiedene Aspekte gefaßt: die „vorgetäuschte Ebene" (pretend level, z.B. „Stell dir mal vor, ich sei dein Vater."), das Erfragen einer Meinung zu einem Sachverhalt (z.B. „Was - glaubst du - ist passiert?") und die Verwendung konditionaler Tempi (z.B. „Was könnte denn passiert sein?"). Einige Studien zum ersten Aspekt, in denen Kinder gebeten wurden, sich etwas wiederholt vorzustellen, konnten zeigen, daß Kinder Gefahr laufen, das sich mehrmals Vorgestellte für etwas real Erlebtes zu halten (Gordon, Jens, Shaddock & Watson, 1991; McBrien & Dagenbach, 1998). Auf diese Weise kann es auch zu Verwechslungen von lediglich vorgestellten und tatsächlich ausgeführten Handlungen kommen (Ceci & Huffman, 1997; Ceci, Huffman, et al., 1994; Ceci, Loftus, Leichtman & Bruck, 1994). Auch für erwachsene Versuchspersonen konnte gezeigt werden, daß die wiederholte Vorstellung eines fiktiven Ereignisses die subjektive Einschätzung erhöht, daß sich das Erlebnis tatsächlich ereignet hat oder man eine Handlung selber durchgeführt hat (Garry, Manning, Loftus & Sherman, 1996; Goff & Roediger, 1998). Für die beiden anderen Aspekte der „Einladung zur Spekulation", Erfragen der Meinung zu einem Sachverhalt und konditionale Tempi, mangelt es insbesondere für die kindliche Zeugengruppe an empirischer Überprüfung (Wood & Garven, in press). Roediger, Wheeler und Rajaram (1993) fragten in einer Untersuchung Erwachsene, die eine Frage nicht beantworten konnten, wie es wohl gewesen sein *könnte*. Es zeigte sich, daß einige dieser Spekulationen anschließend als tatsächliche Wahrnehmungen berichtet wurden. In einer weiteren Untersuchung der gleichen Forschergruppe stellte sich die Generierung fiktiver Information durch die Versuchspersonen selber als größere Verfälschungsgefahr für nachfolgende Aussagen heraus als externale falsche Information (Roediger, Jacoby & McDermott, 1996).

Weiterhin konnte für die kindliche Zeugengruppe gezeigt werden, daß besonders diese mehr Probleme mit der Unterscheidung zwischen vorgestellten und tatsächlich erlebten Handlungen haben als Erwachsene (Foley & Johnson, 1985).

Die Befunde aus der referierten Literatur zeigen, daß es möglich ist, durch suggestive Befragungstechniken Kinder derart zu beeinflussen, daß sie fiktive Ereignisse mit tatsächlich Erlebtem verwechseln (z.B. Ceci, Huffman, et al., 1994). In einer Vielzahl von empirischen Untersuchungen zur Überprüfung der Wirkung suggestiver Befragungtechniken wurde typischerweise ein Originalereignis experimentell induziert, zu dem ein Zeuge anschließend mit Hilfe einer spezifischen Interviewtechnik befragt wurde. Nach unterschiedlichen Zeitabständen wurde dann die Auswirkung der Technik auf die Gedächtnisperformanz des Zeugen für das Originalereignis getestet.

Falsche Erinnerungen können im Einzelfall auch über einen längeren Zeitraum bestehen bleiben, Ereignisse umfassen, die mit dem eigenen Körper, kriminellen Handlungen, Interaktionen mit bekannten und unbekannten Erwachsenen oder unangenehmen Erlebnissen zusammenhängen (Brainerd & Poole, 1997; Bruck et al., 1998; Lepore & Sesco, 1994). Gleichzeitig deutet die Literatur jedoch auch auf Stärken kindlicher Zeugen und unproblematische Interviewtechniken mit dieser speziellen Zeugengruppe hin (Fivush, 1994; Tucker et al., 1990). Werden kindliche Zeugen richtig befragt, so können sie durchaus wahrheitsgetreu und detailliert Erlebnisse berichten (z.B. Volbert & Pieters, 1994). Einige Techniken, wie z.B. ein Wiedererkennungstest für wahre Ereignisse, können unter bestimmten Bedingungen gegen nachfolgende Fehlinformation immunisieren (Brainerd & Reyna, 1996). In Abhängigkeit von der Realitätsgrundlage können suggestive Techniken also unterschiedlich sinnvoll sein: es gibt Anhaltspunkte dafür, daß Kinder mit Hilfe suggestiver Befragungsmethoden öfter und mehr über wahre unangenehme Erlebnisse erzählen; aufgrund dieser Techniken kann aber gleichzeitig auch der Anteil an fiktiven Erlebnisschilderungen ansteigen (Ceci & Bruck, 1998). Ist in einer Zeugenbefragung also unklar, ob z.B. ein Mißbrauch tatsächlich stattgefunden hat, was in der überwiegenden Zahl der Fälle in der Praxis der Fall ist, so ist von einer Verwendung suggestiver Interviewmethoden der oben beschriebenen Art abzuraten. Grundsätzlich kann am besten anhand des Erst-interviews, das mit dem kindlichen Zeugen geführt wurde, zwischen wahren und falschen Aussagen differenziert werden (Bruck et al., 1998).

Speziell für den Aspekt „Konjunktivbefragung" der Interviewtechnik „Einladen zur Spekulation" läßt sich zusammenfassen, daß lediglich eine einzelne empirische Untersuchung mit einer Stichprobe Erwachsener durchgeführt wurde, die auf eine problematische Wirkung dieser Technik auf nachfolgende Erinnerungsleistung hinweist (Roediger et al., 1996). Zusammen mit den in Kapitel 2 dargelegten theoretischen Annahmen und den Ergebnissen der Studien zu anderen Interviewtechniken ist so eine suggestive Wirkung von „Einladen zur Spekulation" bei kindlichen Zeugen zu erwarten. Eine empirische Überprüfung der Auswirkung der spezifischen Aspektes der Konjunktivbefragung von „Einladen zur Spekulation" auf die Aussagen von Kindergartenkindern als Zeugen hat bisher - nach Wissen der Autorin - noch nicht stattgefunden.

Im folgenden Kapitel wird auf den eingangs explizierten Fehlinformationseffekt und den Quellenüberwachungsansatz näher eingegangen, auf denen die theoretische Annahme einer problematischen Wirkung von „Einladen zur Spekulation" auf nachfolgende Zeugenaussagen basiert. Es wird zum einen überprüft, ob sich auch unter Hinzuziehung detaillierter Annahmen, verschiedener theoretischer Erklärungsmodelle und Ergebnisse der beiden Ansätze die Vorhersage einer problematischen Wirkung der Interviewtechnik aufrechterhalten läßt und zum anderen, wie die beiden Paradigmen für eine Operationalisierung im Rahmen nachfolgender Experimente genutzt werden können.

4 Kognitionspsychologische Erklärungsansätze zu der Verfälschung von Zeugenaussagen

In diesem Kapitel wird unter 4.1 auf das Fehlinformationsparadigma, verschiedene Erklärungsmechanismen und Detailbefunde unter Berücksichtigung der jeweiligen Analogie zur Überprüfung von „Einladen zur Spekulation" eingegangen. Unter 4.2 wird der mit dem Fehlinformationsparadigma eng verwandte Quellenüberwachungsansatz unter den gleichen Gesichtspunkten erläutert. Abschließend wird die Bedeutung und Verwendung dieser beiden kognitionspsychologischen Ansätze für die nachfolgenden Experimente dargelegt.

4.1 Das Fehlinformationsparadigma

Wie bereits in Kapitel 2 kurz angerissen, bezieht sich der Fehlinformationseffekt auf den gesicherten empirischen Befund, daß Versuchspersonen, denen ein Originalereignis präsentiert wird und denen zuvor oder anschließend falsche Informationen über das Ereignis gegeben wird, entweder diese Fehlinformation signifikant häufiger als Bestandteil des Originalereignisses oder weniger korrekte Items aus dem Originalereignis berichten als Personen, die diese Information nicht bekommen (Loftus et al., 1978; Weingardt et al., 1995).

Loftus und Mitarbeiter entwickelten ein Standardparadigma zur Untersuchung der Auswirkung von Fehlinformation auf die Gedächtnisleistung, das aus drei Stufen besteht. Die erste Stufe besteht in der Beobachtung eines Originalereignisses durch einen Zeugen. Anschließend, in der zweiten Stufe, wird der Zeuge in der Experimentalgruppe einer Fehlinformation ausgesetzt, die typischerweise in einen Text oder in eine Reihe von Fragen zu dem Originalereignis eingebettet ist. Im Rahmen der dritten Stufe wird der Zeuge dann gebeten, sich an das Originalereignis zu erinnern, und es wird überprüft, ob er mehr Fehlinformation bzw. weniger korrekte Information berichtet als eine Kontrollgruppe ohne Fehlinformation (Blank, 1997; Pezdek & Roe, 1997; Weingardt et al., 1995). Grundsätzlich sind im Rahmen des Fehlinformationsparadigmas zwei abhängige Variablen von besonderem Interesse: die Rate korrekter Antworten bezüglich der experimentellen Items, zu denen anschließend die Fehlinformation gegeben wurde (siehe z.B. Loftus, 1991; Loftus et al., 1978; McCloskey & Zaragoza, 1985a; Payne, Toglia & Anastasi, 1994) und die Rate fälschlicherweise berichteter Fehlinformationsitems (siehe z.B. Lindsay, 1990; Lindsay & Johnson, 1989; Roediger et al., 1996; Wright & Stroud, 1998). In Abhängigkeit von der jeweiligen Fragstellung und dem Kontext, dem die Fragestellung entstammt (z.B. angewandt versus grundlagenorientiert), können diese beiden abhängigen Variablen von unterschiedlichem Interesse sein.

Bei der Überprüfung der Wirkung von „Einladen zur Spekulation" muß zunächst überlegt werden, welche der beiden abhängigen Variablen im angewandten Kontext der kindlichen Zeugenaussage von besonderer Bedeutung ist. Der Fehlinformationseffekt läßt erwarten, daß die auf diese Interviewtechnik produzierte Konfabulation entweder anschließend fälschlicherweise als Originalinformation genannt wird oder aber daß die Anzahl korrekt reproduzierter Items aus der Originalinformation durch das „Einladen zur Spekulation“ sinkt.

Die Interviewtechnik wird typischerweise dann in Zeugeninterviews verwandt, wenn das Kind im Laufe eines Interviews noch keine Aussage getätigt hat. Konfabuliert ein Kind nun auf das „Einladen zur Spekulation“ zu einem Sachverhalt („Was hätte X denn tun können?“) und wird es zu einem späteren Zeitpunkt im Indikativ gebeten, diese Antwort zu wiederholen („Erzähl mir noch mal was er getan hat.“), so wäre dieses Berichten der selbst-generierten Fehlinformation hinsichtlich der rechtlichen Konsequenzen der fatalere Fehler als möglicherweise ein „Nicht-Berichten“ der korrekten Originalinformation. Aus diesem Grund sollte die zentrale abhängige Variable in einem Fehlinformationsexperiment zur Überprüfung von „Einladen zur Spekulation“ die Rate inkorrekter Fehlinformationsitems sein. Zusätzlich soll ebenfalls die Rate korrekter Antworten erhoben werden.

Beeinflussende Faktoren. In einer Vielzahl von Untersuchungen konnte der Fehlinformationseffekt als ein robuster Effekt etabliert werden, der auch Aussagen über zentrale Handlungen oder traumatische Erlebnisse beeinflussen kann und der vom Ausmaß verschiedener Faktoren abzuhängen scheint (Pezdek, 1994). Der Effekt kann beispielsweise von der Qualität des Gedächtnisinhalts und der Salienz der untersuchten Erinnerungsdetails, von der individuellen Erinnerungsstärke, von der Stärke der Gedächtnisspur für die suggerierte Information, von der Zeitspanne, innerhalb der eine Antwort gegeben werden muß, von Warnungen vor potentieller Fehlinformation, vom Alter der Versuchsperson oder von dem Sachverhalt, ob die Fehlinformation mehrmals abgerufen wurde, abhängen (Loftus, 1991). Je kürzer beispielsweise der zeitliche Abstand zwischen Fehlinformationsdarbietung und anschließendem Abrufen (Phase 3) ist, desto schwächer wird der Fehlinformationseffekt (Lindsay, Gonzales & Eso, 1995; Payne et al., 1994). In einer Untersuchung mit vierjährigen Kindern zeigte sich allerdings kein Effekt des Zeitpunkts der Fehlinformation auf das anschließend fälschliche Berichten derselben: Unabhängig davon, ob die Fehlinformation einen Tag oder einen Monat nach dem Originalereignis dargeboten wurde, bauten die Kinder relativ wenig dieser Fehlinformation fälschlicherweise in ihre Berichte ein (Roberts, Lamb & Sternberg, 1999). Eine wiederholte Präsentation der Originalinformation reduziert darüber hinaus die Anfälligkeit gegenüber suggerierter Fehlinformation (Pezdek & Roe, 1995).

Fehlinformation wird vor allem als Antwort auf spezifische Fragen genannt, kann im Einzelfall allerdings auch durchaus auf eine offene Frage hin reproduziert werden (Poole & Lindsay, 1995). Dies läßt sich durch die unterschiedlichen Schwellenstärken der verschiedenen Gedächtnisspuren erklären: Bei einer freien Reproduktion muß eine höhere Schwel-lenstärke der Gedächtnisspur erreicht werden als bei einem Abrufen mittels Gedächtnishilfen. Für die korrekte Information wird hierbei eine höhere Schwellenstärke angenommen als für die Fehlinformation (Warren et al., 1991). Die Annahme unterschiedlicher Schwellenstärken der verschiedenen Gedächtnisspuren erklärt ebenfalls den Befund, daß sich ein Fehlinformationseffekt typischerweise eher für periphere als für zentrale Information zeigt (Heath & Erickson, 1998; Wright & Stroud, 1998). Fehlinformationseffekte hängen also gleichzeitig von der Stärke der Gedächtnisspur des Originalereignisses und der Fehlinformation ab (Volbert, 1999).

Für eine experimentelle Überprüfung von „Einladen zur Spekulation“ bedeutet dies Verschiedenes. In Bezug auf den zeitlichen Abstand zwischen Fehlinformationsdarbietung und Abrufen sind die Befunde uneindeutig. Aus diesem Grund bietet es sich an, diesen Zeitabstand experimentell zu variieren. Darüber hinaus ist es gerade im angewandten Kontext der Zeugenbefragung wichtig, den Befund bezüglich der unterschiedlichen Reproduktion von Fehlinformation auf offene versus geschlossene Fragen in Experimenten zu replizieren. Wenn „Einladen zur Spekulation“ zu einer zusätzlichen falschen aber schwächeren Gedächtnisspur führt, dann ist auch hier zu erwarten, daß auf eine offene Frage hin eher die Originalinformation mit einer höheren Schwellenstärke produziert wird.

Phasen der experimentellen Überprüfung. Garry und Loftus (1994) unterscheiden vier Phasen der Untersuchung des Fehlinformationseffektes. In einer ersten Phase konnte nachgewiesen werden, daß die Art der Fragestellung (z.B. „Wie schnell war das Auto als es in das andere Auto *raste*?“ versus „Wie schnell war das Auto als es in das andere Auto *fuhr*?“) einen Einfluß auf die Aussagen von Personen über vergangene Ereignisse haben kann (Loftus & Palmer, 1974). Eine zweite Phase beschäftigte sich mit dem nachträglichen Einfügen suggestiver Inhalte in ein zuvor erlebtes Originalereignis (z.B. Loftus et al., 1978). Auch auf diesem Weg konnte ein Fehlinformationseffekt nachgewiesen werden. In einer dritten Forschungsphase konnte die Manipulation bzw. Abänderung von Details aus dem Originalereignis durch nachfolgende Fehlinformation belegt werden (sog. „Transformation“). Im Gegensatz zur zweiten Forschungsphase wurde hier also kein weiteres Detail in das Originalereignis eingefügt, sondern ein bereits vorhandenes verändert. Diese ersten drei Phasen beziehen sich auf die Erinnerung von beobachteten bzw. experimentell induzierten Ereignissen. Die vierte und jüngste von den Autoren unterschiedene Phase konnte das Implantieren vollständiger autobiographischer Episoden (z.B. fiktiver Kindheitserlebnisse) in das Gedächtnis von Versuchspersonen zeigen (Loftus, 1998; Pynoos & Nader, 1989).

Eine Konzeption der experimentellen Überprüfung von „Einladen zur Spekulation“ wie in Kapitel 1 angedacht, könnte als ein Zusammenschluß der Forschungsphasen 1 und 2 betrachtet werden: Bei der Generierung „eigener“ Fehlinformation durch „Einladen zur Spekulation“ wird sowohl nachträglich ein suggestiver Gedächtnisinhalt in die Erinnerung an das Originalereignis eingefügt, wie dies typischerweise in Phase 2 des Paradigmas der Fall war, gleichzeitig ist es aber auch die Art der Fragestellung - wie in Phase 1 - deren Einfluß auf die Zeugenaussage überprüft werden soll.

Zentrale kognitive Erklärungsansätze. Die zugrundeliegenden kognitiven Mechanismen für den Fehlinformationseffekt werden bis heute in der Literatur diskutiert (Loftus, 1979a, 1991; Loftus, Schooler & Wagenaar, 1985; McCloskey & Zaragoza, 1985a; 1985b). Es werden sowohl eine Beeinträchtigung der originalen Gedächtnisspur durch die Fehlinformationsgedächtnisspur als auch ein Nicht-Behalten des originalen Gedächtnisinhaltes, unterschiedliche Anforderungscharakteristika und Quellenkonfusionen (vgl. Kap. 4.2) angenommen (Lindsay, 1990; Loftus, 1979a; McCloskey & Zaragoza, 1985a): Die erste theoretische Erklärung des Fehlinformationseffektes war die „Überschreibungshypothese“, die von Loftus und Mitarbeitern postuliert wurde (1978). Diese besagt, daß Fehlinformation die Originalgedächtnisspur verändert oder überschreibt. Wenn zum Beispiel im Original-ereignis eine Cola-Dose, in der nachfolgenden Fehlinformation aber eine 7-up-Dose präsentiert wurde, wählten Versuchspersonen der Fehlinformationsbedingung anschließend signifikant häufiger die 7-up Dose als die Cola-Dose in einer Multiple-Choice-Aufgabe. In Anlehnung an die „Überschreibungshypothese“ wird davon ausgegangen, daß die 7-up-Dosen-Information die Gedächtnisrepräsentation der Cola-Dose überschrieben hatte (Loftus, 1991). Als Replik auf diesen theoretischen Ansatz argumentieren McCloskey und Zaragoza (1985a) jedoch, daß der von Loftus und Kollegen verwendete experimentelle Ansatz einen solchen einseitigen Schluß auf die zugrundeliegenden kognitiven Prozesse nicht zulasse. Sie erklären, daß das häufigere Wählen der 7-up-Dose durch die Versuchspersonen ebenso gut ein Ergebnis der Anforderungscharakteristika des Experimentes sein könne und nicht notwendigerweise eine Beeinträchtigung der Gedächtnisspur für das Original-ereignis bedeuten müsse. Es könne zum Beispiel der Fall sein, daß Versuchspersonen das spezifische originale Detail gar nicht erst enkodiert haben und die fehlende Information bzw. die Lücke mit der Fehlinformation füllen, obwohl sie sich durchaus im Klaren darüber sein können, daß diese zusätzliche Information z.B. dem nachfolgenden Text und nicht dem originalen Ereignis entstammt. Oder die Versuchsperson enkodierte die Cola-Dose des Originalereignisses, erinnert sich auch an diese, aber traut der nachfolgenden Fehlinformation mehr und wählt aus diesem Grund die 7-up-Dose. Die „7-up-Dosen-Information“ hätte dann dennoch keine Auswirkung auf die „Cola-Dosen-Gedächtnis-repräsentation“. Der Grund für die Entscheidung der Versuchsperson für die Fehlinformation könnte deshalb ein Versuch sein, dem Versuchsleiter zu gefallen oder der Fehlinformation in ihrem Wahrheitsgehalt mehr zu trauen. Auch in diesem Fall hätte eine Versuchsperson der Experimentalbedingung häufiger fälschlicherweise die Fehlinformation gewählt als eine Versuchsperson der Kontrollgruppe. Aus McCloskeys und Zaragozas Kritik an dem Standardparadigma ergab sich ein modifizierter Test des Fehlinformationseffektes, in dem nicht mehr zwischen Originalinformation und Fehlinformation ausgewählt, sondern z.B. zwischen Originalinformation und sonstiger, völlig neuer Information (McCloskey & Zaragoza, 1985a; Zaragoza, Lane, Ackil & Chambers, 1997). Die zugrundeliegende Annahme war hierbei, daß im Falle einer Überschreibung der Originalinformation (z.B. Hammer) durch die nachfolgende Fehlinformation (z.B. Säge) in einer anschließenden Wahl zwischen Originalinformation (Hammer) und sonstiger neuer Information (z.B. Schraubenzieher) die Originalinformation (Hammer) signifikant seltener von der „Fehlinformationsgruppe" als im Originalereignis vorhanden ausgewählt würde als in der Gruppe, die keine Fehlinformation bekam. Verschiedene Untersuchungen mit diesem veränderten Ansatz sprachen gegen die „Überschreibungshyothese": Probanden, die Fehlinformation bekamen, waren in diesem Test der Kontrollgruppe in ihrer Gedächtnisleistung nicht unterlegen (Zaragoza & McCloskey, 1989). Einige andere Studien zum modifizierten Ansatz zeigen hingegen geringere aber dennoch reliable Befunde, die für eine Beeinträchtigung der Originalgedächtnisspur sprechen (Ceci et al., 1987; Chandler, 1989).

Lindsay und Johnson (1989) veränderten über den modifizierten Ansatz hinaus die Darbietungsreihenfolge von Original- und Fehlinformation. Sie boten die Fehlinformation vor der Originalinformation dar und konnten auch dort einen Fehlinformationseffekt nachweisen. Sie argumentieren, daß dies ebenfalls gegen die von Loftus postulierte Überschreibungshypothese spricht.

Der modifizierte Test von McCloskey und Zaragoza (1985a) blieb nachfolgend nicht unkritisiert (Lindsay & Johnson, 1987; Loftus, 1991; Loftus et al., 1985). Einer der Kritikpunkte an dem modifizierten Ansatz von McCloskey und Zaragoza (1985a) bestand beispielsweise in der Überlegung, daß für Probanden der Experimentalgruppe durch diese spezielle Art des Tests die Möglichkeit besteht, die Originalinformation deswegen auszuschließen, weil sie sich sicher sind, die vollständig neue Information (Schraubenzieher) noch nie gesehen zu haben. Sie gehen somit schlußfolgernd vor.

Die Debatte um die von Loftus und Mitarbeitern (1978) „Überschreibungs-„ bzw. „Beeinträchtigungshypothese" ist bis heute aktuell.

Weitere kognitive Erklärungsansätze. In einem alternativen Erklärungsansatz zu den zugrundeliegenden kognitiven Prozessen des Fehlinformationseffektes, der ebenfalls auf der Beeinträchtigungshypothese basiert, wird postuliert, daß der Fehlinformationseffekt das Ergebnis eines „Abrufwettstreits" und einer Interferenz ist (Bekerian & Bowers, 1983). Hier gehen die Autoren davon aus, daß die Fehlinformation und die Originalinformation koexistieren und vollständig und getrennt voneinander im Gedächtnis aufbewahrt werden. Während des Abrufprozesses jedoch sei die Fehlinformation zugänglicher als die Originalinformation, weil sie aktueller sei und werde aus diesem Grund von einem Zeugen zum Testzeitpunkt erinnert. Ein Zugriff auf die Originalinformation könne nur durch zusätzliche Abrufhinweise oder vermehrten Suchaufwand erfolgen. Blank (1997) konnte beispielsweise in seinen Experimenten Hinweise darauf finden, daß der Einfluß falscher Zusatzinformationen weniger mit Gedächtnisbeeinträchtigung als vielmehr mit Abfrageeffekten zu tun zu haben scheint. Das Metagedächtnis (i.S.v. übergeordneten Gedächtnisstrategien) kann bei diesen Prozessen eine modulierende Rolle spielen (Sullivan & Howe, 1995).

Ayers und Reder (1998) versuchen, die verschiedenen Erklärungsansätze zum Fehlinformationsparadigma in ein „Aktivierungsbasiertes Gedächtnismodell“ zu integrieren. Ein Kernpunkt dieses Modells ist die Entstehung von Gedächtnisfehlern durch die Fehlinterpretation von Aktivierung. Das menschliche Gedächtnis ist nach Meinung der Autoren als Netzwerk von Knoten konzipiert, die im Zuge eines Erinnerungsprozesses aktiviert werden können. Ein Problem der Unterscheidung zwischen verschiedenen Quellen einer Erinnerung kann dann auftauchen, wenn zwar ein Aktivierungsanstieg festgestellt wird, man diesen Anstieg aber keinem Knoten, also keinem Ursprung zuordnen kann.

Zusammenfassend läßt sich festhalten, daß die Kontroverse darüber, wie Fehlinformation genau die Struktur und Repräsentation des Originalereignisses beeinflußt, bis heute besteht. Die momentane Befundlage zur Erklärung des Fehlinformationseffektes deutet darauf hin, daß es sich hier um ein Zusammenwirken verschiedener Faktoren handelt: Sowohl eine genuine Verwechslung der beiden Informationsquellen als auch eine Veränderung des Originalgedächtnisinhaltes durch die nachfolgende Fehlinformation scheinen zu dem Effekt beizutragen (Lindsay et al., 1995).

Der im folgenden Kapitel 4.2 dargestellte Quellenüberwachungsansatz verlagert diese Debatte insofern, als daß dort von einer unabhängigen Existenz bzw. Speicherung der Original- und der Fehlinformation im Gedächtnis ausgegangen wird.

Für die Überprüfung der Interviewtechnik „Einladen zur Spekulation“ bedeutet diese Diskussion, daß sich offensichtlich hinsichtlich der zugrundeliegenden kognitiven Prozesse für den Fehlinformationseffekt bisher keine Favorisierung eines spezifischen Erklärungsansatzes herauskristallisiert hat. Aus diesem Grunde kann es möglich sein, daß eine Spekulation die Gedächtnisspur an das Originalereignis überschreibt bzw. beeinträchtigt, daß die Spekulation die Zugänglichkeit zur Originalgedächtnisspur erschwert oder daß im Erinnerungsprozeß die Aktivierung des „Spekulation-Knotens" fälschlicherweise als Hinweis auf das Originalereignis interpretiert wird. Unabhängig von den verschiedenen Erklärungsmodellen ist für die Vorhersage eines Fehlinformationseffektes und die Orientierung einer experimentellen Überprüfung von „Einladen zur Spekulation" am Fehlinformationsparadigma aber die Robustheit des Effektes zentral.

Die Erklärung der kognitiven Mechanismen des Fehlinformationseffektes ist durchaus von praktischer Relevanz und aus diesem Grund auch an dieser Stelle von Bedeutung. Nimmt man nämlich an, daß der Fehlinformationseffekt in erster Linie auf mangelnder Zugänglichkeit der Gedächtnisspur des Originalereignisses beruht, die Originalgedächtnisspur aber trotzdem vollständig und abrufbar ist, so ließe sie sich z.B. durch eine Veränderung der Befragungssituation eines Zeugen unter Umständen wieder zugänglich machen. Wenn also ein Unfallzeuge denkt „Ich dachte es wäre ein BMW gewesen, aber jetzt sagt mir der Polizist, daß es ein Mercedes war, also muß es wohl ein Mercedes gewesen sein", so ließe sich durch eine entsprechende anschließende Veränderung der Befragungs(-situa-tion) seitens des Polizisten doch an die Originalinformation gelangen. Wenn aber ein Zeuge denkt „ Ich weiß nicht mehr genau, welches Auto ich gesehen habe, aber ich erinnere mich, daß der Polizist etwas von einem Mercedes erzählte", dann ist entweder durch unzureichende Enkodierung der Originalinformation oder aber durch Überschreibung der Originalinformation durch die nachfolgende (Fehl-)Information ein Abrufen der Originalinformation auch durch Veränderung der Befragungssituation nicht mehr möglich. Auf eine solche Veränderung der Befragungssituation, sogenannter „system variables", wies Wells (1978) bereits im Rahmen der Forschungstradition zur Identifizierung von Tatverdächtigen durch Augenzeugen hin.

Weitere Untersuchungen zum Fehlinformationseffekt. Neuere Untersuchungen zum Fehlinformationseffekt gehen einen Schritt weiter: Sie geben Anlaß zu der Vermutung, die Fehlinformation beeinträchtige nicht nur originale Erinnerungen von Versuchspersonen, sondern führe sogar dazu, daß Personen tatsächlich glauben, sie hätten die Fehlinformation gesehen bzw. erlebt (Weingardt et al., 1995).

Roediger und Mitarbeiter (1996) untersuchten die Auswirkung wiederholter Abfrage und wiederholter interner Generierung von Fehlinformation auf den Fehlinformationseffekt. In ihrer Untersuchung baten sie Versuchspersonen mehrfach, anfangs präsentierte Fehlinformation zu wiederholen und sensu Lindsay (vgl. Kap. 4.2) die Quelle ihrer Erinnerung anzugeben bzw. zu unterscheiden. Andere, nur in einem Text vorgelegte Fehlinformation sollte nicht explizit wiederholt werden. Sie konnten zeigen, daß ein Fehlinformationseffekt auch für freie Berichte einer Versuchsperson nachzuweisen ist und daß ein wiederholtes Testen bzw. Abfragen der Fehlinformation diesen verstärkt. Ein

Teil der Versuchspersonen war zudem überzeugt, die Fehlinformation tatsächlich als Originalereignis gesehen zu haben. Des weiteren zeigte sich ein stärkerer Effekt für selbst generierte als für die vorgegebene Fehlinformation. Die Autoren konnten zeigen, daß auch ein Generieren eigener Fehlinformation zu einem späteren Testzeitpunkt zu der Überzeugung führen kann, eine Fehlinformation tatsächlich als Originalereignis gesehen zu haben.

Auch Ceci und Loftus (1994) weisen darauf hin, die Wiederholung von Fehl- bzw. suggestiver Information intensiviere den Fehlinformationseffekt über die Zeit (siehe auch Zaragoza & Mitchell, 1996).

Hinsichtlich der Überprüfung von „Einladen zur Spekulation" ist insbesondere die Untersuchung von Roediger und Mitarbeiter (1996) als verstärkter Hinweis auf einen Fehlinformationseffekt durch diese Interviewtechnik zu sehen, in der sich zeigte, daß insbesondere bei interner Generierung der Fehlinformation ein Fehlinformationseffekt zu erwarten war. Ein „Einladen zur Spekulation" kann als interne Generierung eigener Fehlinformation angesehen und analog zu obiger Untersuchung als besonders starker Hinweis auf eine anschließende Verwechslung bewertet werden.

Erste Untersuchungen zum Zusammenhang zwischen suggerierter Fehlinformation und der persönlichen Überzeugung, daß es sich hierbei um tatsächlich Erlebtes handelt, deuten auf ein Gleichbleiben dieses Zusammenhangs über die Zeit hin, wohingegen sich für tatsächlich wahre Erlebnisse eine Abnahme der Überzeugung abzeichnet (Toglia, Neuschatz & Goodwin, 1999).

Ein weiteres interessantes Ergebnis ist in einigen Fehlinformationsstudien zu finden, die die Art des Untersuchungsmaterials variierten. Hier zeigte sich gelegentlich, daß eine zur Originalinformation auffällig gegensätzliche Fehlinformation dazu führte, daß sich Versuchspersonen als Folge an die Originalinformation wieder besser erinnerten und daß sie resistenter gegenüber neuer Fehlinformation wurden (der „spillover"-Effekt). Eine mögliche Erklärung für diesen Befund lautet, den Versuchspersonen falle dann die Diskrepanz zwischen Original- und Fehlinformation auf, und die Originalinformation „lebe" somit wieder „auf" (Loftus, 1979b; 1991).

Diesen Befund gilt es bei einer Untersuchung von „Einladen zur Spekulation" zu berücksichtigen. In Abhängigkeit von der Diskrepanz zwischen der selbst generierten Fehlinformation durch die Spekulation und der Originalinformation kann sich der Fehlinformationseffekt zeigen oder aber sich eine verstärkte Erinnerung der Originalinformation abzeichnen.

Einfluß der Variable Alter. Untersuchungen zum Fehlinformationseffekt und der Variable Alter zeigten, daß dieser Effekt negativ mit dem Alter der Versuchspersonen korreliert: Kinder im Kindergartenalter sind beispielsweise ungleich anfälliger für Fehlinformationen als ältere Kinder, Jugendliche und

Erwachsene (als Überblick, siehe Ceci & Bruck, 1993). Als besonders einflußreich stellte sich hierbei durch Eltern induzierte Fehlinformation heraus (Poole & Lindsay, 1995). Allgemein sind „implantierte“ Erinnerungen an experimentell induzierte Fehlinformationen zwar manchmal bei Kindern weniger stabil als Erinnerungen an wahre Erlebnisse, sie zeigen aber dennoch eine vergleichsweise hohe zeitliche Stabilität (Brainerd & Poole, 1997). Dies bedeutet, daß beispielsweise zeitliche Stabilität in den Aussagen von Kindern keine Garantie für eine realitätsbegründete Aussage sind. Howe (1991) konnte allerdings zeigen, daß bei einer experimentellen Kontrolle spezifischer Faktoren der Gedächtnisperformanz, wie z.B. Enkodierung und „analytischer Insensitivität“, der Fehlinformationseffekt gering wird. Dies ist als Hinweis auf die Abhängigkeit des Fehlinformationseffektes von spezifischen kognitiven Parametern zu werten. Darüber hinaus geben einige Untersuchungen Hinweise darauf, daß bei Kindergartenkindern - ebenso wie bei Erwachsenen - ein Berichten der Fehlinformation nicht notwendigerweise zu einer Beeinträchtigung der Erinnerung an das Originalereignis zu führen scheint (Marche & Howe, 1995).

Insgesamt stellt der Fehlinformationseffekt einen auf breiter Basis empirisch abgesicherten Befund dar, der sich sowohl für alle Altersstufen, insbesondere für Kinder und für verschiedene Arten von Original- und Fehlinformation nachweisen läßt. Von praktischer und inhaltlicher Relevanz für die vorliegende Arbeit ist dieses Paradigma deshalb, weil es theoretische Vorhersagen zur Wirkung der Interviewtechnik „Einladen zur Spekulation“ macht und weil sich die nachfolgenden experimentelle Untersuchungen an der Konzeption der klassischen Fehlinformationsexperimente orientieren können. Es konnte gezeigt werden, daß sich auch detaillierte Ergebnisse und zusätzliche theoretische Annahmen mit der in Kapitel 1 dargelegten Analogie der Spekulation zur Fehlinformation in Einklang bringen lassen und nicht gegen eine Orientierung einer experimentellen Untersuchung an dem Paradigma sprechen.

Im folgenden Kapitel soll auf das mit dem Fehlinformationsparadigma eng verwandte Konzept des Quellenüberwachungsansatzes eingegangen werden. In diesem wird die Debatte um die dem Fehlinformationseffekt zugrundeliegenden kognitiven Mechanismen aufgegriffen und in eine andere Richtung gelenkt. Zudem wird überprüft, ob die experimentelle Untersuchung von „Einladen zur Spekulation“ mit den Ergebnissen und theoretischen Annahmen diese Ansatzes kompatibel ist.

4.2 Der Quellenüberwachungsansatz

Der Quellenüberwachungsansatz änderte den Rahmen der Diskussion um die dem Fehlinformationseffekt zugrundeliegenden kognitiven Prozesse (vgl. Kapitel 4.1) durch die Einbeziehung der individuellen bzw. „wahren“ Überzeugung eines Zeugen. Er knüpft an den kognitiven Erklärungsmodellen des

Fehlinformationsparadigmas an und könnte insofern auch als Teilbereich des Fehlinformationsparadigmas angesehen werden. In Anlehnung an die in der Literatur überwiegend übliche getrennte Darstellung der beiden Ansätze wird der Quellenüberwachungsansatz in dieser Arbeit ebenfalls gesondert dargestellt.

Innerhalb dieses Ansatzes liegt der Schwerpunkt weniger auf den jeweiligen Gedächtnisprozessen, sondern vielmehr auf dem bewußten versus unbewußten Zugreifen auf die Fehlinformation (Lindsay, 1994). Es wird angenommen, daß die Gedächtnisrepräsentationen für eine Original- und eine Fehlinformation unabhängig voneinander im Gedächtnis gespeichert werden und Erinnerungsfehler auch dann auftreten können, wenn die Originalgedächtnisspur unbeeinflußt bleibt (Zaragoza et al. 1997). Zentral ist hierbei die Unterscheidung, ob der Fehlinformationseffekt ein Resultat falscher Quellenzuschreibung (dem Zeugen ist nicht bewußt, daß die Fehlinformation nicht dem Originalereignis entstammt) oder Anforderungscharakteristika (dem Zeugen ist bewußt, daß die Fehlinformation nicht aus dem Originalereignis ist, er entscheidet sich aber dennoch dafür, sie zu berichten) ist.

Ein „Einladen zur Spekulation“ kann demnach einen Zeugen eine eigene zweite „Quelle“ produzieren lassen, zwischen der und dem Originalereignis anschließend z.B. im Rahmen einer späteren Zeugenaussage unterschieden werden muß. Die Frage, ob sich ein Zeuge bei der Reproduktion der Konfabulation tatsächlich nicht mehr bewußt ist, daß diese aus einer internal generierten Quelle stammt, wird im Quellenüberwachungsansatz näher untersucht und im folgenden geschildert.

Entstehung und Formen der Quellenüberwachung. Ursprünglich entstand der Quellenüberwachungsansatz unabhängig vom Fehlinformationsparadigma und auch vom aussagepsychologischen Kontext (Johnson, 1988; Johnson, Kahan & Raye, 1984; Johnson & Raye, 1981). Er wurde erst später auf diesen übertragen (Johnson & Suengas, 1989; Lindsay & Johnson, 1987). In diesem Ansatz geht es um die Zuordnung von Erinnerungen verschiedenen Ursprungs zu den korrekten Originalquellen. Bei diesem angenommenen kognitiven Prozeß werden Erinnerungen während des Abspeicherns mit Informationen über ihren Ursprung assoziiert und können zu einem späteren Zeitpunkt in einem Entscheidungsprozeß diesem Ursprung zugeordnet werden (Johnson, Hashtroudi & Lindsay, 1993). Wenn sich ein Zeuge beispielsweise im Kontext einer Zeugenaussage erinnert, so wird er diese Erinnerung einer internalen oder externalen Quelle zuordnen. Unter einer internalen Quelle wird in diesem Ansatz eine Quelle innerhalb einer Person verstanden, z.B. Gedanken einer Person; mit einer externalen Quelle ist eine außerhalb des Zeugen liegende Quelle gemeint, wie z.B. ein Erlebnis oder Aussagen einer anderen Person. Bei dieser Zuordnung von Erinnerungen zu ihren Quellen können drei verschiedene Probleme auftauchen: die Unterscheidung zwischen internalen und externalen Quellen (*Reality Monitoring)*, zwischen mehreren internalen Quellen *(Internal Source Monitoring)* und zwischen mehreren externalen Quellen *(External Source Monitoring)* (Johnson et al., 1993; Volbert & Pieters, 1996).

Wenn ein Zeuge Probleme hat, zwischen einem tatsächlichen Erlebnis und einem Bericht über das Erlebnis (z.B. suggestive Beeinflussung) zu unterscheiden, so ist dies ein Problem des *External Source Monitoring.* Handelt es sich um ein Problem der Unterscheidung zwischen einer selbst erfundenen Aussage und tatsächlich Erlebtem, so stellt dies ein Problem des *Reality Monitoring* dar. Probleme beim *Internal Source Monitoring* treten dann auf, wenn zwischen Erinnerungen an selbst ausgeführte Handlungen und lediglich einer Vorstellung dieser Handlungen nicht bzw. schlecht unterschieden werden kann.

Bei der angenommenen problematischen Auswirkung der Interviewtechnik „Einladen zur Spekulation“ handelt es sich um ein Problem des *Reality Monitoring*: zu einem späteren Zeitpunkt muß der kindliche Zeuge unterscheiden, ob er oder sie sich einen bestimmten Gedächtnisinhalt nur vorgestellt bzw. ausgedacht hat oder diesen tatsächlich erlebt hat. Bei dieser Quellenzuschreibung können Fehler auftreten.

Beeinflussende Faktoren. Der Prozeß dieser Unterscheidung zwischen verschiedenen Quellen verläuft automatisch und auf der Basis von Entscheidungsheuristiken, die sich an der Erinnerungsqualität orientieren (Lindsay et al., 1995). Bei Problemen dieser automatischen Prozesse kann eine bewußte Analyse der verschiedenen Prozesse einsetzen. Erinnerungsqualitäten, d.h. Erinnerungsmerkmale, in denen sich verschiedene Gedächtnisspuren unterscheiden, können sein: sensorische und affektive Information (z.B. wie emotional belastet ein konkreter Gedächtnisinhalt ist), Kontextinformation (z.B. Merkmale der Situation, in der ein zu erinnerndes Ereignis stattfand) und kognitive Operationen (z.B. wieviele kognitive Operationen benötigt werden, um sich ein zu erinnerndes Ereignis ins Gedächtnis zu rufen).

Hilfreich für die Quellenzuweisung sind die detaillierte und einheitliche Speicherung eines Ereignisses, viel Entscheidungszeit zur Quellenzuschreibung, hohe Aufmerksamkeit, hoher Komplexitätsgrad, für eine spezifische Kategorie einzigartige Attribute und ein geeigneter, stringenter Urteilsprozeß (Foley, Durso, Wilder & Friedman, 1991; Foley, Santini & Sopasakis, 1989; Lindsay, 1994; Zaragoza & Lane, 1998). Negativ auf die Quellenzuschreibung kann sich ein hoher Ähnlichkeitsgrad der Erinnerungen (besonders hinsichtlich der Wahrnehmungsmerkmale), wiederholte Darbietung der nicht realitätsbasierten Quelle, eine Einschränkung der Entscheidungszeit, des semantischen Inhalts oder der kognitiven Operationen auswirken. Des weiteren können sehr untypische Informationen oder falsche Beurteilungsprozesse die Quellenzuschreibung erschweren (Lindsay, 1994; Lindsay, Johnson & Kwon, 1991; Mitchell & Zaragoza, 1996).

Typisches Design. In der Mehrzahl der Studien zu diesem Ansatz werden Versuchspersonen Informationen ausgesetzt, die aus zwei oder mehr verschiedenen Quellen stammen. Zu einem späteren Zeitpunkt werden sie dann gebeten, die Quelle dieser Information oder von Teilaspekten dieser Information anzugeben. Sie werden gefragt, ob eine spezifische Information dem Originalereignis, der Fehlinformation, beiden oder gar keinem Ereignis entstammt. In der Mehrzahl der Fälle sind Versuchspersonen zwar in der Lage, eine Quellenzuschreibung auch nach der Präsentation von Fehlinformation richtig vorzunehmen, in einigen allerdings ist ihnen dies trotz expliziter Aufforderung zur Unterscheidung zwischen verschiedenen Quellen nicht möglich (Lindsay & Johnson, 1989). In diesen Fällen spricht man von fehlerhafter Quellenüberwachung oder -zuschreibung. Unabhängig von dieser fehlerhaften Quellenzuschreibung kann der Gedächtnisinhalt selber allerdings durchaus korrekt sein.

Über das Fehlinformationsparadigma hinaus wird hier also nicht das Zusammenwirken der Gedächtnisspuren von Fehl- und Originalinformation fokussiert, sondern die damit verbundene Fähigkeit zur korrekten Identifizierung ihres Ursprungs.

„Logic-of-opposition"-Technik. Um die zugrundeliegenden Gedächtnisprozesse des Fehlinformationseffektes zu entwirren und um eine Unterscheidung zwischen genuiner Quellenverwechslung und Anforderungscharakteristika treffen zu können, führte Lindsay (1990) ein weiteres Fehlinformationsexperiment durch, in dem er aber die Versuchspersonen in der dritten Phase, vor dem Abrufen der Information, davor warnte, daß sie möglicherweise in der zweiten Phase mit dem Originalereignis nicht übereinstimmende Fehlinformation bekommen hätten. Auf diese Weise sollten Anforderungscharakteristika (z.B. die implizite Annahme, Fehl- und Originalinformation müssen gleich gewesen sein) und Gedächtniskonfusionen als dem Fehlinformationseffekt zugrundeliegende Prozesse unterschieden werden. Seine Annahme hierbei war, daß die gewarnten Versuchspersonen nur dann fälschlicherweise die Fehlinformation erinnern, wenn sie tatsächlich nicht mehr dazu in der Lage sind, den Ursprung bzw. die Quelle ihrer Erinnerung zuzuschreiben, dem Fehlinformationseffekt also vielmehr Gedächtniskonfusionen als Anforderungscharakteristika zugrunde liegen. Dieses Prinzip wird in der Literatur seitdem auch als „logic-of-opposition"-Technik beschrieben; Lindsay übertrug die ursprünglich von Jacoby, Woloshyn und Kelley (1989) generierte Technik auf den Fehlinformations- und Quellenüberwachungskontext. Es zeigte sich, daß auch in der gewarnten Gruppe eine Konfusion von Gedächtnisinhalt des Originalereignisses und Fehlinformation stattfand, was als Hinweis für eine tatsächliche Interferenz der verschiedenen Gedächtnisspuren und eine genuine Verwechslung der bei-

den Quellen gesehen werden kann. Durch eine Aufforderung der Probanden, eine Quellenunterscheidung vorzunehmen, veringerte sich der Fehlinformationseffekt zwar, war aber in einem geringeren Ausmaß dennoch vorhanden. In einer Reihe weiterer Experimente konnte bestätigt werden, daß selbst eine Warnung und ein expliziter Hinweis auf die Fehlinformation und eine Unterscheidung der beiden Quellen nicht ausreichen, um einen „Quellen-Attributionsfehler" zu vermeiden (Lindsay, 1990; Zaragoza & Lane, 1994; Zaragoza et al., 1997). Die Verringerung des Fehlinformationseffektes durch die „logic-of opposition"-Technik ist allerdings ein Hinweis, daß beide Faktoren, Quellenkonfusion *und* Anforderungscharakteristika der Situation zum Fehlinformationseffekt beitragen. Als Resultat der Anwendung dieser Technik im Rahmen des Fehlinformations- und Quellenüberwachungspardigmas definieren einige Autoren den reinen Quellenattributionsfehler als den Fehlinformationsfehler „nach Abzug" der „logic-of-opposition"-Technik (Zaragoza et al., 1997).

Hier zeigt sich, daß auch bei Aufklärung über vorhandene Fehlinformation und expliziter Aufforderung, eine Quellenunterscheidung vorzunehmen, es oftmals nicht möglich ist, die Fehlinformation als solche von der Originalinformation zu unterscheiden. Durch Lindsay's „logic-of-opposition" Technik wurde der Fehlinformationseffekt bzw. die Quellenkonfusion unabhängig von der Erklärung der zugrundeliegenden Prozesse somit einmal mehr bestätigt.

In Bezug auf die Überprüfung der Interviewtechnik „Einladen zur Spekulation" bedeutet dies, daß auch eine explizite Aufforderung der Zeugen bzw. der Probanden, zwischen Konfabulation und Originalinformation zu unterscheiden, vor einem genuinen Quellzuschreibungsfehler nicht schützt. Die „logic-of-opposition"-Technik kann zwar Anforderungscharakteristika der Befragungssituation herausfiltern, läßt sich aber durchaus in die theoretische Vorhersage einer problematischen Wirkung von „Einladen zur Spekulation" auf nachfolgende Aussagen integrieren.

Alter und Fähigkeit zur Quellenüberwachung. Parallel zum Fehlinformationseffekt (vgl. Kap. 4.1) zeichnet sich auch in der empirischen Literatur zum Quellüberwachungsansatz ein allgemeiner Alterstrend ab: Jüngere Kinder zeigen eine schlechtere Fähigkeit der Quellenzuschreibungen als ältere Kinder, Jugendliche und Erwachsene (Ceci, 1995; Foley et al., 1989; Lindsay & Johnson, 1987; Lindsay et al., 1991). Selbst wenn Kinder im Sinne des Lindsay-Paradigmas vor einer eventuellen vorausgegangenen Beeinflussung durch Fehlinformation gewarnt werden, berichtet ein nicht zu vernachlässigender Anteil von ihnen dennoch die Fehlinformation an Stelle der Originalinformation (Lindsay et al., 1995). Der Alterseffekt zeigt sich insbesondere unter komplexen Bedingungen, wenn sich Quellen ähnlich sind oder ein größerer zeitlicher Abstand zwischen Originalereignis und Erinnerungszeitpunkt liegt (Lindsay et al., 1991). Insgesamt aber gestaltet sich das Verhältnis von Quellenzuschreibung und Alter durchaus komplexer. In Übereinstimmung mit der Annahme, daß für unterschiedliche Arten der Quellenzuschreibung unterschiedliche kognitive Fähigkeiten von Bedeutung sind, finden sich auch für einige Quellenzuschreibungsaufgaben Alterseffekte (z.B. Erinnern, ob man tatsächlich eine Handlung ausführte oder sich nur vorstellte, diese auszuführen) und für andere aber nicht (z.B. Erinnern, welche von zwei Personen eine Handlung durchführte) (Ceci & Loftus, 1994; Ceci, Loftus, et al., 1994; Foley et al., 1991; Foley & Johnson, 1985). Dabei hängt es wiederum davon ab, ob es sich bei dem zu erinnernden Inhalt um tatsächlich durchgeführte oder nur vorgestellte Handlungen oder um leicht versus schwer zu unterscheidende Quellen handelt (Gordon et al., 1991; Lindsay et al., 1991). Einige Untersuchungen weisen allerdings darauf hin, daß die Verwechslung von sich vorgestellten mit tatsächlich erlebten Ereignissen durch Kinder im Vorschulalter neben mangelnder Quellenzuschreibung auch auf andere Gründe zurückzuführen ist. Einige der Kinder reagierten nämlich auf völlig neue fiktive Erlebnisse, die sie sich zuvor *nicht* vorstellen mußten, so, als handele es sich bei ihnen um reale Erlebnisse (McBrien & Dagenbach, 1998). Dies ist ein Hinweis darauf, daß jungen Kindern eventuell die Unterscheidung zwischen realem und fiktivem Gedächtnisinhalt nur unzureichend möglich ist und sie aus diesem Grund - und weniger aus einer mangelnden Quellenüberwachung heraus - bei der Zuschreibung Fehler begehen. Des weiteren scheint es so zu sein, daß sich die Fähigkeit der Quellenzuschreibung eher graduell als plötzlich entwickelt und sie eher domänenspezifisch, d.h. für bestimmte Inhalts- und Ereignistypen, als allgemein anzusiedeln ist (Lindsay et al., 1995). Einige Autoren weisen darauf hin, daß Kinder unter vier Jahren grundsätzlich Schwierigkeiten bei der Quellenzuschreibung haben (vgl. Poole & Lamb, 1998; Volbert & Pieters, 1996).

Ceci, Huffman und Mitarbeiter (1994) baten Kinder im Vorschulalter, sich über einen längeren Zeitraum wiederholt vorzustellen, sie hätten bestimmte Dinge getan bzw. ihnen wären bestimmte Dinge passiert, wie z.B. sich die Hand in einer Mausefalle einzuklemmen. Diese hatten anschließend Probleme mit der Quellenzuschreibung: Ungefähr ein Drittel von ihnen gab an, sie hätten die fiktiven Ereignisse tatsächlich erlebt und gaben teilweise sogar Berichte mit lebendigen Details zu diesen ab. Durch das wiederholte Vorstellen der suggerierten Inhalte war es ihnen nicht mehr möglich, zwischen tatsächlich Erlebtem und Vorgestelltem zu unterscheiden, und dies selbst nach Aufklärung der Kinder, es habe sich hierbei um falsche, induzierte Inhalte gehandelt. Hierbei schien grundsätzlich das Induzieren positiver und neutraler fiktiver Erlebnisse leichter möglich als das Induzieren negativer Inhalte. Grundsätzlich hielten Kinder aber auch negative fiktive Inhalte nach wiederholtem Vorstellen im Einzelfall für tatsächliche Erlebnisse (wie z.B. sich die Hand in einer Mausefalle einzuklemmen). Experten, die eine Glaubwürdigkeitsbeurteilung dieser

Aussagen vornahmen, waren nicht dazu in der Lage, überzufällig richtig zwischen fiktiven und realen Erlebnisschilderungen zu unterscheiden. Die Autoren führen das auf die Überlegung zurück, daß für die Kinder selber nicht mehr transparent war, aus welcher Quelle (erlebt versus vorgestellt) sie die Information hatten und einige von ihnen sogar überzeugt waren, die suggerierten Inhalte tatsächlich erlebt zu haben und sie diese somit ohne Anzeichen von Lügen oder Unsicherheit berichteten. Laut Goff und Roediger (1998) wird die Vertrautheit, die durch das wiederholte Vorstellen eines Ereignisses oder einer Handlung entsteht, fälschlicherweise als Indikator für ein tatsächlich erlebtes Ereignis oder eine tatsächlich ausgeführte Handlung gesehen. Versuchspersonen laufen somit Gefahr, bestimmte nicht realitätsbegründete Ereignisse für tatsächlich erlebt zu halten. Eine Follow-up-Unter-suchung zu dieser Studie von Ceci, Huffman und Mitarbeitern (1994) nach zwei Jahren ergab allerdings, daß die Kinder bei deutlich weniger fiktiven Erlebnissen angaben, sie hätten diese tatsächlich erlebt. Darüber hinaus widerriefen die Kinder in 77% der Fälle die fiktiven Aussagen, die sie zwei Jahre zuvor als tatsächlich erlebt berichtet hatten (Huffman, Crossman & Ceci, 1997). Auch für erwachsene Versuchspersonen konnte gezeigt werden, daß das wiederholte Vorstellen fiktiver Kindheitserlebnisse zu einem Anstieg der Einschätzung führte, das Ereignis sei tatsächlich passiert (Garry et al., 1996). Auch die wiederholte Vorstellung Erwachsener, sie hätten eine Handlung ausgeführt, führte anschließend zu einer häufigeren Verwechslung dieser nur vorgestellten mit tatsächlich durchgeführten Handlungen als bei den Erwachsenen, die sich diese Handlung nicht vorgestellt hatten (Goff & Roediger, 1998).

Parallel zum Fehlinformationsparadigma ist also auch hier hinsichtlich der Überprüfung der Wirkung der Interviewtechnik „Einladen zur Spekulation" grundsätzlich ein größerer Effekt bei einer jungen Altersgruppe zu erwarten. Da es sich bei den kindlichen Zeugen in den Massenbeschuldigungsverfahren, in denen diese Interviewtechnik vorzugsweise zum Einsatz kam, um Kinder im Vorschulalter handelt, wird diese Altersgruppe auch bei der experimentellen Überprüfung von „Einladen zur Spekulation" verwendet. Insbesondere die Untersuchungen von Ceci, Huffman und Mitarbeitern (1994) deutet auf die Schwierigkeit dieser Altersgruppe bei der Quellenzuschreibung vorgestellter versus erlebter Sachverhalte hin. Um eine ähnliche Unterscheidung wird es auch in einer Untersuchung zum „Einladen zur Spekulation" gehen: hier soll zu einem späteren Zeitpunkt einem konfabulierten und einem realen Sachverhalt eine Quelle zugeschrieben werden. Aufgrund oben referierter Literatur ist bei der Altersgruppe der Vorschulkinder noch einmal besonders von Quellenzuschreibungsfehlern auszugehen.

Insgesamt sind das Fehlinformationsparadigma und der Quellenüberwachungsansatz als voneinander abhängig und sich ergänzend zu betrachten. Der

Quellenüberwachungsansatz knüpft sozusagen an den Fehlinformationsansatz an, und fokussiert weniger die Wirkung von Fehl- auf Originalinformation (z.B. Überschreibungs- vs. Koexistenzhypothese) als vielmehr die subjektive Überzeugung bei der Quellenzuschreibung von Fehl- und Originalinformation. In diesem Rahmen wird zwischen verschiedenen internalen und externalen Quellen unterschieden, die unterschiedlich stark für den aussagepsychologischen Kontext relevant sind. Von besonderer Bedeutung ist hier das „external source monitoring“ und das „reality monitoring“, in deren Rahmen zwischen tatsächlich Erlebtem und einer suggestiven Beeinflussung, sei es von außen oder durch eine Imagination, unterschieden werden muß. Die Fähigkeit zur Quellenzuschreibung scheint von verschiedenen Faktoren, die mit der Qualität der Erinnerung im Zusammenhang stehen, abzuhängen, und nimmt in weiten Teilen mit dem Alter zu. Nur für bestimmte Teilbereiche der Quellenzuschreibungsfähigkeit scheint sich kein Alterseffekt abzuzeichnen. Mit Hilfe der „logic-of-opposition“ Technik wird versucht, Anforderungscharakteristika bei fehlerhafter Quellenattribution auszuschalten und vermehrte Hinweise auf die zugrundeliegenden Gedächtnisprozesse zu erhalten. Hier zeigte sich, daß ein Fehlinformationseffekt auch unabhängig von Anforderungs-charakteristika der Befragungssituation existiert.

Die genauere Darstellung des Fehlinformationsparadigmas und des Quellenüberwachungsansatzes erfolgte hinsichtlich der experimentellen Überprüfung von „Einladen zur Spekulation“ aus zweierlei Gründen: Zum einen als theoretische Vorhersage eines Fehlinformationseffektes bzw. Quellenzuweisungsfehlers bei der Befragung kindlicher Zeugen nach Verwendung dieser Interviewtechnik. Hier zeigte sich, daß die Analogie von „Einladen zur Spekulation“ und selbst-generierter Fehlinformation auch für weitere Befunde innerhalb der beiden Paradigmen gilt. Zum anderen läßt sich aus diesen beiden kognitiven Erklärungsansätzen, die typischerweise zur Erklärung von Suggestionseffekten in der Zeugenliteratur herangezogen werden, ein experimentelles Design zur Überprüfung der Wirkung der Interviewtechnik ableiten. Im Anschluß an eine kurze Zusammenfassung der zentralen Befunde aus der referierten Literatur wird im folgenden Kapitel auf diese Ableitung und ein damit verbundenes Problem eingegangen.

5 Zusammenfassung des theoretischen Hintergrunds und konzeptionelle Vorüberlegungen zu den Experimenten

An dieser Stelle wird die bisher referierte Literatur noch einmal hinsichtlich ihrer Relevanz für die empirische Untersuchung von „Einladen zur Spekulation“ zusammengefaßt.

Der angewandte thematische Hintergrund dieser Arbeit sind Zeugenaussagen von Kindern in sogenannten Massenbeschuldigungsverfahren, in denen sie oftmals das einzige Beweismittel darstellten. Ein zentrales Problem in diesen Verfahren ist die Entstehung der Zeugenaussagen der involvierten Kinder, da diese wiederholt und über längere Zeiträume hinweg von verschiedenen Personen oftmals suggestiv befragt wurden.

Allgemein ist von einer Abnahme der Anfälligkeit für suggestive Einflüsse als Funktion des Alters auszugehen, demzufolge stellt insbesondere die Zeugengruppe der Kindergartenkinder in den Massenbeschuldigungsverfahren eine für suggestive Beeinflussung anfällige Gruppe dar. Eine Vielzahl von Autoren bemängelt verschiedene suggestive Befragungstechniken in Zeugenbefragungen von Kindern in diesen Verfahren, wie z.B. das *Induzieren von Stereotypen*, *Gruppendruck* oder *Wiederholtes Stellen* der inhaltlich gleichen Frage. Auch die Technik, die Gegenstand dieser Arbeit ist, „Einladen zur Spekulation“, findet sich in einer Vielzahl der Zeugenbefragungen in diesen Verfahren. Der Großteil dieser als problematisch zu betrachtenden Interviewtechniken wurde experimentell auf seine Wirkung auf die Zeugenaussagen von Kindern hin überprüft. Es zeigte sich, daß von ihnen eine Gefahr für den Realitätsgehalt einer nachfolgenden Aussage ausgeht. Wird ein kindlicher Zeuge ungewöhnlich direktiv und suggestiv befragt, so ist beispielsweise auch die so entstandene Aussage anschließend nur suboptimal auf ihre Glaubwürdigkeit zu begutachten. In weiten Teilen bisher noch nicht empirisch überprüft ist die Wirkung von „Einladen zur Spekulation“.

Unter kognitionspsychologischen Gesichtspunkten stellt sich weiterhin die Frage, wie bzw. durch welche Gedächtnis- und/oder Informationsverarbeitungsprozesse eine Verfälschung der Aussagen durch suggestive Techniken und durch „Einladen zur Spekulation“ möglich und erklärbar ist. Zwei zentrale, miteinander verwandte Erklärungsansätze hierzu sind das Fehlinformationsparadigma und der Quellenüberwachungsansatz. Im Fehlinformationsparadigma geht es um den empirischen Befund, daß nach einem Originalereignis präsentierte Fehlinformation eine Auswirkung auf die Erinnerung an das Originalereignis haben kann. Der damit eng verwandte Quellenüberwachungsansatz betrachtet Original- und Fehlinformation vielmehr als Information aus verschiedenen Quellen, zwischen deren Ursprung unterschieden werden muß.

Hierbei können in Abhängigkeit von der Qualität der Erinnerung und verschiedener Gedächtnisprozesse Fehler bei der Entscheidung zwischen internaler und externaler Quellenzuschreibung auftreten. Beide Ansätze sagen für die Interviewtechnik „Einladen zur Spekulation" vorher, daß durch eine zusätzliche Generierung einer Fehlinformation durch das Konfabulieren im folgenden diese Fehlinformation fälschlicherweise für die Originalinformation gehalten werden kann bzw. daß es zu einer Verwechslung der Quellen von Original- und Fehlinformation zu einem Ereignis kommen kann.

Ziel der vorliegenden Arbeit ist die experimentelle Überprüfung eines Aspektes der Zeugenbefragungstechnik „Einladen zur Spekulation", nämlich der Konjunktivbefragung („Was könnte X denn getan haben?") auf die nachfolgenden Aussagen von Kindern im Kindergartenalter. Gemäß dem Fehlinformationsparadigma wird davon ausgegangen, daß diese Interviewtechnik primär zu einem Anstieg falscher und sekundär zu einer Abnahme richtiger Antworten in Zeugenaussagen von Kindern führt.

Bevor nun im einzelnen auf die beiden Experimente eingegangen wird, soll zunächst auf ein konzeptionelles Problem hingewiesen werden, das bei der Orientierung eines Experiments zur Überprüfung von „Einladen zur Spekulation" an dem Fehlinformationsparadigma entsteht.

Wie bereits in der Einführung dieser Arbeit angedeutet, kann man in Anlehnung an die dargestellten kognitiven Erklärungsansätze die Spekulation eines Zeugen als eine Art *selbst-induzierte Fehlinformation* betrachten. Dies bedeutet, daß eine Person durch ein „Einladen zur Spekulation" zu einem Originalereignis bzw. einem Sachverhalt selbst eine „konfabulierte" Fehlinformation im Sinne der Experimente von Loftus und Mitarbeitern (1978) generiert. Diese Fehlinformation kann anschließend bei dem Versuch, sich an das Originalereignis zu erinnern, mit der Originalinformation verwechselt werden. Ein experimentelles Design zur Untersuchung der Wirkung dieser Interviewtechnik könnte sich an diesen drei Phasen des Fehlinformationsparadigmas orientieren, wobei „Einladen zur Spekulation" als unabhängige Variable und die Rate fälschlicherweise produzierter Fehlinformation als abhängige Variable bezeichnet werden kann. Wenn beispielsweise ein kindlicher Zeuge, bei dem ein Mißbrauchsverdacht vorliegt, im Rahmen eines Zeugeninterviews eingeladen wird, zu einem Sachverhalt zu spekulieren („Was könnte X denn noch mit dir gemacht haben?"), so wäre unter der Prämisse, bei dieser Spekulation handele es sich um eine (selbstinduzierte) Fehlinformation, eine anschließende Verwechslung dieser Spekulation über einem eventuellen Mißbrauch mit dem tatsächlich Erlebten möglich.

In diesem Zusammenhang gilt es allerdings eine weitere Überlegung zur Orientierung einer empirischen Studie am klassischen Drei-Stufen-Ansatz des Fehlinformationseffektes zu berücksichtigen: Pezdek und Roe (1997) weisen darauf hin, daß sich dieser Drei-Stufen-Ansatz unter Umständen vom in der Realität tatsächlich vorherrschenden Prinzip unterscheidet. Während der Großteil der Studien nach der Sequenz „A passiert - B wird suggeriert - Entscheidung zwischen A oder B“ konzipiert sind, kann es in der Realität oftmals um die Sequenz „A passiert nie - A wird suggeriert - Entscheidung zwischen A oder Nicht-A“ gehen. Hier sind also zwei verschiedene Formen der Konkurrenz zwischen Original- und Fehlinformation zu unterscheiden. Vergleicht man die Spekulation mit der Fehlinformation aus klassischen Fehlinformationsexperimenten, so gelangt zusätzlich zu einem tatsächlichen Originalereignis durch die Spekulation noch eine weitere, falsche Information in das Gedächtnis eines Zeugen. Geht man aber davon aus, daß möglicherweise in einigen Fällen überhaupt kein Originalereignis vorliegt, so ist die Spekulation die *einzige* Information, die zu einem bestimmten Sachverhalt vorliegt, und man kann nicht von einer Fehlinformation im engeren Sinne sprechen, da es hier in einer späteren Abrufphase nicht um eine Entscheidung zwischen zwei verschiedenen Gedächtnisspuren zu einem Ereignis geht. Das Fehlinformationsparadigma im urspünglichen Sinne (Originalereignis – Fehlinformation – Abrufphase) liefert in angewandter Hinsicht eine konservativere Schätzung, da hier davon ausgegangen wird, daß tatsächlich eine Originalinformation vorliegt, die durch nachfolgende Fehlinformation möglicherweise verändert werden kann. Mit hoher Wahrscheinlichkeit ist dies auch der häufigere Fall, da hier von einem Umgang des Zeugen mit dem Verdächtigen ausgegangen wird. Gelänge es also zu zeigen, daß eine Spekulation mit dem verwechselt werden kann, was tatsächlich passierte, so liegt die Annahme nahe, daß sie im anderen Fall, als einzige (falsche) Information, bei fehlender Originalinformation, erst recht erinnert würde.

Die Autoren plädieren also für eine Unterscheidung zwischen Implantierung, Auslöschung und Abänderung von Gedächtnisinhalten auch innerhalb des Fehlinformationsparadigmas. In eigenen Untersuchungen konnten die Autoren allerdings zeigen, daß es leichter ist, eine *Veränderung* von Gedächtnisinhalten experimentell zu induzieren, als einen kompletten Gedächtnisinhalt auszulöschen oder zu implantieren. Sie weisen auf die Konsequenzen ihrer Überlegungen für die gerichtliche Praxis hin: Sie halten es für problematisch, als Gutachter vor Gericht über die Wahrscheinlichkeit von implantierten Gedächtnisinhalten auszusagen („A passiert nicht - A wird suggeriert - A oder Nicht-A?“), wenn dafür in erster Linie empirische Untersuchungen über die Wahrscheinlichkeit des Veränderns von Gedächtnisinhalten zur Verfügung stehen (Pezdek, 1994).

Im Rahmen einer experimentellen Überprüfung von „Einladen zur Spekulation“ und der Übertragung ihrer Ergebnisse auf angewandte Fragestellungen (z.B. in Massenbeschuldigungsverfahren) ist allerdings durchaus davon auszugehen, daß eine Anlehnung an die klassischen drei Phasen des Fehlinformationsparadigmas das Problem „in vivo“ widerspiegelt. In den Massenbeschuldigungsverfahren fand typischerweise eine Interaktion mit dem Beschuldigten, z.B. dem Erzieher, statt. In den Befragungen, in denen „Einladen zur Spekulation“ verwandt wurde, ging es darum, über die bereits vorliegenden Originalinformationen (z.B. über die täglichen Interaktionen mit einem Beschuldigten im Kindergarten) hinaus durch „Einladen zur Spekulation“ zusätzliche Information zu erhalten. Geht man nun davon aus, daß diese Interaktion keine Mißbrauchshandlungen enthielt, ein „Einladen zur Spekulation“ allerdings eine konfabulierte Fehlinformation zum Mißbrauch hervorbringt, so kann durchaus argumentiert werden, daß ein Kind anschließend zwischen A (nämlich einer „normalen“ Interaktion mit dem Beschuldigten) und B (der Spekulation bezüglich des Mißbrauchs) entscheiden muß. Dieses Prinzip scheint der Problematik des „Einladens zur Spekulation“ eher gerecht zu werden, als eine experimentelle Überprüfung des „Implantierens“ eines vollständig neuen Sachverhaltes. Aus diesem Grund kann sich eine empirische Überprüfung der Interviewtechnik in dieser Arbeit an der Standardsequenz „Originalinformation (A) - Fehlinformation (B) - Original- oder Fehlinformation (A oder B?)“ orientieren. In der vorliegenden empirischen Arbeit wurde deshalb auf den „klassischen“ Drei-Phasen-Aufbau des Fehlinformationsparadigmas zurückgegriffen: nach der Präsentation eines Originalereignisses erfolgt das „Einladen zur Spekulation“, d.h. die selbst generierte Fehlinformation. Anschließend wird in einer Abrufphase entweder die Original- oder die Fehlinformation berichtet.

Zentrale Frage bei der Anwendung dieser Interviewtechnik ist und bleibt, ob die möglicherweise so erhaltene Zusatzinformation der Realität entspricht oder erdacht ist, und wenn sie erdacht ist, bleibt die Frage, ob sie zu einem späteren Zeitpunkt als real berichtet werden kann.

Zur Überprüfung der Frage, ob eine auf diese Interviewtechnik hin produzierte Spekulation (Fehlinformation) zu einem späteren Meßzeitpunkt fälschlicherweise tatsächlich als Originalereignis berichtet wird, muß zunächst experimentell ein überprüfbares Originalereignis induziert werden, zu dem kindliche Zeugen durch das „Einladen zur Spekulation“ eine eigene Fehlinformation generieren können. Bei der *Auswahl eines Originalereignisses* zur Überprüfung der Interviewtechnik bietet sich eine Orientierung an anderen Untersuchungen zur Wirkung suggestiver Befragungsmethoden auf Kinder im Vorschulalter und an klassischen Fehlinformationsexperimenten an. Typische Originalereignisse sind hier der Besuch einer fremden Person im Kindergarten, das Vorlesen oder Erzählen von Geschichten durch Versuchsleiter, Eltern oder Erzieher und das Vorführen eines Videofilms, einer Dia- bzw. Photoserie. Da ein Live-Ereignis im Gegensatz zu einer vorgelesenen Geschichte, einer Videoführung oder Photo- bzw. Diaserie am geeignetsten scheint, die Dauervigilanz von Kindern im Vorschulalter aufrechtzuerhalten und im Vergleich zu einer Videovorführung von allen Kindern gleich gut wahrgenommen werden kann, erscheint die Darbietung einer „Live-Clownshow“ als passendes Originalereignis.

Zu einem späteren Zeitpunkt wird dann im klassischen Fehlinformationsexperiment erhoben, ob die Personen, die die Fehlinformation z.B. zu dieser Clownshow bekamen, mehr dieser Fehlinformation fälschlicherweise als Originalinformation berichten als die Personen, die keine Fehlinformation bekamen. An dieser Stelle tritt bei der Übertragung dieses Vorgehens auf die Fragestellung der vorliegenden Arbeit ein *Problem der experimentellen Kontrolle* auf. Es stellt sich die Frage danach, was genau in einer Erhebungsphase miteinander verglichen werden soll. Dieses Problem soll anhand eines klassischen Fehlinformationsexperimentes (Loftus et al., 1978) verdeutlicht werden: Hier sahen Versuchspersonen eine Diaserie über einen Autounfall. Eines der experimentellen Items im Rahmen dieser Diaserie war ein „Stop-Schild“ an einer Kreuzung. In einem Bericht, den die Versuchspersonen im Anschluß an die Diaserie lesen mußten, wurde aus diesem Originalitem „Stop-Schild“ ein „Vorfahrtzeichen“ als Fehlinformation. Zu einem späteren Meßzeitpunkt mußten sich die Versuchspersonen dann entscheiden, ob sie in dem Originalereignis ein „Stop-Schild“ oder ein „Vorfahrtzeichen“ gesehen hatten. Verglichen wurde anschließend die Anzahl der fälschlicherweise gewählten „Vorfahrtzeichen“ zwischen der Gruppe, die die Fehlinformation „Vorfahrtzeichen“ bekommen hatte (Experimentalgruppe) und der Gruppe, die neben der Originalinformation keine Fehlinformation bekommen hatte (Kontrollgruppe).

Übertragen auf die konzeptionelle Vorüberlegung zur vorliegenden Untersuchung bedeutet dies zu definieren, was nach der selbst-induzierten Fehlinformation durch das „Einladen zur Spekulation“ in einer anschließenden Testphase miteinander verglichen werden kann, was also sozusagen das Pendant zu Loftus‘ „Vorfahrtszeichen“ ist. Das Problem ist hierbei die Kontrolle der Fehlinformation. Wenn nämlich ein Kind eingeladen wird zu spekulieren, so ist zunächst keine Kontrolle über die selbst produzierte Fehlinformation bzw. Konfabulation möglich. Es stellt sich dann also die Frage, welche Antworten der Kinder zu einem späteren Erhebungszeitpunkt miteinander verglichen werden können. Im Rahmen einer experimentellen Untersuchung müßte die Fehlinformation, in diesem Falle also die Spekulation, kontrollierbar oder mit einer hohen Wahrscheinlichkeit vorhersehbar gemacht werden. Die Kinder müßten jeweils dieselbe Fehlinformation produzieren.

Um dieses Problem zu lösen, wurde bei den konzeptionellen Vorüberlegungen zu dieser empirischen Arbeit auf das Konzept der Handlungsskripts (vgl. z.B. Baddeley, 1990) zurückgegriffen. Wenn man von der Annahme ausgeht, daß bestimmte alltägliche Handlungen z.T. eng mit bestimmten Gegenständen verbunden sind, so wäre bei Vorgabe einer untypischen Handlung mit diesem Gegenstand ein „Einladen zur Spekulation“ über weitere Handlungen mit diesem Gegenstand mit einer bestimmten Wahrscheinlichkeit vorhersehbar. Wenn z.B. „Messer“ eng verknüpft ist mit der Handlung „schneiden“, und im Originalereignis jemand mit dem Messer trommelt, so wäre eine Antwort auf die

Frage „Was hätte X (noch) mit dem Messer machen können?" mit einer hohen Wahrscheinlichkeit vorhersehbar: „schneiden". Bei einer ausreichend engen Verknüpfung von alltäglichen Gegenständen mit einer typischen Handlung wäre somit die Spekulation in einem bestimmten Rahmen vorhersehbar, könnte zwischen verschiedenen experimentellen Gruppen verglichen werden und das Problem der experimentellen Kontrolle über die Fehlinformation wäre gemindert. Diese experimentell kontrollierbare Fehlinformation soll im folgenden *hoch erwartbare* Fehlinformation genannt werden.

Nachdem durch dieses Konzept der Handlungsskripts die Fehlinformation innerhalb eines Experimentes zu „Einladen zur Spekulation" kontrollierbar wird, soll an dieser Stelle ebenfalls kurz die abhängigen Variable diskutiert werden. Wie bereits in Kapitel 4.1 erwähnt, werden in Fehlinformationsexperimenten typischerweise zwei Arten von abhängigen Variablen erhoben: die Rate korrekter Antworten und die Rate falscher Antworten bzw. Rate der Fehlinformation. Auch in der experimentellen Überprüfung von „Einladen zur Spekulation" können beide abhängigen Variablen erhoben werden: Zum einen die Rate korrekt erinnerter Details aus einem Originalereignis und zum anderen die Anzahl fälschlicherweise produzierter Fehlinformation, also hoch erwartbarer (s.o.) Spekulationen. Von primärem Interesse ist allerdings die fälschlicherweise produzierte Fehlinformation. Der Grund hierfür liegt in der Parallele zum angewandten Zeugenkontext: Dort ist primär die Frage von Interesse, ob Antworten auf die Interviewtechnik „Einladen zur Spekulation" tatsächlich dazu führen können, daß diese Konfabulationen zu einem späteren Zeitpunkt als tatsächlich erlebt berichtet werden. Die rechtlichen Konsequenzen einer solchen Möglichkeit wären hierbei ungleich größer als eine Verringerung der Gesamtanzahl korrekt wiedergegebener Details. Aus diesem Grund ist die Erhebung der Rate fälschlicherweise berichteter Fehlinformation als abhängige Variable von primärem Interesse. Zusätzlich sind aus explorativen Gründen auch die Rate korrekt erinnerter Details und sonstig falscher Antworten aus dem Originalereignis wichtig.

Bevor nun die Experimente im einzelnen vorgestellt werden, sei noch einmal zusammengefaßt, daß sich die nachfolgenden Untersuchungen in ihrem Ablauf an der typischen Sequenz der Fehlinformationsexperimente orientieren: Nach der Darbietung eines Originalereignisses, einer Clownshow, wird durch die *unabhängige* Variable „Einladen zur Spekulation" zu untypischen Handlungen mit Gegenständen eine kontrollierbare selbst-genannte Fehlinformation induziert. Zu einem späteren Zeitpunkt wird die Erinnerungsleistung zu diesem Originalereignis erhoben, in deren Rahmen insbesondere eine *abhängige Variable* von Interesse ist: Die Rate fälschlicherweise erinnerter hoch erwartbarer Fehlinformation. Aus der Sichtung der empirischen Literatur zur Wirkung anderer suggestiver Interviewtechniken auf die nachfolgenden Zeugenaussagen von Kindern und auf den kognitionspsychologischen Annahmen des Fehlinformationsparadigmas und des Quellenüberwachungsansatzes basierend, wird folgende *Hypothese* aufgestellt: Es wird erwartet, daß „Einladen zur Spekulation" zu einem Anstieg fälschlicherweise berichteter hoch erwartbar falscher Antworten zu einem Originalereignis führt.

Im folgenden sollen die beiden Experimente zur Überprüfung dieser Hypothese dargestellt werden.

6 Experiment 1

6.1 Ziel des ersten Experimentes

Das erste Experiment dient der Überprüfung der Interviewtechnik „Einladen zur Spekulation“ auf die Zeugenaussagen von Kindern. In einer Clownshow werden Kindern untypische Handlungen mit alltäglichen Objekten gezeigt, zu denen sie eingeladen werden zu spekulieren. Unter der Annahme, daß diese Objekte hoch erwartbare Handlungsskripte hervorrufen, soll untersucht werden, ob diejenigen Kinder, die eingeladen werden, zu einem Originalereignis zu spekulieren, mehr hoch erwartbar falsche Antworten produzieren als diejenigen Kinder, die nicht dazu eingeladen werden.

6.2 Methode

6.2.1 Stichprobe

Sechsundfünfzig Kindergartenkinder aus vier verschiedenen Kindergärten in Münster nahmen an diesem ersten Hauptexperiment teil. Für alle Kinder lag eine Elterneinwilligung vor. Bei den Kindern handelte es sich um achtundzwanzig Jungen und achtundzwanzig Mädchen im Alter zwischen drei und sechs Jahren. Zehn der Kinder waren drei Jahre, 16 waren vier Jahre, 20 waren fünf Jahre und 10 waren sechs Jahre alt. Der Altersmedian betrug fünf Jahre, der Altersmittelwert 4.54 Jahre. Die „Drop-out“ Rate vom ersten zum zweiten Meßzeitpunkt betrug 7% (vier Kinder). Die Kinder wurden so rekrutiert, daß 10 hinsichtlich ihrer Größe in Frage kommenden Kindergärten im Stadtbereich von Münster zunächst ein offizielles Anschreiben mit einem Kurzbericht über die geplante Untersuchung erhielten mit dem Hinweis, daß sie in Kürze angerufen würden, um ihr grundsätzliches Interesse zu erfragen. Eine Woche später wurden alle angeschriebenen Kindergärten bzw. deren Leiterinnen von der Autorin dieser Arbeit angerufen und nach ihrer Teilnahmebereitschaft gefragt. Vier für das Experiment geeignete Kindergärten erklärten sich schließlich zur Teilnahme bereit.

6.2.2 Versuchsplan

Für Experiment 1 wurde ein einfaktorielles zweifachgestuftes unabhängiges Stichprobendesign mit der Aufteilung in eine Experimental- und eine Kontrollgruppe gewählt. Die Hälfte der teilnehmenden Kinder, die Experimentalgruppe, wurde eine Woche nach Darbietung einer Clownshow eingeladen, zu bestimmten Objekten aus dieser Show zu spekulieren, und die andere Hälfte der Kinder, die Kontrollgruppe, nicht. Sowohl Experimental- als auch Kontrollgruppe wurden hinsichtlich Alter, Geschlecht und Kindergartenzuweisung parallelisiert. Aus Gründen der Generalisierung wurden zwei verschiedene

Clownshows (Clownshow 1 und Clownshow 2) und zwei verschiedene Materialhälften (siehe 6.2.3) verwendet, um Show- bzw. Materialeffekte kontrollieren zu können. Jede der beiden Clownshows wurde in zwei verschiedenen Kindergärten präsentiert. Die beiden Clown-shows unterschieden sich lediglich im Hinblick auf die verwendeten Materialhälften.

Die abhängige Variable, die Rate hoch erwartbar falscher, sonstig falscher, korrekter, „Ich weiß nicht"- und sonstiger Antworten (vgl. Kap. 6.2.5) für bestimmte Items der Clownshow, wurde zu zwei Zeitpunkten erhoben, einmal zwei Wochen nach der experimentellen Variation der unabhängigen Variable, dem „Einladen zur Spekulation" bzw. drei Wochen nach der Clownshow, und ein zweites Mal fünf bis sechs Monate nach dem „Einladen zur Spekulation"[2].

6.2.3 Material

Aufgrund der Ergebnisse einer Voruntersuchung wurden 24 Objekte selektiert.

Voruntersuchung. In dieser Voruntersuchung wurde die Verknüpfung von alltäglichen Gegenständen mit bestimmten Handlungsskripts für Kinder im Vorschulalter überprüft. Es sollte herausgefunden werden, mit wie hoher Wahrscheinlichkeit ein Gegenstand von Kindern im Vorschulalter mit einer bestimmten Handlung assoziiert wird. An dieser Voruntersuchung nahmen 25 Kinder eines Kindergartens in Münster teil. Zwölf der Kinder waren vier Jahre, 12 der Kinder fünf Jahre und ein Kind sechs Jahre alt (12 Mädchen und 13 Jungen). Die Teilnahme der Kinder wurde durch eine schriftliche Elterneinwilligung ermöglicht. Das Untersuchungsmaterial bestand aus 61 randomisierten Fragen zu verschiedenen Gegenständen und deren alltäglichen Gebrauch (z.B: „Was kann man mit einem Löffel machen? Was kann man mit einem Fahrrad machen?"), die jedem Kind gestellt wurden. Die Antworten der Kinder wurden auf Tonband aufgenommen und hinsichtlich der genannten Häufigkeiten bestimmter gegenstandsbezogener Handlungen ausgewertet.

Jede Antwort eines Kindes zu einem der 61 Items wurde genau einer Antwortkategorie zugeordnet, die sich jeweils auf mögliche Handlungen (z.B. schneiden, werfen) bezogen. Anschließend wurden die prozentualen Häufigkeiten jeder Kategorie ausgezählt. Um einen nach der Auszählung der Antworten realistischen Wert und genügend Experimentalitems für anschließende Experimente zur Verfügung zu haben, wurde als „Cut-off"-Wert eine Wahrscheinlichkeit von 70% festgesetzt. Mit dieser Wahrscheinlichkeit mußte ein Gegenstand mit einer bestimmten Handlung assoziiert werden, um als ausreichend reliables Handlungsskript für die anschließenden Hauptexperimente ausgewählt zu werden. Für die folgenden Gegenstände ergab sich eine minde-

---

[2] Diese Zeitspanne (bei einigen Kindergärten erfolgte die zweite Erhebung der abhängigen Variablen nach fünf, bei anderen nach sechs Monaten) ergab sich aus organisatorischen Gründen.

stens siebzigprozentige Wahrscheinlichkeit eines bestimmten Handlungsskriptes (vgl. Tabelle 1).

Tabelle 1: Gegenstände und deren hoch wahrscheinliche Antwortskripts aus der Voruntersuchung

Gegenstand	Handlungskript
Messer	(durch-, auf-, ab-, aus-) schneiden (85%)
Gabel	essen (96%)
Löffel	essen (89%)
Stift	malen, schreiben (96%)
Telefon	telefonieren, anrufen (70%)
Cassette	hören, Musik machen (70%)
Schlüssel	(auf-, zu-, ab-) schließen (77%)
Fahrrad	fahren (96%)
Buch	(vor-) lesen (77%)
Tasse	trinken (85%)
Flasche	trinken (74%)
Hose	anziehen (85%)
Stuhl	(drauf-, hin-) setzen, sitzen (96%)
Schere	(aus-) schneiden (77%)
Banane	essen (92%)
Schuhe	anziehen (88%)
Spaghetti	essen (81%)
Seife	waschen, saubermachen (70%)
Handtuch	(ab-) trocknen, trocken machen (74%)
Puppe	spielen (81%)
Bauklötze	bauen (70%)
Zigarette	rauchen, in den Mund stecken (70%)
Zahnbürste	Zähne putzen (96%)
Mütze	aufsetzen, (an-, auf-)ziehen (77%)

Aufgrund der Ergebnisse der Voruntersuchung wurden 24 Objekte selektiert, die in zwei Materialhälften für Experiment 1 aufgeteilt und bezüglich ihrer Assoziationswahrscheinlichkeit ausbalanciert wurden, d.h. die Gegenstände beider Hälften hatten die gleiche durchschnittliche Wahrscheinlichkeit, mit einer bestimmten Handlung assoziiert zu werden. Für jedes Objekt der beiden Hälften wurden anschließend zwei Handlungsskripts generiert, ein niedrig erwartbares bzw. untypisches und ein hoch erwartbares bzw. typisches. Ein Beispiel für ein niedrig erwartbares Handlungsskript wäre „Clown trommelt mit dem Messer" wohingegen ein Beispiel für ein hoch erwartbares Handlungsskript „Clown schneidet mit dem Messer" wäre. In Clownshow 1 wurden für die eine Materialhälfte die niedrig erwartbaren Handlungen gezeigt und für die andere Materialhälfte die hoch erwartbaren Handlungen. In Clownshow 2 wurde diese Zuordnung umgedreht: zu den 12 Items jeder Materialhälfte wurde das jeweils andere Handlungsskript gezeigt. Zu den Items, zu denen in Clownshow 1 die niedrig erwartbare Handlung gezeigt wurde, zeigte der Clown in Show 2 die hoch erwartbaren Handlungen, während die hoch erwartbaren Handlungen mit den Objekten aus Clownshow 1 in Clownshow 2 niedrig erwartbar dargestellt wurden. Beide Materiallisten mit den jeweils 12 Objekten befinden sich in Anhang B. In Bezug auf alle weiteren Parameter unterschieden sich Clownshow 1 und Clownshow 2 nicht.

6.2.4 Durchführung

Nachdem die Teilnahme der vier Kindergärten am Experiment 1 feststand, stellten die Versuchsleiter sich und ihr Konzept zunächst im Rahmen von Teamsitzungen in den Kindergärten vor. Anschließend fand eine Vorstellungsrunde der Versuchsleiter innerhalb der Kindergruppen statt, in denen Kindern der Ablauf der Untersuchung (Clownshow, mehrmalige Befragung) erklärt wurde. Um den Umgang und die Gewöhnung der Kindergartenkinder an Tonbandgerät, Mikrophon und Aufnahmesituation zu erleichtern, wurden sie ebenfalls in diesen Vorstellungsrunden spielerisch an die Untersuchungsmaterialien und die Untersuchungssituation herangeführt.

Circa eine Woche nach der Vorstellungsrunde fand nacheinander in den vier Kindergärten jeweils eine 30-minütige Clownshow (zweimal Clownshow 1, zweimal Clownshow 2) statt. In allen vier Kindergärten wurde diese in der Turnhalle des Kindergartens präsentiert, in der alle Kinder mit ihren Erzieherinnen und interessierten Eltern Platz fanden. Auch diejenigen Kinder, für die zum Zeitpunkt der Clownshowpräsentation keine Elterneinwilligung für die Teilnahme an der Untersuchung vorlag, sahen sich die Show an. Im Rahmen einer Vorbesprechung hatte der Clown von der Versuchsleiterin verbindliche und präzise schriftliche Rollenspielanweisungen für seine Show bekommen, an denen er sich genau orientierte (siehe Anhang C). Der mittlere Teil der Show beinhaltete die typischen und untypischen Handlungsskripts der beiden Materialhälften; die ersten und letzten fünf Minuten der Show konnten vom Clown nach eigenem Interesse gestaltet werden, um Primacy- und Recency-Effekte bezüglich des experimentellen Materials zu verringern. Ebenso dienten die ersten fünf Minuten dazu, die Aufmerksamkeit der Kinder zu wecken und länger und besser aufrechtzuerhalten. Da der experimentelle Teil weniger im Hinblick auf den Unterhaltungswert als auf das Experiment konzipiert wurde, war durchaus eine Abnahme der Konzentrationsfähigkeit und Aufmerksamkeit zu erwarten. Die eigenen Show-anteile des Clowns, in die für die Untersuchung relevante Gegenstände nicht mit einbezogen wurden, sollten dieser Abnahme entgegenwirken. Der experimentelle Mittelteil der Show bestand für den Clown aus der Darbietung von 12 von der Versuchsleiterin randomisiert angeordneten niedrig erwartbaren und 12 hoch erwartbaren Handlungen nach einer festgelegten Reihenfolge. Alle vier Clownshows wurden von der Versuchsleiterin auf Videoband aufgenommen. Die Erzieherinnen wurden instruiert, mit den Kindern nach der Clownshow bis zum Abschluß der Untersuchung nicht über die Show zu sprechen.

Treatmentphase. Eine Woche nach der Show fand die „Treatmentphase" statt, in der die unabhängige Variable variiert wurde. Alle anwesenden Kinder wurden einzeln zunächst in ihrer Gruppe begrüßt und anschließend zur Befragung in einen Nebenraum geführt. Auf Wunsch konnten sie eine Erzieherin mitnehmen. Im Interviewraum, der allen Kindern bekannt war, wurde dem Kind nach dessen Einwilligung zunächst das Mikrophon am Pullover befestigt und das Kind wurde noch einmal kurz über den Zweck des Interviews informiert („Ich möchte dir gerne ein paar Fragen zu der Clownshow stellen, die du in der letzten Woche gesehen hast."). Für die zwei Interviewerinnen lagen für alle Erhebungsphasen schriftliche Anweisungen zur Standardisierung der Befragungen vor, an denen sie sich orientierten (siehe Anhang D). Die Zuteilung der zwei Interviewerinnen wurde so vorgenommen, daß ein Kind in der Treatmentphase und zum ersten Meßzeitpunkt immer von zwei unterschiedlichen Interviewerinnen befragt wurde. Da diese beiden Befragungen zeitlich nur zwei Wochen auseinander lagen, sollte so vermieden werden, daß die Kinder annahmen, die Interviewerin wisse zum ersten Meßzeitpunkt sowieso die richtige Antwort, weil sie sie ja zwei Wochen zuvor ebenfalls gewußt hatte. Die neue Interviewerin konnte so zum ersten Meßzeitpunkt glaubhaft erklären, sie wolle wissen, was der Clown denn „alles so" gemacht habe.

Aus den vorbereiteten Versuchsbögen für jedes Kind war ersichtlich, ob ein Kind zur Experimental- oder zur Kontrollgruppe gehörte, da diese Zuweisung a priori unter Balancierungsaspekten vorgenommen wurde (s.o.). Gehörte nun ein Kind zur Kontrollgruppe, so wurde es zu jedem der 24 Items aus der Clownshow (12 hoch erwartbare und 12 niedrig erwartbare Handlungen) gefragt, was der Clown damit in der Clownshow gemacht habe („Erinnere dich noch mal an die Banane. Was hat der Clown noch mal mit der Banane gemacht?"). Bei einer richtigen Antwort des Kindes antwortete die Interviewerin entweder mit „Ja“ oder „Mhm“ und ging zum nächsten Item über. Falls das Kind mit „Ich weiß nicht“ oder gar nicht antwortete oder in irgendeiner anderen Weise zu erkennen gab, daß es sich nicht erinnern konnte, gab die Interviewerin die korrekte Antwort vor („Der Clown hat die gegessen.“). Wenn das Kind eine falsche oder eine absurde Antwort gab, sollte die Interviewerin dem Kind sanft widersprechen und ihm die korrekte Antwort geben („Nein, der Clown hat die doch gegessen, ne?“).

Bei den Kindern der Experimentalgruppe wurde zunächst gleich vorgegangen. Sie wurden ebenfalls gefragt, was der Clown mit einem Item in der Clownshow tatsächlich getan habe und gegebenenfalls verbessert. Anschließend wurden die Kinder aber nach dieser Erinnerungsfrage zu jedem Item zusätzlich eingeladen zu spekulieren. („Was hätte der Clown denn noch mit der Banane machen können?“). Unabhängig von der Antwort des Kindes wurde von Seiten des Interviewers dann mit „Mhm“ geantwortet. Zentral war hierbei, daß die Kinder keinerlei Feedback zur Spekulation bekamen, um zu vermeiden, daß so implizit „falsche“ und „richtige“ Antworten bzw. Spekulation selektiert oder verstärkt wurden.

Der Grund für die anfängliche Erinnerungsfrage („Erinnere dich noch mal an die Banane. Was hat der Clown mit der Banane gemacht?“) lag primär in der Konstanthaltung des Faktors „Befragung“ zwischen Kontroll- und Experimentalgruppe. Es sollte vermieden werden, die Kontrollgruppe gar nicht zu befragen, die Experimentalgruppe aber zur Spekulation einzuladen. So wurde sichergestellt, daß für alle Items sowohl in der Kontroll- als auch in der Experimentalgruppe eine Gedächtnisspur aktiviert wurde. Hätte man in der Experimentalgruppe zu den Items eingeladen zu spekulieren und in der Kontrollgruppe die Items überhaupt nicht mehr erwähnt, so hätte ein Unterschied zwischen Experimental- und Kontrollgruppe in der Erinnerungsleistung zu einem späteren Zeitpunkt weniger auf die Spekulation als „Treatment“, sondern vielmehr auf die Aktivierung bzw. Nicht-Aktivierung der Gedächtnisspuren für die Items allgemein zurückzuführen sein können.

Nachdem alle Kinder zu den 24 Items befragt wurden, wurde ihnen für ihre Teilnahme gedankt. Bevor das Kind in seine Gruppe zurückging oder zurückgebracht wurde, durfte es sich noch eine kleine Belohnung (z.B. Luftballon oder Radiergummi) aussuchen.

Erster Meßzeitpunkt. Zwei Wochen nach der Treatmentsitzung wurde die Erinnerungsleistung an die Clownshow erhoben. Diesmal wurde jedes Kind von der jeweils anderen Interviewerin befragt, die über die ursprüngliche Versuchsbedingung des Kindes in der Treatmentphase nicht informiert war. Auch zu dieser Befragung holte die Interviewerin das Kind in seiner jeweiligen Gruppe ab und führte es zu demselben Befragungsraum wie in der Treatmentphase. Diese Interviews wurden ebenfalls mittels eines Kassettengerätes und eines Mikrophons aufgenommen.

Das Kind wurde begrüßt und ihm der Grund des Interviews erklärt („Heute möchte ich dir gerne ein paar Fragen zu der Clownshow stellen, die du vor ein paar Wochen gesehen hast und zu der dir X auch schon ein paar Fragen gestellt hat.").

Anschließend wurde ein „Context Reinstatement" (Fisher & Geiselman, 1992) durchgeführt, d.h., die Kinder wurden zunächst instruiert, sich in den Enkodierungskontext hineinzuversetzen („Heute möchte ich sehen, was du alles noch von der Clownshow weißt. Erinnere dich doch noch mal an den Tag, an dem der Clown hier war. Was war denn für ein Wetter an dem Tag? Wo hast du gesessen und neben wem?"). In Anlehnung an Tulvings Enkodierungsspezifität (Tulving & Osler, 1968) soll im „Context Reinstatement" durch die imaginative Wiederherstellung kontextueller Bedingungen der Enkodierungssituation ein besserer Zugang zu den unter diesen Umständen abgespeicherten Informationen und somit eine bessere Abrufleistung von Gedächtnisinhalten ermöglicht werden. Anschließend wurde das Kind mit einer offenen Frage gebeten, von der Clownshow zu berichten („Jetzt erzähl mir mal alles, was du noch weißt, was der Clown gemacht hat."). Unabhängig vom freien Bericht des Kindes erhielt es neben paraverbalen Verstärkern („Mhm") kein Feedback, um die Wahrscheinlichkeit bestimmter Antworten für spätere Befragungen nicht zu erhöhen.

Im Anschluß an seinen freien Bericht wurde das Kind spezifisch nach dem Rest der 24 Items gefragt, zu denen es in seinem freien Bericht nichts gesagt hatte („Jetzt stelle ich dir noch ein paar Fragen zu ein paar Sachen, die der Clown gemacht hat. Erinnere dich noch mal an die Banane. Was hat der Clown mit der Banane gemacht?"). Auch hierzu erhielt das Kind kein Feedback auf seine Antworten. Nachdem zu allen 24 Items eine Antwort des Kindes vorlag (entweder durch freien Bericht oder spezifische Frage), wurde dem Kind für seine Teilnahme gedankt und es mit einer kleinen Belohnung zurück in seine Gruppe gebracht.

Zweiter Meßzeitpunkt. Dieser Meßzeitpunkt gestaltete sich genauso wie der erste. Die Befragung fand 5 bis 6 Monate nach der Clownshow wiederum im Kindergarten statt. Aus praktischen Gründen wurde sie von einer der Interviewerinnen aus der Treatmentphase oder dem ersten Meßzeitpunkt durchgeführt. Das Kind war dann zwar bereits zu einem früheren Zeitpunkt von dieser Person befragt worden, aufgrund des langen Zeitabstandes war aber kaum zu erwarten, daß das Kind Reaktionen zeigen würde wie „Das habe ich dir doch schon erzählt". Ebenso war nach dieser Zeitspanne nicht zu erwarten, daß sich die Interviewerin an die Zuordnung eines jeweiligen Kindes zu einer Versuchsbedingung während der Treatmentphase erinnerte. Im Anschluß an das „Context reinstatement" wurde wiederum zunächst offen und dann spezifisch gefragt. Nach dem Aussuchen einer kleinen Belohnung wurde das Kind abschließend wieder in die Gruppe zurückgebracht. Abbildung 1 faßt noch einmal den Verlauf des ersten Hauptexperimentes zusammen:

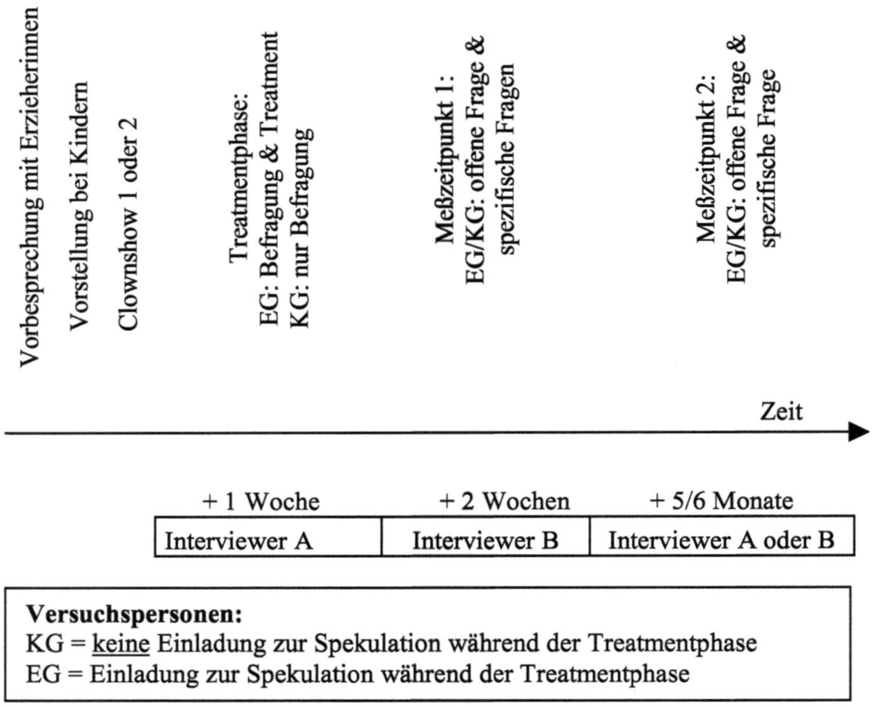

Abbildung 1: Verlauf des Experimentes 1

6.2.5 Das Auswertungssystem

Bevor in Kapitel 6.3 auf die Ergebnisse eingegangen werden kann, soll zuvor die Auswertung der Antworten der Kinder erläutert werden.

Im Hinblick auf unsere Hypothese war die Auswertung der Items, zu denen der Clown eine niedrig erwartbare Handlung in der Clownshow präsentierte (NEH-Items), zentral. Es sollte untersucht werden, ob die Kinder der Experimentalgruppe mehr hoch erwartbare, aber falsche und möglicherweise weniger korrekte Antworten zu diesen NEH-Items produzieren als Kinder der Kontrollgruppe.

Die Antworten der Kinder auf den Tonbändern wurden transkribiert und anschließend kategorisiert. Ein erstes vorläufiges Auswerten einiger Transkripte zeigte, daß die Antworten der Kinder oftmals sehr komplex waren, so daß eine einfache Zuordnung der Antworten zu den fünf Kategorien „richtig", „hoch erwartbar falsch", „sonstig falsch", „Ich weiß nicht" und „sonstige" nicht praktikabel erschien. Einige Antworten der Kinder zu Items der Clownshow stellten sich im Einzelfall als zu ausführlich heraus, um eindeutig zu einer der oben genannten fünf Kategorien zugeordnet zu werden. Dabei ging es in erster Linie um die Antworten der Kinder, die in mehrere der fünf Kategorien gleichzeitig hätten eingeordnet werden können bzw. aus mehreren Teilen bestanden, wie z.B. „Der Clown ist auf die Banane drauf getreten und hat sie gegessen." oder „Essen, äh, ich weiß nicht, oder der hat die geworfen, glaube ich.". Ein weiteres Problem waren „rudimentäre" Antworten, in denen das Kind einen unvollständigen Satzbau oder im Einzelfall nur einzelne Objekte oder Verben nannte (z.B. „Boden" oder „Werfen").

Um dieses Problem zu lösen, wurde auf den Begriff der „prädikativen Proposition" zurückgegriffen (vgl. z.B. Schnotz, 1988), der eine Handlung oder einen Zustand im inhaltsanalytischen Kontext umfaßt. Hierbei sind die Prädikate in dem von Schnotz (1988) definierten Sinne oftmals Verben und ihre Argumente erfüllen bestimmte semantische Funktionen. In Anlehnung an dieses Konzept kann auch die Antwort eines Kindes in verschiedene beschriebene Handlungen unterteilt werden, die anschließend als prädikative Proposition einzeln ausgewertet werden können. Ein Beispiel für einen Satz, der zwei prädikative Propositionen enthält, ist „Der Clown hat die Banane gegessen und auf den Boden geschmissen".

Um also der Komplexität einiger Antworten gerecht zu werden, wurden diese zunächst in Anlehnung an diesen Ansatz in Propositionen aufgeteilt, die dann anschließend in ihre maximal aus einem Verb und einem Objekt bestehenden Bestandteile zerlegt wurden. Das Subjekt war in allen Fällen der Clown und war bereits in der Frage impliziert (z.B. „Was hat der *Clown* mit der Banane gemacht?"). Ebenso war in den meisten Fällen - bis auf die offene Eingangsfrage und vier Items - das Objekt bereits in der Frage enthalten (z.B. „Was hat der Clown mit der *Banane* gemacht?")". Aus diesem Grunde wurde das Kategoriensystem bzw. das Scoringblatt wie folgt angelegt (vgl. Anhang E): Jede Antwort zu einem der zwölf NEH-Items wurde zunächst in maximal drei prädikative Propositionen unterteilt. Jede einzelne der Propositionen wurde dann in Verb und Objekt unterteilt. Ein Objekt wurde nur dann gezählt, wenn es sich nicht um das Experimentalitem, sondern um ein zusätzliches zweites Objekt handelte (z.B. „Der Clown hat mit dem Messer einen Apfel durchgeschnitten.").

Für die Auswertung des ersten Hauptexperimentes wurde also nicht einer Gesamtantwort ein Wert zugeordnet, sondern es wurden die verschiedenen Teile einer Antwort zu einem NEH-Item betrachtet, für die dann getrennt Werte vergeben wurden. Einem Verb zu einem NEH-Item konnte einer von sechs Werten zugeordnet werden (0= kein Verb in Proposition vorhanden; 1=Verb richtig; 2=Verb entspricht hoch erwartbarer, aber falscher Antwort; 3=Verb entspricht sonstig falscher Antwort; 4="Ich weiß nicht"-Antwort; 5="Nichts"; 6=sonstige Antwort, z.B. „Mein Vater hat ein Zimmer in Hamburg und eine Geliebte"). Den Objekten einer jeden Proposition wurden Werte zwischen 0 und 3 zugeordnet (0=kein Objekt; 1=Objekt richtig; 2=Objekt falsch und aus der Clownshow; 3=Objekt falsch und nicht aus der Clownshow).

Nach diesem Prinzip wurde für jede Proposition jeder Antwort zu den NEH-Items eines Kindes vorgegangen. Parallel wurden aus explorativen Gründen auch die Antworten zu den Items, zu denen der Clown eine hoch erwartbare Handlung zeigte (HEH-Items), ausgewertet. Unter Berücksichtigung der Tatsache, daß es für diese ja keine hoch erwartbaren falschen Antworten gab, sondern „falsche" Antworten, wurde das Kategoriensystem für die HEH-Items entsprechend abgeändert. Für ein Verb konnte hier pro Proposition der Wert 0 bis 5 vergeben werden (0=kein Verb; 1=Verb richtig; 2=Verb falsch; 3="Ich weiß nicht"; 4="Nichts"; 5=sonstiges). Die zu vergebenden Werte für die Objekte entsprachen denen der NEH-Items. Allen Antworten eines Kindes zu den Meßzeitpunkten 1 und 2 wurden also nach dem oben erläuterten System Werte für die Verben 1 bis 3 und die Objekte 1 bis 3 zugeordnet.

In einem nächsten Schritt wurden allerdings Kombinationen der Werte für die Verben gebildet und die Objekte von der Analyse ausgeschlossen, d.h. das detaillierte Auswertungssystem wurde in einem weiteren Schritt zusammengefaßt. Die zugrundeliegende Überlegung hierbei war zum einen, daß sich die Grundannahme bezüglich der hohen Erwartbarkeit bestimmter Spekulationen auf die Verben bezog und die Objekte somit nicht Teil der Haupthypothesen waren. Sie waren vielmehr ein praktisches Problem bei der Auswertung und Kategorisierung der Antworten. Zum anderen zeigte sich bei einer vorläufigen Auswertung der Daten, daß die Einbeziehung der Objekte keinen zusätzlichen Erkenntnisgewinn bezüglich der zentralen Hypothesen beisteuerte.

Es stellte sich dann die inhaltliche Frage, was denn in Anlehnung an die detaillierte Auswertung prinzipiell eine korrekte, hoch erwartbare, sonstig falsche, „Ich weiß nicht"- und sonstige Antwort ausmacht. Wenn beispielsweise Verb 1 als korrekt und Verb 2 der gleichen Antwort als hoch erwartbar falsch gewertet wurde, mußte überlegt werden, ob diese Antwort insgesamt als hoch erwartbar falsch oder korrekt gewertet werden soll.

Zur Gesamtbeurteilung einer Aussage wurden anschließend alle Verben in den drei möglichen prädikativen Propositionen berücksichtigt (s.u.). Die Objekte wurden als weniger zentral angesehen und aus diesem Grunde von den späteren Analysen ausgeschlossen.

Die folgenden Definitionen korrekter, hoch erwartbarer, sonstig falscher, „Ich weiß nicht"- und sonstiger Antworten entstanden als Kombination verschiedener Kategorien des oben beschriebenen Systems (z.B. auf die Frage

„Was hat der Clown mit dem Messer gemacht?“ wenn er damit in der Clownshow getrommelt hatte):

Korrekte Antwort. Eine Anwort wurde insgesamt als korrekt angesehen, wenn mindestens eines der drei Verben als korrekt gewertet wurde und gleichzeitig keines der drei Verben als hoch erwartbar oder sonstig falsch gewertet wurde (z.B. „Ich weiß nicht, oder der hat damit getrommelt.“). Ausgangspunkt für diese Definition war die Überlegung, daß eine Antwort insbesondere unter Berücksichtigung des angewandten Zeugenkontextes nicht als korrekt angesehen werden kann, wenn sie zu ein und derselben Handlung wahre und unwahre Details beinhaltet.

Hoch erwartbar falsche Antwort. Eine Antwort wurde insgesamt als hoch erwartbar falsch gewertet, wenn eines der Verben als hoch erwartbar falsch gewertet wurde (z.B. „Der hat damit geschnitten“). Wenn die Experimentalgruppe also innerhalb einer Antwort „Fehlinformation“ berichtete, wurde die Antwort insgesamt als hoch erwartbar gewertet - unabhängig von der Wertung der anderen Verben innerhalb derselben Antwort.

Sonstig falsche Antwort. Als eine insgesamt sonstig falsche Antwort wurde eine Äußerung dann betrachtet, wenn eines der drei Verben sonstig falsch und keines der anderen Verben hoch erwartbar falsch war (z.B. „Der hat das weggeschmissen.“). Wenn aber eine Antwort ein hoch erwartbares aber falsches Verb enthielt, dann war sie insgesamt hoch erwartbar falsch, auch wenn zusätzlich andere sonstig falsche Verben enthalten waren.

„Ich weiß nicht“ - Antwort. Eine Antwort wurde nur dann insgesamt als eine „Ich weiß nicht“- Antwort angesehen, wenn außer „Ich weiß nicht“ für ein Verb der Antwort keine andere Äußerung innerhalb derselben Antwort gewertet wurde. Sobald irgendeine weitere Information von einem Kind zu demselben Item genannt wurde, konnte die Antwort nicht mehr insgesamt als „Ich weiß nicht“- Antwort angesehen werden, weil das Kind somit vermittelte, daß es irgendein Wissen über das Ereignis besitzt.

Sonstige Antwort. Wenn eine Antwort in keine der oben beschriebenen Kategorien paßte, also weder korrekt oder sonstig falsch oder hoch erwartbar noch eine „Ich weiß nicht“ - Antwort war, so wurde sie unter die Kategorie „sonstige Antworten“ gefaßt (z.B. „Mein Vater hat ein Zimmer in Hamburg und eine Geliebte.“). Auch die ursprünglich mit einbezogene Kategorie „Nichts“, die im Verhältnis sehr selten auftrat, wurde in die „sonstige“ Kategorie mit einbezogen.

Die HEH-Items wurden auf ähnliche Weise zusammengefaßt, mit dem einzigen Unterschied, daß anstelle der zwei Kategorien hoch erwartbar und sonstig falsche Antworten die Kategorie falsche Antworten definiert wurde.

Zusammengefaßt verlief die Auswertung der Antworten der Kinder sowohl der für die Beantwortung der Fragestellung zentralen NEH-Items als auch für die HEH-Items in zwei Schritten: In dem ersten Schritt wurde jede Antwort des

Kindes in Sinneinheiten, prädikative Propositionen, aufgeteilt, innerhalb derer Zahlenwerte für Verb und eventuell vorhandenes Objekt vergeben wurden. Da ein und dieselbe Antwort aufgrund mehrerer vorhandener Objekte und Verben sowohl korrekte als auch falsche Elemente beinhalten konnte, wurden in einem zweiten Schritt inhaltlich begründetete Definitionen einer richtigen, falschen (hoch erwartbar und sonstig), „Ich weiß nicht“- und sonstigen Antwort generiert und festgelegt. Nach diesen Definitionen wurden dann die Antworten der Kinder im Hinblick auf die zentralen Hypothesen analysiert.

Um die Reliabilität des Kategoriensystems zu bestimmen, wertete ein zweiter Beurteiler eine Teilstichprobe aller transkribierten Antworten der Kinder aus. Diese Teilstichprobe (N = 45) war bezüglich Alter, Geschlecht, Zuordnung zu den vier Kindergärten und zu den beiden Versuchsbedingungen parallelisiert. Als Beurteilerübereinstimmungsmaß zwischen der Autorin als Erstbeurteilerin und dem Zweitbeurteiler für die Stichprobe wurde Kappa berechnet (Cohen, 1960). Für die NEH-Items lag Kappa bei .98 , für die HEH-Items bei .97. Dies wurde als Indikator für eine ausreichend hohe Objektivität und Reliabilität des Kategorien- bzw. Scoringsystem angesehen. Die Werte der Autorin wurden aus diesem Grunde vollständig zur Datenanalyse herangezogen.

6.3 Ergebnisse

Im folgenden werden die Ergebnisse der NEH- und der HEH-Items zu den beiden Meßzeitpunkten dargestellt. Die Auswertung der NEH-Items, die Items, zu denen der Clown in seiner Show eine niedrig erwartbare Handlung darbot, stellt den zentralen Teil der Daten-analyse dar. Zusätzlich zu den NEH-Items wurden auch die HEH-Items aus explorativen Gründen ausgewertet. Dies waren diejenigen Items, zu denen der Clown in der Clownshow etwas Typisches bzw. hoch Erwartbares darbot, um zu vermeiden, daß die Versuchspersonen eine Gedächtnisstrategie wie z.B. „Der Clown hat nur komische Dinge in der Clown-show gemacht“ entwickelten, die den möglichen Effekt der unabhängigen Variable überlagern könnte. Obwohl hier die experimentelle Kontrolle über die Fehlinformation nicht mehr gewährleistet ist, ist eine Untersuchung zweier Antwortkategorien im Hinblick auf die Exploration zugrundeliegender kognitiver Prozesse von Interesse.

Sofern nicht ausdrücklich anders vermerkt, wurde für alle Analysen ein Signifikanzniveau von 5% (zweiseitig) angenommen.

6.3.1 Ergebnisse zum ersten Meßzeitpunkt

6.3.1.1 Auswertung der NEH-Items (niedrig erwartbare Handlungen in der Clownshow)

Die hinsichtlich unserer Hypothese zentrale Antwortkategorie war die der „hoch erwartbar falschen“ Antworten im unter 6.2 definierten Sinne. Um zusätzliche Anhaltspunkte über die zugrundeliegenden kognitiven Prozesse zu erhalten, wurden darüber hinaus die beiden Kategorien „richtige" und „sonstig falsche" Antworten zwischen Experimental- und Kontrollgruppe verglichen. Um das Problem der Abhängigkeit der Antwortkategorien (sie ergänzen sich zu 100%) zu vermeiden, wurde auf eine Analyse der beiden Antwortkategorien „Ich weiß nicht" und „sonstige" Antworten verzichtet.

Es wurden zusätzlich für die Variablen Alter und Clownshow (1 oder 2) überprüft, ob sie hinsichtlich relevanter Mittelswertsunterschiede zwischen Experimental- und Kontrollgruppe zusätzliche Fehlervarianz aufklären. Da dies nicht der Fall war, wird auf ihre Darstellung im folgenden verzichtet. Die Variable Alter wurde ebenfalls unter Moderationsgesichtspunkten in die Auswertung der Daten einbezogen. Es zeigte sich keine Moderation eines Effektes zwischen Experimental- und Kontrollgruppe durch eine Aufteilung der Kinder in zwei Altersgruppen (3-/4-jährige und 5-/6-jährige).

Zentrale Analysen. Tabelle 2 zeigt die mittleren relativen Häufigkeiten der fünf Antwortkategorien für Experimental- und Kontrollgruppe.

Tabelle 2: Mittlere relative Häufigkeiten der Antwortkategorien (Standardabweichung in Klammern) zum 1. Meßzeitpunkt bei den NEH(niedrig erwartbare Handlungen)-Items in Experiment 1.

	Erster Meßzeitpunkt	
Antwortkategorie	Experimentalgruppe	Kontrollgruppe
Hoch erwartbar falsche Antwort	.12 (.15)	.13 (.13)
Richtige Antwort	.58 (.19)	.60 (.22)
Sonstig falsche Antwort	.09 (.08)	.08 (.10)
„Ich weiß nicht"-Antwort	.20 (.18)	.14 (.15)
Sonstige Antworten	.02 (.03)	.04 (.08)

In Anlehnung an die zentrale Hypothese wurde zunächst untersucht, ob die Kinder der Experimentalgruppe mehr hoch erwartbar falsche Antworten zu den zwölf Items produzierten als die Kinder der Kontrollgruppe. Wie bereits per Augenschein aus Tabelle 2 ersichtlich ist, konnte diese Hypothese nicht bestätigt werden ($t[56] = -.23$; *ns*). Die Kinder der Experimentalgruppe produzieren zum ersten Meßzeitpunkt *nicht* mehr hoch erwartbare falsche Antworten.

Zusätzlich zu dieser zentralen Hypothese wurden die Daten im Hinblick auf Unterschiede in den beiden Antwortkategorien „korrekt" und „sonstig falsch" untersucht.

Auch die Anzahl der richtigen Antworten unterscheidet sich nicht signifikant zwischen den beiden experimentellen Gruppen ($t[56] = -.41$; *ns*). Dies bedeutet, daß die Gruppe, die eingeladen wurde zu spekulieren, nicht weniger korrekte Items erinnert als die Gruppe, die nicht eingeladen wurde. Gleiches gilt für die „sonstig falschen" Antworten. Auch hier unterscheiden sich die Mittelwerte nicht signifikant voneinander (t[56] = .48; *ns*). Die Kinder der Experimentalgruppe produzierten zu diesem ersten Meßzeitpunkt nicht mehr „sonstig falsche" -Antworten als die Kinder der Kontrollgruppe.

Insgesamt läßt sich also für die Gruppe der NEH-Items zum ersten Meßzeitpunkt festhalten, daß sich keiner der Unterschiede in der zentralen und den beiden zusätzlichen Antwortkategorien als signifikant erwies. Insbesondere die unter dem Gesichtspunkt der kontrollierbaren Fehlinformation wichtige Antwortkategorie „hoch erwartbar falsch" zeigt sich von der unabhängigen Variable unbeeinflußt. In dieser Messung unterschieden sich die beiden experimentellen Gruppen nicht auf den relevanten Antwortdimensionen.

Weitere explorative Analysen. Unabhängig von der primären Fragestellung wurden die Daten auf die Replikation eines weiteren, in der Literatur häufig auftauchenden Effekts hin untersucht (z.B. Ceci & Bruck, 1995; Poole & Lamb, 1998). Hierbei handelte es sich um die Frage, ob die Antworten der Kinder auf die offene Eingangsfrage („Erzähl mir noch mal alles, was dir noch einfällt, was der Clown gemacht hat") häufiger korrekt sind als die Antworten auf die spezifischen Fragen („Erinnere dich noch mal an das Messer. Was hat der Clown noch mal mit dem Messer gemacht?"). Unter Berücksichtigung der Tatsache, daß bestimmte Antwortkategorien in den Antworten auf die offene Frage per definitionem nicht vorkommen können, wie z.B. „Ich weiß nicht", wurde das Verhältnis richtiger Antworten zu allen weiteren Antwortmöglichkeiten, d.h. der relative Anteil richtiger Antworten sowohl für die Antworten auf offene Fragen als auch auf spezifische Fragen gebildet und zwischen diesen beiden Fragetypen verglichen. Es zeigte sich ein hoch signifikanter Effekt: die Antworten auf offene Fragen waren signifikant häufiger richtig als die Antworten auf spezifische Fragen (t[43]=-4.00; p<.01)[3].

6.3.1.2 Auswertung der HEH-Items (hoch erwartbare Handlungen in der Clownshow)

Zusätzlich zu den NEH-Items wurden auch die HEH-Items aus explorativen Gründen ausgewertet. Hier waren insbesondere die Antwortkategorien „korrekt" und „sonstig falsch" im Hinblick auf die Exploration zugrundeliegender kognitiver Prozesse von Interesse.

Die Antwortkategorien der NEH- und HEH-Items sind bis auf die Kategorie „falsche Antworten" gleich; diese beinhaltet bei den HEH-Items alle falschen Antworten, (die hier nicht mehr nach „hoch erwartbar" und „sonstig falsch" unterschieden werden). Tabelle 3 zeigt die mittleren relativen Häufigkeiten der Antwortkategorien.

---

[3] Die geringere Zahl der Freiheitsgrade in diesem Test ergibt sich aus der Tatsache, daß einige Kinder nichts auf die offene Eingangsfrage hin berichteten.

Tabelle 3: Mittlere relative Häufigkeiten der Antwortkategorien (Standardabweichung in Klammern) bei den HEH(hoch erwartbare Handlungen)-Items zum 1. Meßzeitpunkt in Experiment 1.

	Erster Meßzeitpunkt	
Antwortkategorie	Experimentalgruppe	Kontrollgruppe
Falsche Antwort	.05 (.05)	.04 (.05)
Richtige Antwort	.73 (.16)+	.80 (.15)
„Ich weiß nicht"-Antwort	.15 (.17)	.09 (.13)
Sonstige Antwort	.08 (.06)	.06 (.08)

Anmerkung: +p < .05 (einseitig)

Bei den HEH-Items zeigte sich ein tendenziell signifikanter Unterschied zwischen den korrekten Antworten in der Kontroll- und der Experimentalgruppe (t[56] = -1.88, p < .05, einseitig). Kinder, die nicht eingeladen wurden zu spekulieren, gaben tendenziell signifikant mehr richtige Antworten zu den Items, mit denen der Clown etwas Typisches getan hatte als Kinder, die eingeladen wurden zu spekulieren. Die Substanz dieses Befundes wird dadurch unterstützt, daß sich dieser Effekt nach einer varianzanalytischen Auswertung unter Einbeziehung der Variable Alter verstärkt. Da diese Variable Alter Fehlervarianz bindet, zeigte sich bei dieser Auswertung ein deutlich signifikanter Unterschied zwischen Experimental- und Kontrollgruppe hinsichtlich der Anzahl korrekt erinnerter HEH-Items (F[1,50] = 6.48; p < .05). Alle übrigen Unterschiede zwischen den beiden Gruppen wurden nicht signifikant (t[56] < 1.4, *ns*).

6.3.2 Ergebnisse zum zweiten Meßzeitpunkt

6.3.2.1 Auswertung der NEH-Items (niedrig erwartbare Handlung in der Clownshow)

Auch zu diesem Meßzeitpunkt - fünf bis sechs Monate nach der Clownshow - stellt die Auswertung der NEH-Items und hier wiederum die Auswertung der Antwortkategorie „hoch erwartbar falsch" den zentralen Teil der Datenanalyse dar. Es wurden ebenfalls zunächst die Mittelwerte der Experimentalgruppe und der Kontrollgruppe bezüglich der wichtigsten Antwortdimension und den beiden Dimensionen „korrekt" und „sonstig falsch" verglichen. Ebenso wie zum ersten Meßzeitpunkt wurde auf eine Analyse der beiden Antwortkategorien „Ich weiß nicht" und „sonstige" Antworten verzichtet, um das Problem der Abhängigkeit der Antwortkategorien zu vermeiden.

Für die Variablen Alter und Clownshow (1 oder 2) wurde wiederum mittels einer Varianzanalyse überprüft, ob sie hinsichtlich relevanter Mittelwertsunterschiede zwischen Experimental- und Kontrollgruppe zusätzlich Fehlervarianz aufklären. Dies zeigte sich lediglich für die Variable „Show" bezüglich der

Antwortkategorie „korrekt“. Da diese Variable zum einen keinen Einfluß auf den interessierenden Haupteffekt, d. h. den Unterschied zwischen Experimental- und Kontrollgruppe hinsichtlich der Antwortkategorie „hoch erwartbar falsch“ hat und zum anderen in ihrem Einfluß nicht von Interesse und zu interpretieren ist, wird auf ihre Darstellung im folgenden verzichtet. Die Variable Alter wurde ebenfalls unter Moderationsgesichtspunkten in die Auswertung der Daten einbezogen. Es zeigte sich keine Moderation eines Effektes zwischen Experimental- und Kontrollgruppe durch eine Aufteilung der Kinder in zwei Altersgruppen (3-/4-jährige und 5-/6-jährige).

Zentrale Analysen. Tabelle 4 stellt die mittleren relativen Häufigkeiten der zentralen Antwortkategorie „hoch erwartbar falsch“ und der beiden sekundären Antwortkategorien „korrekt“ und „sonstig falsch“ für die Experimental- und Kontrollgruppe dar.

Tabelle 4: Mittlere relative Häufigkeiten der Antwortkategorien (Standardabweichung in Klammern) bei den NEH(niedrig erwartbare Handlungen)-Items zum 2. Meßzeitpunkt in Experiment 1.

	Zweiter Meßzeitpunkt	
Antwortkategorie	Experimentalgruppe	Kontrollgruppe
Hoch erwartbare falsche Antwort	.27 (.22)*	.16 (.16)
Richtige Antwort	.30 (.19)	.37 (.18)
Sonstige falsche Antwort	.12 (.11)*	.07 (.08)
„Ich weiß nicht“-Antwort	.31 (.20)	.39 (.25)
Sonstige Antwort	.01 (.03)	.02 (.04)

Anmerkung: *p < .05 (zweiseitig) für den Unterschied zwischen Experimental- und Kontrollgruppe

Die zentrale Hypothese, daß sich Experimental- und Kontrollgruppe hinsichtlich der Anzahl hoch erwartbarer falscher Antworten unterscheiden, konnte zum zweiten Meßzeitpunkt bestätigt werden. Die Experimentalgruppe erinnerte fünf bis sechs Monate nach der Clownshow signifikant mehr hoch erwartbare falsche Items als die Kontrollgruppe ($t[50] = 1.98$; $p = .05$).

Zusätzlich zu den hoch erwartbar falschen Antworten ergab sich allerdings auch für die sonstig falschen Antworten ein signifikanter Unterschied zwischen den beiden Gruppen. Kinder der Experimentalgruppe berichteten signifikant mehr sonstig falsche Items als Kinder der Kontrollgruppe ($t[50] = 2.13$; $p < .05$).

Für die Antwortkategorie „korrekt“ ergab sich kein signifikanter Unterschied. Kinder der Experimentalgruppe produzierten nicht weniger korrekte Antworten als Kinder der Kontrollgruppe ($t[50] = -1.40$; *ns*).

Im Vergleich zum ersten Meßzeitpunkt stieg die Anzahl der hoch erwartbaren falschen und der „Ich weiß nicht“-Antworten unabhängig von der Zugehörigkeit zu den zwei experimentellen Gruppen stark an. Dies geschah auf Kosten der korrekten Antworten, die vom ersten zum zweiten Meßzeitpunkt deutlich abnahmen. In etwa gleich blieben die Antworthäufigkeiten für sonstig falsche und sonstige Antworten.

Zusammengefaßt läßt sich festhalten, daß zu diesem zweiten Meßzeitpunkt die Kinder der Experimentalgruppe signifikant mehr hoch erwartbare falsche aber auch mehr sonstig falsche Antworten gaben als die Kinder der Kontrollgruppe. Die Mittelwerttendenz deutet darauf hin, daß dieser Anstieg der falschen Antworten in der Experimentalgruppe sowohl aus einer Abnahme der korrekten als auch der „Ich weiß nicht“-Antworten resultiert: Tendenziell berichten die Kinder der Kontrollgruppe mehr richtige und mehr „Ich weiß nicht“- Antworten. Der Unterschied zwischen den beiden Gruppen in diesen beiden Antwortkategorien erreicht allerdings keine Signifikanz. Über die Zeit hinweg scheint erwartungsgemäß insbesondere die Anzahl hoch erwartbar falscher und „Ich weiß nicht“-Antworten zu steigen, wohingegen gleichzeitig die Anzahl korrekter Antworten abnimmt. Dies ist sowohl in der Experimental- als auch in der Kontrollgruppe der Fall.

Weitere explorative Analysen. Ebenso wie zum ersten Meßzeitpunkt wurde zusätzlich überprüft, ob auch nach diesem längeren Zeitraum die Antworten auf offene Fragen signifikant häufiger korrekt waren als die Antworten auf spezifische Fragen (siehe Kapitel 6.3.1.1). Dies war wiederum der Fall: Auch zum zweiten Meßzeitpunkt waren die Antworten auf die offene Anfangsfrage signifikant richtiger als die Antworten auf die nachfolgenden spezifischen Fragen ($t[34] = -7.72$; $p < .001$).

Im Hinblick auf die unabhängige Variable, als „Manipulation Check“ sozusagen, wurden die Daten zusätzlich noch unter einem weiteren Gesichtspunkt analysiert. Es sollte zum einen untersucht werden, ob die Anzahl hoch erwartbarer Spekulationen in der Treatmentphase tatsächlich mit der Anzahl hoch erwartbarer falscher Antworten zu diesem zweiten Meßzeitpunkt korrelierte, ob also die Spekulationen aus der Treatmentphase auch die erinnerte Fehlinformation zu diesem zweiten Meßzeitpunkt war. Zu diesem Zweck wurde die mittlere Häufigkeit der hoch erwartbaren Antworten in der Treatmentphase mit der mittleren Häufigkeit dieser Antworten zum zweiten Meßzeitpunkt korreliert. Es ergab sich eine nicht signifikante Korrelation von $r = .23$.

Zum anderen sollte überprüft werden, mit welcher Wahrscheinlichkeit jedes Kind die in der Treatmentphase tatsächlich produzierte hoch erwartbare Fehlinformation zum zweiten Meßzeitpunkt fälschlicherweise erinnert. Um diesen Zusammenhang zu überprüfen, wurden für jedes Kind zwei Antwortvektoren gebildet, ein Antwortvektor der Treatmentphase und ein Antwortvektor des zweiten Meßzeitpunktes, auf denen für jedes NEH-Item abgebildet wurde, ob die hoch erwartbar falsche Antwort gegeben wurde oder nicht. Anschließend wurde für jedes Kind sein Antwortvektor der Treatmentphase mit dem des zweiten Meßzeitpunktes in Beziehung gesetzt. Für jede Versuchsperson konnte somit ein Zusammenhang zwischen Spekulationsverhalten während der Treatmentphase und dem zweiten Meßzeitpunkt beschrieben werden. Es zeigte sich kein Zusammenhang der Antwortvektoren; die Kinder erinnern also nicht später fälschlicherweise die von ihnen in der Treatmentphase für einige Items produzierte hoch erwartbare Spekulation, sondern nennen durchaus auch hoch erwartbar falsche Antwort zu anderen Items.

6.3.2.2 Auswertung der HEH-Items (hoch erwartbare Handlungen in der Clownshow)

Ebenso wie zum ersten Meßzeitpunkt wurden zusätzlich zu den NEH-Items auch die HEH-Items aus explorativen Gründen ausgewertet (vgl. Kap. 6.3.1.2). Dies waren diejenigen Items, zu denen der Clown in der Clownshow etwas Typisches bzw. hoch Erwartbares darbot. Die beiden NEH-Item-Kategorien hoch erwartbar falsch“ und „sonstig falsch“ sind wiederum bei den HEH-Items nicht vorhanden; hier gibt es *eine* Kategorie „falsche“ Antworten.

Diese und die Antwortkategorie „korrekt“ wurden auf mögliche Unterschiede zwischen Experimental- und Kontrollgruppe hin überprüft. Tabelle 5 enthält die mittleren relativen Häufigkeiten der Antwortkategorien der HEH-Items.

Tabelle 5: Mittlere relative Häufigkeiten der Antwortkategorien (Standardabweichung in Klammern) bei den HEH(hoch erwartbare Handlungen)-Items zum 2. Meßzeitpunkt in Experiment 1.

	Zweiter Meßzeitpunkt	
Antwortkategorie	Experimentalgruppe	Kontrollgruppe
Falsche Antwort	.07 (.09)	.05 (.07)
Richtige Antwort	.60 (.24)	.65 (.21)
„Ich weiß nicht“-Antwort	.32 (.24)	.28 (.24)
Sonstige Antwort	.01 (.03)	.02 (.06)

Im Unterschied zur Analyse der HEH-Items während des ersten Meßzeitpunktes erwies sich keiner der beiden Mittelwertsunterschiede zwischen den beiden Gruppen als signifikant. Weder falsche noch richtige Antworten kamen in einer der beiden experimentellen Gruppen häufiger vor als in der anderen ($t[50] = .95$; $t[50] = -.78$; alle *ns*).

Im Vergleich zum ersten Meßzeitpunkt nahm hier die Häufigkeit richtiger Antworten ab, wohingegen die Anzahl falscher Antworten leicht zunahm.

Hinsichtlich der HEH-Items ergibt sich also kein Unterschied zwischen Experimental- und Kontrollgruppe zum zweiten Meßzeitpunkt. Der signifikante Effekt des ersten Meßzeitpunktes bezüglich der Anzahl richtiger Antworten konnte zum zweiten Meßzeitpunkt nicht repliziert werden.

6.4 Diskussion

Der zentrale Befund des Hauptexperimentes 1 ist der Effekt der Interviewtechnik „Einladen zur Spekulation“ auf die Gedächtnisleistung von Kindergartenkindern. Kinder, die eine Clownshow sahen und anschließend eingeladen wurden, zu bestimmten Items dieser Clownshow zu spekulieren, produzierten fünf bis sechs Monate nach der Clownshow mehr hoch erwartbare falsche Antworten als Kinder, die nicht eingeladen wurden zu spekulieren.

Allerdings produzierten Kinder der Experimentalgruppe ebenfalls zum zweiten Meßzeitpunkt signifikant mehr sonstig falsche Antworten als Kinder der Kontrollgruppe. Dieser Anstieg an falschen Antworten insgesamt in der Experimentalgruppe - allerdings auch in der Kontrollgruppe - nach einem längeren Zeitraum erfolgt ausschließlich zu Lasten der Anzahl korrekter Antworten.

Es stellt sich nun zum einen die Frage, warum sich dieser Haupteffekt erst mit zeitlicher Verzögerung einstellt. Kurzfristig, d.h. nach zwei Wochen scheint „Einladen zur Spekulation“ keinen Unterschied zwischen Experimental- und Kontrollgruppe zu bewirken, wohingegen nach 5 bis 6 Monaten sowohl der Anteil hoch erwartbarer falscher als auch sonstig falscher Antworten in der Experimentalgruppe im Verhältnis zur Kontrollgruppe steigt. Zum anderen stellt sich die Frage, warum die Rate der sonstig falschen Antworten zum zweiten Meßzeitpunkt in der Experimentalgruppe ebenfalls ansteigt, da das Fehlinformationsparadigma für ein „Einladen zur Spekulation“ als selbstinduzierte Fehlinformation lediglich ein Ansteigen der hoch erwartbar falschen Antworten vorhersagen würde.

Erster Meßzeitpunkt. Eine mögliche Erklärung des fehlenden kurzfristigen Effektes ist ein zu intensives Treatment. Da es sich bei der Manipulation der Experimentalgruppe um ein sehr offensichtliches Treatment, nämlich 24 Mal „Einladen zur Spekulation“, handelte, erinnerten Kinder möglicherweise anschließend, daß ihnen nach der Clownshow ausschließlich „komische“ und fiktive Fragen gestellt wurden. Dies entspricht anderen Erfahrungen aus der experimentellen Suggestibilitätsliteratur: wenn eine Suggestion zu offensichtlich und zu intensiv induziert wird, wird sie distinkt und klar unterscheidbar und wirkt somit dem eigentlichen Suggestionseffekt entgegen (Loftus, 1979b). Zusammen mit einer verhältnismäßig starken Gedächtnisspur an das Originalereignis nach zwei Wochen waren die Kinder somit eventuell eher dazu in der

Lage, zwischen dem Originalereignis und der selbst-induzierten Fehlinformation zu unterscheiden.

Zweiter Meßzeitpunkt. Nach mehreren Monaten aber wurden die Gedächtnisspuren an Originalereignis und Fehlinformation schwächer und konnten somit interferieren. Es zeigte sich aber nicht nur ein Anstieg der hoch erwartbar falschen, sondern auch der sonstig falschen Antworten; also der falschen Antworten insgesamt. Das Fehlinformationsparadigma würde vorhersagen, daß die Anzahl hoch erwartbarer Antworten als kontrollierte Fehlinformation steigt, nicht aber die Anzahl sonstig falscher Antworten, wie dies zum zweiten Meßzeitpunkt geschah. Aus diesem Grund sind die Ergebnisse des ersten Experimentes nicht vollständig durch diesen theoretischen Ansatz erklärbar. Die Befunde sind vielmehr durch ein allgemein weniger wahrheitsgetreues Konzept über die Clownshow, eine Meta-Strategie, erklärbar, die sich allerdings erst mit zeitlicher Verzögerung bemerkbar macht. Es wäre zum Beispiel denkbar, daß das Treatment so offensichtlich war, daß es zum ersten Meßzeitpunkt deutlich als Treatment erinnerbar und somit von dem Originalgedächtnis abgrenzbar war. Zum zweiten Meßzeitpunkt macht sich dann die Wirkung des Treatments auf eine andere Art und Weise bemerkbar: sie scheint nicht in Form konkreter Fehlinformation als Gedächtnisspur vorhanden zu sein, sondern eher als eine Art übergeordnetes Konzept dessen, was die Anforderung bezüglich der Clownshow war. Die Kinder lernen während der Treatmentphase, daß ihre Aufgabe in der Kreativität, in dem spielerischen Umgang mit der Clownshow besteht. Diese Meta-Strategie wird dann zum zweiten Meßzeitpunkt im Rahmen des Erinnerungsprozesses angewandt. Gleichzeitig nimmt aber die Gedächtnisspur an das Originalereignis und das Treatment ab.

Die explorative Analyse der HEH-Items zeigte im Gegensatz zu den NEH-Items für den ersten Meßzeitpunkt signifikant weniger korrekte Antworten in der Experimentalgruppe. Dies bedeutet, daß das Treatment zu hoch erwartbaren Handlungen in der Clownshow Auswirkungen auf die Anzahl korrekter Antworten hat. Hier scheint das Produzieren zusätzlicher, untypischer Handlungen durch ein „Einladen zur Spekulation“ möglicherweise zu einer weiteren konkurrierenden, obschon nicht Handlungsskript-konformen Gedächtnisspur zu führen. Diese Gedächtnisspur wird anschließend zwar nicht signifikant häufiger produziert, sie kann aber möglicherweise den Prozeß des Abrufens der Originalinformation merklich stören, so daß diese signifikant seltener genannt wird.

Ein weiteres, im angewandten rechtspsychologischen Kontext wichtiges exploratives Ergebnis ist der signifikante Unterschied in der Anzahl richtiger Antworten auf offene versus spezifische Fragen. Zu beiden Meßzeitpunkten wurden im Verhältnis signifikant mehr richtige Antworten auf die offene Anfangsfrage genannt als auf die spezifischen Anschlußfragen. Unter gedächtnispsychologischer Betrachtung war dieses Ergebnis zwar zu erwarten, da die freie Erinnerung typischerweise im Vergleich zum „cued recall" einen zusätzlichen Gedächtnisprozeß beinhaltet (Gordon & Payne, 1992) und dann mit einer größeren Wahrscheinlichkeit korrekt ist und somit seltener mit einer Fehlinformationsquelle verwechselt wird. Für die Praxis der Zeugenbefragung von Kindern ist dieses Ergebnis allerdings keinesfalls trivial. Es unterstreicht im Einklang mit bisher publizierter empirischer Literatur zur Zeugenbefragung von Kindern (Ceci & Bruck, 1995; Poole & Lamb, 1998; Volbert, 1997) ein weiteres Mal die Wichtigkeit offener Fragen im Umgang mit sehr jungen Kindern als Zeugen.

Zusammengenommen zeigt Experiment 1, daß der Effekt der Interviewtechnik „Einladen zur Spekulation" einen verzögerten Effekt auf die Anzahl falscher Antworten von Kindern im Vorschulalter hat. Als theoretischer Erklärungsansatz scheint die Quellenkonfusion von Original- und Fehlinformation aufgrund der vorliegenden Ergebnisse wenig geeignet. Vielmehr ist denkbar, daß die Kinder in diesem Kontext einen spielerischen Umgang mit dem Originalereignis, der Clownshow, lernen, der dazu führt, daß sie nach einem fünf bis sechsmonatigen Zeitraum mehr Falsches erinnern als die Kinder ohne Treatment. Kinder in der Kontroll- und der Experimentalgruppe lernen hier unterschiedliche Kriterien für „gute" Antworten. Dieser signifikante Anstieg falscher Antworten in der Experimentalgruppe geht zu Lasten der Anzahl korrekter Antworten. Ein übermäßiges „Einladen zur Spekulation" kann also eine Gefahr für den Wahrheitsgehalt einer Aussage von Kindern darstellen, wobei der Wirkmechanismus hier weniger in der fälschlichen Erinnerung der Fehlinformation, sondern vielmehr in dem Erlernen einer Meta-Strategie, eines lockeren, spielerischen Konzeptes und Umgangs mit der Wahrheit bzw. dem Originalereignis besteht.

Die Annahme eines möglicherweise dennoch vorhandenen Fehlinformationseffektes läßt sich allerdings durch das vorliegende Experiment nicht wirklich ausschließen: Zum einen könnte die Intensität des Treatments dazu geführt haben, daß die Spekulation der Kinder zu deutlich erinnerbar und somit vom Originalereignis unterscheidbar war. Der Fehlinformationseffekt war möglicherweise konfundiert mit einem Konzept des Kindes darüber, was von ihm eigentlich in dem Experiment erwartet wurde. Zum anderen beinhaltet die Verwendung eines unabhängigen Stichprobendesigns typischerweise das Problem einer großen Varianz innerhalb der beiden experimentellen Gruppen, Fehlervarianz, die das Erreichen eines signifikanten Unterschieds zwischen den beiden experimentellen Gruppen erschwert.

Aus diesem Grunde wurde zeitlich parallel ein weiteres Experiment durchgeführt, das mit Hilfe eines Meßwiederholungsdesigns untersuchen sollte, ob „Einladen zur Spekulation" tatsächlich zu einer Verwechslung der Fehlinformation mit dem Originalereignis führt. In diesem Design stellt jedes Kind sozusagen seine eigene Kontrolle dar und wird mit sich selbst verglichen. So ist eine Konfundierung des Treatments mit dem Erlernen unterschiedlicher Kriterien einer „guten“ Antwort nicht mehr möglich.

7 Experiment 2

7.1 Ziel des zweiten Experimentes

Das zweite Experiment diente der Überprüfung der Interviewtechnik „Einladen zur Spekulation“ auf die Zeugenaussagen von Kindern mit Hilfe eines Meßwiederholungsdesigns. In einer Clownshow werden Kindern untypische Handlungen mit alltäglichen Objekten gezeigt, zu denen sie zu einer Hälfte eingeladen werden zu spekulieren und zu der anderen Hälfte nicht. Unter der Annahme, daß diese Objekte hoch erwartbare Handlungsskripte hervorrufen, soll untersucht werden, ob Kinder zu denjenigen Items, zu denen sie eingeladen wurden zu spekulieren, anschließend mehr hoch erwartbar falsche Antworten produzieren, als zu den Items, zu denen sie nicht eingeladen wurden.

In Experiment 2 wird jedes Kind mit sich selbst verglichen, um eine Konfundierung des Treatments „Einladen zur Spekulation“ mit dem Erlernen unterschiedlicher Kriterien einer „guten“ Antwort ausschließen zu können. Somit kann die Wirkung dieser Interviewtechnik durch einen zugrundeliegenden Fehlinformationseffekt noch einmal auf anderem methodischen Wege überprüft werden.

7.2 Methode

7.2.1 Stichprobe

An Experiment 2 nahmen 53 Kindergartenkinder aus vier verschiedenen Kindergärten in Münster teil, 27 von ihnen waren Jungen, 26 Mädchen. Die Kinder waren zwischen drei und sechs Jahren alt: Neun der Kinder waren drei Jahre alt, 15 waren vier Jahre, 19 waren fünf und 10 waren sechs Jahre alt. Der Altersmedian betrug fünf Jahre und das durchschnittliche Alter 4.57 Jahre. Die „Drop-out“ Rate vom ersten zum zweiten Meßzeitpunkt betrug 9% (5 Kinder). Für alle teilnehmenden Kinder lagen Elterneinwilligungen vor. Die Rekrutierung der Kindergärten erfolgte auf gleiche Art wie in Experiment 1 (siehe Kap. 6.2.1).

7.2.2 Versuchsplan

Es wurde ein einfaktorielles zweifachgestuftes Meßwiederholungsdesign gewählt, in dem der Meßwiederholungsfaktor „Einladen zur Spekulation“ (eingeladen vs. nicht eingeladen) manipuliert wurde. Zur Balancierung wurden diese beiden Bedingungen mit zwei Materialhälften und zwei Stichproben zu einem Lateinischen Quadrat kombiniert. Die zwei Materialhälften bestanden aus 12 NEH-Items, zu denen der Clown eine niedrig erwartbare Handlung zeigte und 12 HEH-Items, zu denen der Clown etwas hoch Erwartbares vorführte. Jede Materialhälfte wurde anschließend in 2 Listen mit gleicher Assoziationswahrscheinlichkeit unterteilt. Parallelisiert hinsichtlich Alter, Geschlecht und Kindergartenzugehörigkeit erhielt jedes Kind zu einer der beiden Listen das Treatment. Die andere Liste, zu der das Kind kein Treatment erhielt, diente anschließend dem Vergleich: Da in diesem Meßwiederholungsdesign jede Versuchsperson mit sich selber verglichen wurde, konnte zu den beiden Erhebungszeitpunkten der abhängigen Variable die Gedächtnisperformanz eines jeden Kindes für die Liste der „eingeladenen“ Items mit der Gedächtnisperformanz für die Liste der „nicht eingeladenen“ Items verglichen werden.

Darüber hinaus wurden zur Verhinderung eines Materialeffektes zwei entgegengesetzte Clownshows verwendet, die zur Balancierung mit dem Lateinischen Quadrat (s.o.) kombiniert wurden. Jede der beiden Clownshows wurde in zwei der vier Kindergärten präsentiert. Der Unterschied zwischen den beiden Clownshows bestand wie in Experiment 1 lediglich hinsichtlich der HEH(hoch erwartbaren Handlungen)- bzw. NEH(niedrig erwartbaren Handlungen)-Items: die NEH-Items in Clownshow 1 waren die HEH-Items in Clownshow 2 und umgekehrt (zur Erklärung von HEH- vs. NEH-Items siehe Kapitel 7.2.3). Da Experiment 1 und 2 zeitlich parallel stattfanden, wurde als Basisrate für die abhängige Variable zudem die Kontrollgruppe aus Experiment 1 hinzugezogen.

Die abhängige Variable, die Gedächtnisleistung für bestimmte Items der Clownshow, zu denen die Kinder eingeladen wurden zu spekulieren, wurde zweimal erhoben, einmal zwei Wochen nach dem Treatment bzw. drei Wochen nach der Clownshow, und ein zweites Mal fünf bis sechs Monate nach dem Treatment.

7.2.3 Material

Die in der Voruntersuchung generierten 24 Objekte (vgl. Kap. 6.2.3) wurden für dieses Experiment 2 in zwei Materialhälften und anschließend in zwei gleiche Listen aufgeteilt. Die erste Aufteilung in zwei Materialhälften, die auch in Experiment 1 vorgenommen wurde, war die in 12 NEH(niedrig erwartbare Handlungen)-Items und 12 HEH(hoch erwartbare Handlungen)-Items. Mit den HEH-Items sollte der Clown während seiner Show typische Handlungen (z.B. „Clown ißt Banane“), mit den NEH-Items untypische Handlungen (z.B. „Clown trommelt mit dem Messer“) zeigen. Die HEH-Items in Clownshow 1 waren wiederum die NEH-Items in Clownshow 2 und umgekehrt.

Die zweite zusätzliche Aufteilung der Items diente der Ausbalancierung des Materials für den Meßwiederholungsplan. Sowohl NEH- als auch HEH-Items wurden in zwei Listen aufgeteilt, in denen die Items hinsichtlich ihrer Assoziationswahrscheinlichkeit, d.h. hinsichtlich der Wahrscheinlichkeit, mit der das Objekt mit einem typischen Handlungsskript verbunden ist, parallelisiert wurden. Liste 1 und 2 bestanden also jeweils aus 6 NEH- und 6 HEH-Items.

Durch randomisierte Zuweisung zu einer dieser beiden Listen, wurde jedes Kind zu den Items dieser Liste, die wiederum sowohl HEH- als auch NEH-

Items beinhaltete, eingeladen zu spekulieren. Zu den Items der anderen Liste wurde das Kind nicht eingeladen zu spekulieren. Einen zusammenfassenden Überblick über diese Zuordnung bietet Abbildung 2:

1. Materialhälfte: NEH (Niedrig erwartbare Handlungen)-Items (12 Items)	**2. Materialhälfte**: HEH (Hoch erwartbare Handlungen)-Items (12 Items)
Liste 1 (nach Antwortwahrscheinlichkeit mit Liste 2 parallelisiert) (6 Items)	Liste 1 (nach Antwortwahrscheinlichkeit mit Liste 2 parallelisiert) (6 Items)
Liste 2 (6 Items)	Liste 2 (6 Items)

Abbildung 2: Schematische Darstellung der Listen des Lateinischen Quadrates und der beiden Hälften der niedrig erwartbaren Handlungen (NEH) und der hoch erwartbaren Handlungen (HEH)

7.2.4 Durchführung

Da Experiment 1 und 2 zeitgleich durchgeführt wurden und Kapitel 6.2.4 bereits eine umfassende Beschreibung der Versuchsdurchführung liefert, sei diese an dieser Stelle nur zusammenfassend dargestellt und in ihren Unterschieden zu Experiment 1 hervorgehoben.

Nachdem vier Kindergärten sich zur Teilnahme an Hauptexperiment 2 bereit erklärt hatten, fand dort jeweils eine etwa 30-minütige Clownshow statt, in der ein Clown sowohl einen eigenen Unterhaltungsteil als auch einen experimentellen Teil vorführte. Dieser mittlere und gleichzeitig experimentelle Teil der Show beinhaltete die typischen und untypischen Handlungsskripts jeweils einer der beiden Materialhälften.

Treatmentphase. Diese Phase, in der die Kinder einzeln zur Clownshow befragt wurden, fand eine Woche nach der Show statt. War auf dem für jedes Kind vorbereiteten Versuchsbogen die Zuweisung zu Liste 1 vermerkt, so bedeutete dies, daß das Kind zu den 12 Items der Liste 1 eingeladen wurde zu spekulieren und zu den 12 Items der Liste 2 nicht. Von diesen 12 „Spekulations"-Items waren sechs NEH-Items, also Items, mit denen der Clown in der Show eine untypische Handlung dargeboten hatte, und die übrigen sechs waren HEH-Items, also Items, mit denen der Clown in der Show eine typische Handlung dargeboten hatte und somit eine Spekulation dazu unkontrollierbar wurde. Zu den Items der Liste, zu der das Kind *nicht* eingeladen wurde zu spekulieren, wurde es gefragt, was der Clown damit in der Clownshow gemacht habe („Erinnere dich noch mal an die Banane. Was hat der Clown noch mal mit der Banane gemacht?"). Zu den Items der Liste, zu der das Kind *eingeladen* wurde zu spekulieren, wurde zunächst die gleiche Frage gestellt und anschließend wurden die Kinder nach dieser Erinnerungsfrage zusätzlich eingeladen, zu dem Item zu spekulieren („Was hätte der Clown denn noch mit der Banane machen können?“). Die Reihenfolge der Items innerhalb der zwei Listen war für jedes Kind zufällig, um Reihenfolgeeffekte des Materials ausschließen zu können.

Erster Meßzeitpunkt. Zwei Wochen nach der Treatmentsitzung wurde zum ersten Mal die Erinnerung der Kinder an bestimmte Items der Clownshow als abhängige Variable erhoben. Der Interviewerin war auch hier, wie in Experiment 1, die Zugehörigkeit der Kinder zu den beiden Listenbedingungen unbekannt.

In einer Einzelbefragung wurde nach einem „Context Reinstatement“ (vgl. Kap. 6.2.4) zunächst mittels einer offenen Frage nach dem Inhalt der Clownshow gefragt und anschließend spezifische Fragen gestellt.

Zweiter Meßzeitpunkt. Dieser fand 5 bis 6 Monate nach dem ersten Meßzeitpunkt statt und gestaltete sich genau wie der erste. Abbildung 3 faßt noch einmal den Verlauf des zweiten Experimentes zusammen:

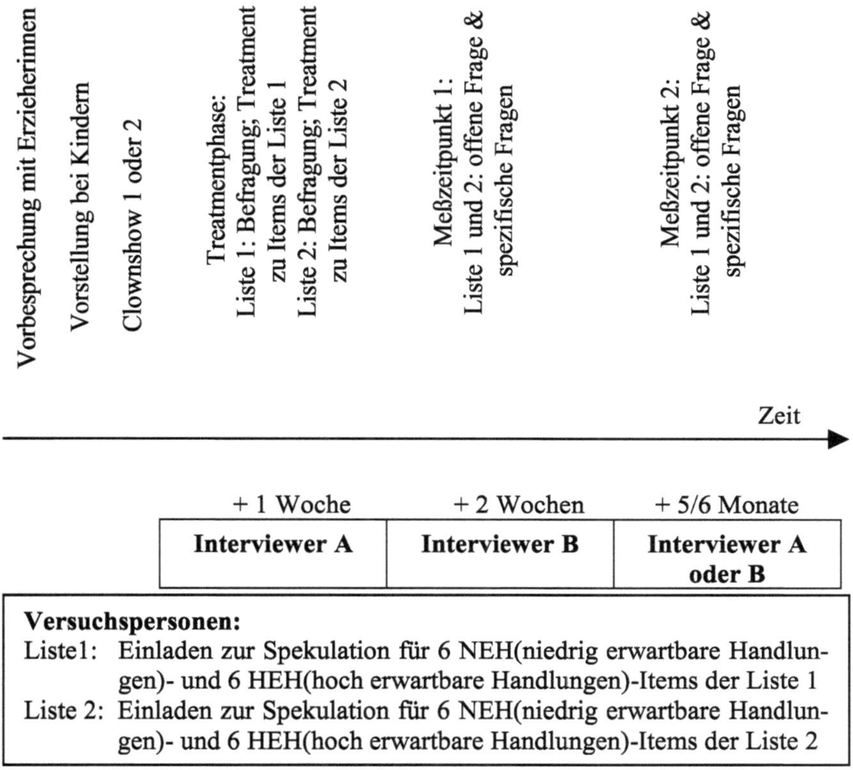

Abbildung 3: Verlauf des Experimentes 2

Die Problematik der Auswertung der Daten und die Konzeption und Anwendung des Auswertungssystems der Antworten wurde bereits an früherer Stelle ausführlich dargelegt. Aus diesem Grund sei an dieser Stelle auf das Kapitel 6.2.5 verwiesen. Ganz allgemein sei nur das Prinzip verdeutlicht: Jede Antwort des Kindes wurde in Sinneinheiten aufgeteilt, innerhalb derer Zahlenwerte für ein Verb und ein gegebenenfalls vorhandenes Objekt vergeben wurden. Anschließend wurde eine Antwort per definitionem als richtig, falsch (hoch erwartbar falsch oder sonstig falsch), „Ich weiß nicht" und sonstige Antwort eingestuft. Drei dieser Kategorien bzw. die relativen Häufigkeiten dieser Kategorien waren dann Gegenstand der Datenanalyse.

Als Anhaltspunkt für die Reliabilität des Auswertungssystems wurde ebenso wie in Experiment 1 das Beurteilerübereinstimmungsmaß Kappa berechnet. Für die Gruppe der NEH-Items lag das Kappa bei .98 und für die Gruppe der

HEH-Items bei .99. Somit war davon auszugehen, daß die Antworten der Kinder mit einer hohen Objektivität und Reliabilität kategorisiert wurden. Die Werte der Autorin wurden aus diesem Grund wiederum vollständig zur Datenanalyse herangezogen.

7.3 Ergebnisse

In den nun folgenden Datenanalysen wurden alle mittleren relativen Häufigkeiten um den Mittelwertsunterschied zwischen den beiden Teillisten adjustiert (vergl. auch Pollatsek & Wells, 1995). Für jede der beiden Clownshows wurden die mittleren Antworthäufigkeiten der vier bzw. fünf Antwortkategorien für beide Materiallisten getrennt berechnet. Die Unterschiede zwischen den beiden Materiallisten für eine Antwortkategorie pro Show wurden für anschließende Analysen der mittleren relativen Häufigkeiten um diese Differenz „bereinigt". Der Grund für diese Adjustierung liegt primär in einer Verringerung der Fehlervarianz durch einen Listeneffekt. Zudem können durch eine Adjustierung auch ungleiche Besetzungen des Balancierungsfaktors (Liste 1 versus Liste 2) ausgeglichen werden. In diesem Experiment 2 waren die Listen schwach ungleich besetzt: zum ersten Meßzeitpunkt wurden 27 Kinder zu Liste 1 und 26 zu Liste 2 eingeladen zu spekulieren, zum zweiten Meßzeitpunkt wurden 25 Kinder zu Liste 1 und 23 Kinder zu Liste 2 eingeladen zu spekulieren. Dieser Unterschied konnte durch die Adjustierung des Materialeffektes ausgeglichen werden.

Im folgenden werden die Ergebnisse der NEH- und der HEH-Items zu den beiden Meßzeitpunkten dargestellt. Die Auswertung der NEH-Items stellt ebenso wie in Experiment 1 den zentralen Teil der Datenanalyse dar.

7.3.1 Ergebnisse zum ersten Meßzeitpunkt

7.3.1.1 Auswertung der NEH-Items (niedrig erwartbare Handlungen in der Clownshow)

Die hinsichtlich unserer Hypothese zentrale Antwortkategorie war die der „hoch erwartbar falschen" Antworten. Um zusätzliche Anhaltspunkte über die zugrundeliegenden kognitiven Prozesse zu erhalten, wurden darüber hinaus die beiden Kategorien „richtige" und „sonstig falsche" Antworten zwischen den Items, zu denen ein Treatment erfolgte und denen, zu denen kein Treatment erfolgte, verglichen. Um das Problem der Abhängkeit der Antwortkategorien (sie ergänzen sich zu 100%) zu vermeiden, wurde auf eine Analyse der beiden Antwortkategorien „Ich weiß nicht" und „sonstige" Antworten verzichtet.

Es wurden zusätzlich für die Variablen Alter und Clownshow (1 oder 2) überprüft, ob sie hinsichtlich relevanter Mittelswertsunterschiede zwischen Experimental- und Kontroll-items zusätzliche Fehlervarianz aufklären. Da dies nicht der Fall war, wird auf ihre Darstellung im folgenden verzichtet. Die Variable Alter wurde ebenfalls unter Moderationsgesichtspunkten in die Auswertung der Daten einbezogen. Es zeigte sich keine Moderation eines Effektes zwischen Experimental- und Kontrollitems durch eine Aufteilung der Kinder in zwei Altersgruppen (3-/4-jährige und 5-/6-jährige).

Zentrale Analysen. Tabelle 6 zeigt die mittleren relativen Häufigkeiten der fünf Antwortkategorien für die beiden Itemgruppen. Items, zu denen eingeladen wurde zu spekulieren, werden im folgenden als Experimentalitems und Items, zu denen nicht eingeladen wurde zu spekulieren, als Kontrollitems bezeichnet.

Tabelle 6: Mittlere relative Häufigkeiten (Standardabweichung in Klammern) der Antwortkategorien bei den NEH(niedrig erwartbare Handlungen)-Items zum 1. Meßzeitpunkt in Experiment 2.

	Erster Meßzeitpunkt	
Antwortkategorie	Experimentalitems	Kontrollitems
Hoch erwartbare falsche Antwort	.16 (.23)*	.11 (.18)
Richtige Antwort	.55 (.24)	.57 (.24)
Sonstige falsche Antwort	.05 (.09)	.09 (.13)
„Ich weiß nicht"-Antwort	.21 (.22)	.20 (.20)
Sonstige Antwort	.03 (.06)	.03 (.07)

Anmerkung: *p < .05 (einseitig) für den Unterschied zwischen Experimental- und Kontrollitems

Wie aus Tabelle 6 ersichtlich ist, konnte die zentrale Hypothese bestätigt werden. Kinder produzierten zum ersten Meßzeitpunkt mehr hoch erwartbare, aber falsche Antworten zu den Items, zu denen sie zuvor eingeladen wurden zu spekulieren als zu den Items, zu denen sie nicht eingeladen wurden zu spekulieren, $t(52) = 2.28$; $p < .05$.

Da es aufgrund des Meßwiederholungsdesigns möglich sein konnte, daß Kinder „implizit" auch zu den Items spekulieren, zu denen sie nicht eingeladen wurden, und dies den eigentlichen Effekt schmälert, wurde zusätzlich ein „Carry-over" Effekt überprüft. Da Experiment 1 und Experiment 2 zeitlich parallel durchgeführt wurden, wurde anhand der Kontrollgruppe des unabhängigen Stichprobendesigns aus Experiment 1 eine Basisrate für hoch erwartbare Spekulationen getrennt für die beiden Itemlisten aus Experiment 2 bestimmt. Gleichzeitig wurde für die Kontrollitems aus Experiment 2 die Rate hoch erwartbarer falscher Antworten bestimmt. Anschließend konnte überprüft werden, ob die Kinder aus Experiment 2 mehr hoch erwartbar falsche Antworten zu den Kontrollitems gaben als Kinder der Kontrollgruppe aus Experiment 1, die kein Treatment erhielten. Hierzu wurde als Basisrate für jede Itemgruppe die mittlere relative Häufigkeit hoch erwartbarer Antworten in der reinen Kontrollgruppe gebildet. Dann wurde für jedes Kind aus Experiment 2 ein Differenzwert gebildet, indem die entsprechende Basisrate von der mittleren relativen Häufigkeit hoch erwartbar falscher Antworten zu den Kontrollitems abgezogen wurde (vgl. Wert D in Tabelle 8). Der Mittelwert dieser Differenz unterschied sich nicht signifikant von Null, $t(52) = -.82$, *ns*. Dies bedeutet, daß es keinen „Carry-over"-Effekt bezüglich der hoch erwartbar falschen Antworten gibt. Der gleiche Differenzwert wurde ebenfalls für die Antwortkategorien „richtig" und „sonstig falsch" berechnet. Auch hier zeigte sich kein „Carry-over" Effekt.

Tabelle 7 gibt einen Überblick über den Vergleich zwischen den Basisraten aus der Kontrollgruppe (Experiment 1) und den Kontrollitems (Experiment 2) hinsichtlich der hoch erwartbar falschen und den übrigen beiden interessierenden Antwortkategorien zum ersten Meßzeitpunkt.

Tabelle 7: Mittlere Basisraten der Kontrollgruppe (Experiment 1) und mittlere Differenz zwischen Basisrate und Mittelwert der Kontrollitems (Experiment 2) für die drei Antwortkategorien (Standardabweichung in Klammern) zum ersten Meßzeitpunkt.

	Erster Meßzeitpunkt	
Antwortkategorien	B	D(C-B)
Hoch erwartbar falsche Antwort	.13	-.02 (.18)
Richtige Antwort	.60	-.04 (.25)
Sonstige falsche Antwort	.08	.01 (.13)

Anmerkung: B: Häufigkeit der Antwortkategorie in der Kontrollgruppe aus Experiment 1 (Basisrate)
D (C-B): Mittelwert der Kontrollitems (C) minus Basisrate (B) für die Antwortkategorien

Im Anschluß an die Überprüfung dieser Hypothese wurden die Daten zusätzlich auf Unterschiede in den Antwortkategorien „korrekt" und „sonstig falsch" untersucht.

Bezüglich der Anzahl sonstig falscher Antworten ergab sich tendenziell ein bedeutsamer Unterschied zwischen den beiden Itemgruppen, allerdings in umgekehrter Richtung: Für die Items, zu denen die Kinder zuvor nicht eingeladen worden waren zu spekulieren, wurden tendenziell mehr sonstig falsche Antworten genannt als für die Items, zu denen die Kinder eingeladen worden waren ($t[52] = -1.88$; $p < .10$). Auch diese Antwortkategorie wurde auf einen „Carry-over"-Effekt hin untersucht, der sich aber nicht zeigte ($t[52] = .13$; *ns*).

Die Anzahl richtiger Antworten unterscheidet sich ebenfalls nicht signifikant zwischen den Experimental- und den Kontrollitems ($t[52] = -.43$; *ns*). Dies bedeutet, daß die Kinder nicht weniger richtige Antworten zu den Items gaben, zu denen sie in der Treatmentphase eingeladen worden waren zu spekulieren.

Für diese Antwortkategorie wurde ebenfalls kein „Carry-over"-Effekt festgestellt ($t[52] = -.67$; *ns*).

Insgesamt läßt sich also für die NEH-Items zum ersten Meßzeitpunkt zusammenfassen, daß die zentrale Hypothese bestätigt werden konnte: Es wurden mehr hoch erwartbar falsche Antworten zu den Experimentalitems als zu den Kontrollitems produziert. Gleichzeitig findet sich aber der umgekehrte Effekt für die sonstig falschen Antworten: Hier wurden mehr Antworten dieser Kategorie für die Kontrollitems gegeben. Die Antwortkategorie „korrekt" unterscheidet sich nicht zwischen Experimental- und Kontrollitems.

Weitere explorative Analysen. Analog zum Experiment 1 wurde zu diesem Meßzeitpunkt auch für das Meßwiederholungsdesign überprüft, ob die Antworten der Kinder auf die offene Eingangsfrage mit einer höheren Wahrscheinlichkeit korrekt waren als die Antworten auf die spezifischen Fragen. Dieser klassische Befund aus der empirischen Literatur zur Zeugenbefragung von Kindern (Bruck, Ceci & Hembrooke, 1998; Ceci & Bruck, 1995; Lamb et al., 1996; Ornstein, Gordon & Larus, 1992; Poole & Lamb, 1998) konnte auch mit diesem Datensatz bestätigt werden. Kinder gaben signifikant richtigere Antworten auf die offene Eingangsfrage als auf die anschließenden spezifischen Fragen ($t[36] = -7.85$, $p < .001$). Auch in dieser Berechnung wurde die Überlegung berücksichtigt, daß bestimmte Antwortkategorien, wie z.B. „Ich weiß nicht" per se nicht als Antwortmöglichkeit auf eine offene Frage auftauchen (vgl. Kap. 6.3.1.1).

7.3.1.2 Auswertung der HEH-Items (hoch erwartbare Handlungen in der Clownshow)

Analog zu Experiment 1 wurden ebenfalls die HEH-Items ausgewertet, das sind diejenigen Items, die zur Vermeidung einer übergeordneten Strategie seitens der Versuchspersonen in die Show mit aufgenommen worden waren und mit denen der Clown in seiner Show eine *typische Handlung* dargeboten hatte. Auch dort gefundene Unterschiede können als zusätzliche Hinweise auf zugrundeliegende kognitive Prozesse von Interesse sein.

Die Antwortkategorien der NEH- und der HEH-Items sind bis auf die Kategorie „falsche Antworten" identisch. Es werden die beiden Antwortkategorien „korrekt" und „falsch" auf signifikante Unterschiede hin überprüft. Tabelle 8 faßt die Mittelwerte der relativen Häufigkeiten der Antwortkategorien der HEH-Items zusammen.

Tabelle 8: Mittlere relative Häufigkeiten (Standardabweichung in Klammern) der Antwortkategorien bei den HEH(hoch erwartbare Handlungen)-Items zum 1. Meßzeitpunkt in Experiment 2.

	Erster Meßzeitpunkt	
Antwortkategorie	Experimentalitems	Kontrollitems
Richtige Antwort	.75 (.20)	.74 (.19)
Falsche Antwort	.04 (.09)	.05 (.09)
„Ich weiß nicht"-Antwort	.14 (.20)	.15 (.17)
Sonstige Antwort	.06 (.08)	.06 (.09)

Im Gegensatz zu den NEH-Items zeigte sich für keine der vier Antwortkategorien ein signifikanter Unterschied hinsichtlich der Experimental- und Kontrollitems. Dies bedeutet, daß die Kinder zu den HEH-Items, zu denen sie eingeladen wurden zu spekulieren, nicht signifikant mehr oder weniger korrekte oder falsche Antworten gaben als zu den HEH-Items, zu denen sie nicht eingeladen wurden ($t[52] < .60$; *ns*).

7.3.2 Ergebnisse zum zweiten Meßzeitpunkt

7.3.2.1 Auswertung der NEH-Items (niedrig erwartbare Handlungen in der Clownshow)

Fünf bis sechs Monate nach der Clownshow - je nach Kindergarten - fand die zweite Erhebung der Gedächtnisleistung der Kinder für die Clownshow statt.

Die zentrale Antwortkategorie war hier wiederum die der „hoch erwartbar falschen" Antworten. Um zusätzliche Anhaltspunkte über die zugrundeliegenden kognitiven Prozesse zu erhalten, wurden darüber hinaus die beiden Kategorien „richtige" und „sonstig falsche" Antworten ausgewertet. Auf eine Analyse der beiden Antwortkategorien „Ich weiß nicht" und „sonstige" Antworten wurde aufgrund des Problems der Abhängigkeit der Kategorien verzichtet.

Wie zum ersten Meßzeitpunkt wurde zusätzlich für die Variablen Alter und Clownshow (1 oder 2) überprüft, ob sie hinsichtlich relevanter Mittelswertsunterschiede zwischen Experimental- und Kontrollitems zusätzliche Fehlervarianz aufklären. Da dies nicht der Fall war, wird auf ihre Darstellung im folgenden verzichtet. Die Variable Alter wurde ebenfalls unter Moderationsgesichtspunkten in die Auswertung der Daten einbezogen. Es zeigte sich keine Moderation eines Effektes zwischen Experimental- und Kontrollitems durch eine Aufteilung der Kinder in zwei Altersgruppen (3-/4-jährige und 5-/6-jährige).

Zentrale Analysen. Tabelle 9 zeigt die mittleren relativen Häufigkeiten der fünf Antwortkategorien für die Experimental- und Kontrollitems zum zweiten Meßzeitpunkt.

Tabelle 9: Mittlere relative Häufigkeiten (Standardabweichung in Klammern) der Antwortkategorien bei den NEH(niedrig erwartbare Handlungen in)-Items zum 2. Meßzeitpunkt in Experiment 2.

Antwortkategorie	Zweiter Meßzeitpunkt Experimentalitems	Kontrollitems
Hoch erwartbare falsche Antwort	.27 (.24)	.27 (.24)
Richtige Antwort	.32 (.25)	.30 (.22)
Sonstige falsche Antwort	.12 (.16)	.12 (.17)
„Ich weiß nicht"-Antwort	.27 (.26)	.28 (.27)
Sonstige Antwort	.01 (.04)	.02 (.06)

Tabelle 9 zeigt deutlich, daß der signifikante Unterschied des ersten Meßzeitpunktes zwischen den Experimental- und den Kontrollitems in der Antwortkategorie „hoch erwartbar falsch" nicht repliziert werden konnte. Die Anzahl hoch erwartbarer falscher Antworten zu den Experimentalitems und den Kontrollitems unterscheidet sich nicht bedeutsam ($t[47] = -.01$; *ns*).

Zu diesem zweiten Meßzeitpunkt wurde die fehlende Replikation des Effektes auf einen „Carry-over"-Effekt hin überprüft. Dies bedeutet, daß die Kinder das Treatment möglicherweise auch auf die Items übertrugen, zu denen sie nicht eingeladen wurden zu spekulieren. „Einladen zur Spekulation" erfolgte somit nicht nur explizit für die Items, für die dies intendiert war, sondern auch möglicherweise implizit für die Kontrollitems. Um diese Hypothese zu überprüfen, wurde wie zum ersten Meßzeitpunkt die Kontrollgruppe des unabhängigen Stichprobendesigns aus Experiment 1 herangezogen. Die zugrundeliegende Überlegung zur Überprüfung eines eventuellen „Carry-over"-Effektes war die gleiche wie zum ersten Meßzeitpunkt: wenn Kinder des Meßwiederholungsdesigns in Experiment 2 auch zu den Items vermehrt hoch erwartbare Antworten produzieren, zu denen sie nicht eingeladen wurden zu spekulieren, so müßte sich die Anzahl der hoch erwartbaren falschen Antworten zu den Kontrollitems signifikant von der Anzahl hoch erwartbarer Antworten in der reinen Kontrollgruppe des unabhängigen Stichprobendesigns unterscheiden. Im Falle eines tatsächlich vorhandenen „Carry-over"-Effektes müßten die Kinder, die überhaupt kein Treatment bekommen hatten, die der Kontrollgruppe aus Experiment 1 nämlich, signifikant weniger hoch erwartbare Antworten zu den Items produzieren, zu denen die Kinder im Meßwiederholungsdesign in Experiment 2 nicht eingeladen wurden zu spekulieren.

Die Basiswahrscheinlichkeiten hoch erwartbarer Antworten aus der Kontrollgruppe in Experiment 1 wurden getrennt für die beiden Itemlisten in Experiment 2 berechnet (vgl. Kap. 7.3.1.1).

Für die Kontrollitems zeigte sich eine signifikant über der Basisrate liegende Wahrscheinlichkeit für hoch erwartbar falsche Antworten. Im Sinne eines

„Carry-over"-Effektes produzierten die Kinder zu diesem Meßzeitpunkt also mehr hoch erwartbar falsche Antworten zu den Kontrollitems ($t[47] = 3.37$; $p < .01$).

Tabelle 10 gibt einen Überblick über den Vergleich zwischen den Basisraten aus der Kontrollgruppe (Experiment 1) und den Kontrollitems (Experiment 2) hinsichtlich der hoch erwartbar falschen und den beiden übrigen interessierenden Antwortkategorien zum zweiten Meßzeitpunkt.

Tabelle 10: Mittlere Basisraten der Kontrollgruppe (Experiment 1) und mittlere Differenz zwischen Basisrate und Mittelwert der Kontrollitems (Experiment 2) für die drei Antwortkategorien (Standardabweichung in Klammern) zum zweiten Meßzeitpunkt.

	Zweiter Meßzeitpunkt	
Antwortkategorien	B	D(C-B)
Hoch erwartbar falsche Antwort	.16	.12 (.24)**
Richtige Antwort	.37	-.06 (.23)*
Sonstige falsche Antwort	.07	.05 (.17)+

Anmerkung: B: Häufigkeit der Antwortkategorie in der Kontrollgruppe aus Experiment 1 (Basisrate)
D (C-B): Mittelwert der Kontrollitems (C) minus Basisrate (B) für die Antwortkategorien
*p < .05 (zweiseitig); **p < .01 (zweiseitig); +p < .05 (einseitig) für den Unterschied zwischen Basisrate und Kontroll-items

Auch die richtigen Antworten, die zu diesem zweiten Meßzeitpunkt für die NEH-Items gegeben wurden, sind nicht signifikant häufiger in der Gruppe der Kontrollitems als in der Gruppe der Experimentalitems zu finden ($t[47] = .49$; *ns*). Hier findet sich allerdings ebenfalls tendenziell ein „Carry-over"-Effekt in umgekehrter Richtung (vgl. Tab. 10): Kinder in Experiment 2 produzierten weniger korrekte Antworten zu den Kontrollitems als die Kinder der Kontrollgruppe aus Experiment 1 ($t[47] = -1.88$, $p < .10$).

Gleiches gilt für die Antwortkategorie „sonstig falsch"; auch hier ergibt sich kein signifikanter Unterschied zwischen den Items, zu denen in der Treatmentphase eingeladen wurde zu spekulieren und denen, zu denen nicht eingeladen wurde ($t[47] = .12$, *ns*).

Parallel zu den hoch erwartbar falschen Antworten zeigt sich allerdings auch hier ein „Carry-over"-Effekt (vgl. Tab. 10): Kinder produzieren signifikant mehr sonstig falsche Antworten zu den Kontrollitems als anhand der Basisrate aus Experiment 1 zu erwarten wäre ($t[47] = 2.18$; $p < .05$).

Weitere explorative Analysen. Wie zum ersten Meßzeitpunkt wurde ebenfalls untersucht, ob die Antworten auf die offene Eingangsfrage häufiger richtig sind als die Antworten auf die nachfolgenden spezifischen Fragen. Dies konnte auch zu diesem zweiten Meßzeitpunkt bestätigt werden. Die Antworten auf die offene Frage („Erzähl mir mal alles, was du noch weißt, was der Clown gemacht hat.“) sind signifikant häufiger korrekt als die Antworten auf die spezifischen Fragen (z.B. „Erinnere dich noch mal an das Messer. Was hat der Clown mit dem Messer gemacht?“) ($t[28]$= -7.97; $p < .001$). Es zeigte sich aber, daß 3- bis 4-jährige tendenziell weniger Antworten auf eine offene Frage produzieren als 5- bis 6-jährige ($F[1, 40] = 2.75, p < .10$).

Zusammenfassend läßt sich also festhalten, daß zum zweiten Meßzeitpunkt der erwartete Effekt bezüglich der vermehrten Erinnerung hoch erwartbarer falscher Items für die Experimentalitems nicht repliziert werden konnte. Es bestand kein Unterschied zwischen Experimental- und Kontrollitems hinsichtlich hoch erwartbarer falscher Antworten. Ebenso wurde der signifikante Unterschied zum ersten Meßzeitpunkt zwischen sonstig falschen Antworten für Experimental- und Kontrollitems zu diesem zweiten Meßzeitpunkt nicht gefunden. Es zeigte sich allerdings für diesen zweiten Meßzeitpunkt für die zentrale Antwortkategorie „hoch erwartbar falsch“ und für die beiden übrigen „korrekt“ und „sonstig falsch“ jeweils ein „Carry-over“-Effekt. Die Anzahl an hoch erwartbaren falschen Spekulationen und sonstig falschen Antworten für die Kontrollitems lag signifikant über der durch die reine Kontrollgruppe aus Experiment 1 gewonnenen Basisrate. Ebenso wurde ein „Carry-over“-Effekt in die entgegengesetzte Richtung für die korrekten Antworten gefunden: Kinder produzierten tendenziell signifikant weniger korrekte Antworten zu den Kontrollitems als per Basisrate aus Experiment 1 zu erwarten gewesen wäre.

7.3.2.2 Auswertung der HEH-Items (hoch erwartbare Handlungen in der Clownshow)

Auch zu diesem zweiten Meßzeitpunkt wurde zusätzlich eine Analyse der HEH-Items durchgeführt (vgl. Kap. 7.3.1.2). Die Antwortkategorie „falsche Antwort“ ersetzt wiederum die beiden Antwortkategorien der NEH-Items „hoch erwartbar falsch“ und „sonstig falsch“. Tabelle 11 enthält die mittleren relativen Häufigkeiten der Antwortkategorien der HEH-Items in Hauptexperiment 2 zum zweiten Meßzeitpunkt.

Tabelle 11 : Mittlere relative Häufigkeiten (Standardabweichung in Klammern) der Antwortkategorien bei den HEH(hoch erwartbare Handlungen)-Items zum 2. Meßzeitpunkt in Experiment 2.

	Zweiter Meßzeitpunkt	
Antwortkategorie	Experimentalitems	Kontrollitems
Falsche Antwort	.12 (.20)	.12 (.17)
Richtige Antwort	.62 (.27)	.66 (.23)
„Ich weiß nicht"-Antwort	.25 (.25)	.20 (.21)
Sonstige Antwort	.01 (.04)	.02 (.06)

Auch bei den HEH-Items zeigte sich zu diesem zweiten Meßzeitpunkt kein signifikanter Unterschied in den relevanten zwei Antwortkategorien. Die Kindergartenkinder gaben nicht signifikant mehr oder weniger richtige oder falsche Antworten bei den Items, zu denen sie zuvor eingeladen wurden zu spekulieren, als bei den Items, zu denen sie nicht eingeladen wurden (t(47] = -1.10; t[47] = .06, *ns*).

Somit ist auch für die HEH-Items festzuhalten, daß sich kein signifikanter Unterschied der Antwortkategorie in Bezug auf das Treatment zeigt.

7.4 Diskussion

Der zentrale Befund in diesem Experiment 2 ist, daß Kinder zum Meßzeitpunkt 1 signifikant mehr hoch erwartbar falsche Antworten zu den Items erinnern, zu denen sie während der Treatmentphase eingeladen wurden zu spekulieren, als zu den Items, zu denen sie nicht eingeladen wurden. Dieses Ergebnis entspricht der Hypothese, daß Kinder ihre selbst produzierte Fehlinformation mit dem verwechseln, was sie zuvor tatsächlich gesehen haben. Dieser Effekt konnte allerdings für den zweiten Meßzeitpunkt nicht repliziert werden; hier unterschieden sich Experimental- und Kontrollitems in der Anzahl hoch erwartbarer falscher Antworten nicht signifikant voneinander.

Erster Meßzeitpunkt. Die Ergebnisse des ersten Meßzeitpunktes lassen sich in diesem Meßwiederholungsdesign in Anlehnung an den Fehlinformationseffekt erklären: die Kinder verwechseln ihre selbst generierte Fehlinformation zu einem späteren Zeitpunkt mit der Originalinformation. Das vermehrte Berichten hoch erwartbar falscher Antworten geht allerdings nicht auf Kosten der korrekten Antworten, sondern vielmehr auf Kosten sonstig falscher Antworten: Kinder nannten tendenziell weniger sonstig falsche Antworten zu den Items, zu denen sie zuvor eingeladen wurden zu spekulieren. Dies spricht gegen die Entwicklung einer Meta-Strategie, die zur Erklärung der Befunde in Experiment 1 herangezogen wurde. Im Falle einer starken Gedächtnisspur für das Originalereignis ist die „Spekulations-Gedächtnisspur" nur ein schwacher „Gegner" im Erinnerungsprozeß an das Originalereignis und die korrekte Antwort wird gegeben. Im Falle einer schwachen oder nicht vorhandenen Gedächtnisspur aber besteht die Möglichkeit, daß die „Spekulations-Gedächtnisspur" als Antwort generiert wird. In diesem Fall hat die hoch erwartbar falsche Antwort als selbst generierte Fehlinformation bei den Experimentalitems eine verhältnismäßig höhere Chance und die sonstig falsche Antwort eine verhältnismäßig geringere Chance, generiert zu werden.

Unter Zuhilfenahme eines kognitiven Entscheidungsbaumes lassen sich die Prozesse des ersten Meßzeitpunktes in Anlehnung an das Fehlinformationsparadigma noch einmal genauer aufschlüsseln: Wenn ein Kind zum ersten Meßzeitpunkt Informationen zu einem bestimmten Item abruft, so durchläuft es verschiedene Stufen. Da die Anzahl korrekt erinnerter Antworten in Experiment 2 zu diesem Meßzeitpunkt mit Abstand am höchsten ist, ist es am wahrscheinlichsten, daß ein Kind in einem ersten Schritt die am meisten saliente, stärkste Gedächtnisspur, nämlich die korrekte, abruft. Ist dies nicht der Fall, so greift es auf die nächstmögliche präsente Gedächtnispur zurück, was in diesem Fall die hoch erwartbare, zuvor spekulierte Antwort ist. Der Grund, warum nicht in einem ersten Schritt von der korrekten und der hoch erwartbaren Gedächtnisspur als zwei miteinander konkurrierenden Gedächtnisspuren auszugehen ist, liegt in der Tatsache, daß die korrekte Gedächtnisspur im Originalereignis präsent war und in der Treatmentphase wiederholt wurde, wohingegen die hoch erwartbar falsche Spekulation lediglich einmal produziert wurde. Deutlich wird dies in der unterschiedlichen Häufigkeit, mit der die beiden Antworttypen zum ersten Meßzeitpunkt genannt werden. Sowohl für die Spekulations- als auch die Kontrollitems wird eine korrekte Antwort mehr als dreimal häufiger genannt als eine hoch erwartbare Antwort.

Dennoch - und so kann die Wirkung des Treatments erklärt werden - wird durch das „Einladen zur Spekulation" die hoch erwartbare Antwort zu einer überzufällig salienten Gedächtnisspur, auf die im Anschluß an den Abrufversuch der korrekten Antwort zurückgegriffen wird und die *dann* eine „realistische Chance" auf Generierung hat, wenn sich die Gedächtnisspur an das Originalereignis als schwach herausstellt. Können sowohl die korrekte als auch die hoch erwartbare Gedächtnisspur nicht abgerufen werden, so nennt das Kind anschließend eine der übrigen Antwortalternativen „Ich weiß nicht", sonstig falsche Antworten und sonstige Antworten. Die Tatsache, daß die sonstig falschen Antworten zum ersten Meßzeitpunkt tendenziell häufiger für die Kontrollitems als für die Experimentalitems gegeben werden, läßt sich in diesen Entscheidungsbaum integrieren: bei den Experimentalitems ist die Ratewahrscheinlichkeit für hoch erwartbar und sonstig falsche Antworten eingeengt. Bei den Experimentalitems wird die hoch erwartbare, aber falsche Antwort durch das Treatment zu einer salienteren Gedächtnisspur und deshalb häufiger erinnert, was auf Kosten der sonstig falschen Antworten geht. Dies bedeutet, daß der Anstieg hoch erwartbar falscher Antworten keine Auswirkung auf die Anzahl richtiger Antworten hat, da dieser eine tatsächliche Gedächtnisspur zugrunde liegen kann, sondern auf die anschließende Auswahl der restlichen Antwortalternativen „sonstig falsch“, „Ich weiß nicht“ und „sonstige Antworten“. Für die Items, zu denen nicht eingeladen wurde zu spekulieren, sind neben der korrekten Gedächtnisspur keine weiteren mehr vorhanden und die übrigen Antwortalternativen werden mit einer anderen Wahrscheinlichkeit ausgewählt als bei den Experimentalitems.

Zusammengefaßt bedeutet dies, daß dieser zum ersten Meßzeitpunkt gefundene Unterschied als Fehlinformationseffekt erklärt werden kann. Die Annahme eines Entscheidungsbaumes nach oben beschriebenem Prinzip kann die signifikanten Unterschiede in einen kognitiven Prozeß der Entscheidung für eine bestimmte Antwortkategorie integrieren und erklären. Es gilt allerdings zu betonen, daß die Frage, inwieweit es sich hierbei um bewußte versus unbewußte oder automatische Entscheidungsprozesse bzw. um einen Entscheidungsbaum im engeren Sinne (vgl. z.B. Kenney & Raiffa, 1976) handelt, anhand der vorliegenden Daten nicht beantwortet werden kann.

Zweiter Meßzeitpunkt. Der Unterschied zwischen Experimental- und Kontrollitems hinsichtlich der hoch erwartbar falschen Antwortkategorie konnte zum zweiten Meßzeitpunkt nicht gezeigt werden. Hier stellt sich allerdings die Frage, ob der Prozeß, der den Effekt zum ersten Meßzeitpunkt erklärt, nicht mehr gültig ist oder ob er z.B. durch einen zweiten Prozeß überdeckt wird, der bereits zur Erklärung der Ergebnisse des Experiments 1 herangezogen wurde. In Experiment 1 zeigte sich, daß nach fünf bis sechs Monaten sowohl die Anzahl hoch erwartbar falscher als auch sonstig falscher Antworten in der Experimentalgruppe über der durch die Kontrollgruppe zu erwartenden Basisrate liegt. Die Anzahl der korrekten Antworten in der Experimentalgruppe liegt hingegen unter der aufgrund der Basisrate zu erwartenden Anzahl. In Experiment 2 zeigt sich zu diesem Meßzeitpunkt ein „Carry-over“-Effekt bezüglich der beiden Antwortkategorien hoch erwartbar falsch und sonstig falsch: Kinder produzieren mehr hoch erwartbar falsche und tendenziell mehr sonstig falsche Antworten zu den Kontrollitems, als sich aufgrund der Basisrate der Kontrollgruppe aus Experiment 1 erwarten ließe. Gleichzeitig nennen sie aber auch signifikant weniger korrekte Antworten als die zu vergleichende Basisrate.

Dieser „Carry-over“-Effekt kann auf zweierlei Arten erklärt werden. Zum einen könnte von der Annahme einer „impliziten Spekulation“ ausgegangen werden. Dies bedeutet, daß die Kinder möglicherweise das Treatment auch auf die Kontrollitems übertragen, also auch zu den Items implizit spekulieren, zu denen sie nicht eingeladen wurden. Diese Erklärung erscheint aber aufgrund der Tatsache, daß zum ersten Meßzeitpunkt ein Fehlinformationseffekt gezeigt werden konnte, unzureichend bzw. nur unter Zusatzannahmen, wie z.B. einer zeitlichen Verzögerung der „impliziten Spekulation“, haltbar.

Treffender erscheint die Erklärung des „Carry-over“-Effektes durch die langfristige Wirkung von Meta-Strategien, die sich bereits in Experiment 1 zeigten. Während zum ersten Meßzeitpunkt, also eine Woche nach dem „Einladen zur Spekulation", ein Fehlinformationseffekt im Sinne einer weiteren salienten Gedächtnisspur wirksam zu werden scheint, läßt sich der Befund zum zweiten Meßzeitpunkt, 5 bis 6 Monate nach dem Treatment vielmehr durch die Annahme einer übergeordneten kognitiven Strategie erklären: Das Kind kann sich hier im einzelnen nicht mehr an die Original- und Fehlinformation erinnern, sondern daran, daß in der Treatmentphase nach ungewöhnlichen Dingen gefragt wurde, daß sozusagen Kreativität gefragt war. Im Rahmen dieser kognitiven Meta-Strategie über das Ereignis generalisiert das Kind das Treatment und produziert allgemein kreative falsche Antworten (hoch erwartbar *und* sonstig falsche) auch zu den Items, zu denen es während der Treatmentphase nicht eingeladen wurde zu spekulieren. Das Kind hat also etwas anderes über die Clownshow und den Umgang mit der Erinnerung an diese gelernt als zum ersten Meßzeitpunkt. Da die konkrete Erinnerungsspur an Original- und Fehlinformation nach diesem langen Zeiraum verblaßt (vgl. Baddeley, 1990), wird wie in Experiment 1 die Meta-Strategie wirksam und führt im Falle dieses Meßwiederholungsdesigns zu einem „Überdecken" des Fehlinformationseffektes des ersten Meßzeitpunktes. In diese Erklärung läßt sich auch der Befund bezüglich der korrekten Antworten eingliedern: sie wurden signifikant seltener zu den Kontrollitems berichtet als sich aufgrund der Basisrate vermuten ließ. Im Falle des Zurückgreifens auf eine Meta-Strategie geht die erhöhte Anzahl der falsch berichteten Kontrollitems auf Kosten der korrekt berichteten Kontrollitems.

Somit kann Experiment 2 zu diesem zweiten Meßzeitpunkt als eine Replikation des Experiments 1 angesehen werden: „Einladen zur Spekulation" führt längerfristig zu einem Anstieg falscher Antworten insgesamt. Die Erklärung für diesen Effekt ist weniger in der Annahme einer „impliziten Spekulation" als vielmehr in der Entwicklung einer Meta-Strategie zu sehen, die erst längerfristig wirksam wird.

Neben der primären Fragestellung der Wirkung von „Einladen zur Spekulation" auf die Aussagen der Kinder ließ sich überdies der in der Literatur etablierte Effekt replizieren, daß offene Fragen eine richtigere Antwort erwarten lassen als spezifische Fragen, und dies für alle Altersstufen (z.B. Ceci & Bruck, 1995; Poole & Lamb, 1998). Es zeigte sich zu beiden Meßzeitpunkten ein hoch signifikanter Effekt in diese Richtung. Dieser kann auf die unterschiedliche Anzahl an Gedächtnisprozessen zurückgeführt werden: Um einen Gedächtnisinhalt frei abrufen zu können, werden im Vergleich zum Wiedererkennen zusätzliche Gedächtnisprozesse benötigt, die wiederum in erster Linie starke Gedächtnisspuren voraussetzen (Wessells, 1990). Da es sich bei der korrekten Gedächtnisspur in dieser Untersuchung um die stärkste Gedächtnisspur handelt, ist aus diesem Grund bei freier Reproduktion eines Gedächtnisinhaltes die Wahrscheinlichkeit erhöht, daß es sich um die korrekte handelt. Die spezifischen Fragen im Anschluß können sich dann nur noch auf die schwächeren Gedächtnisspuren bzw. auf nicht vorhandene Gedächtnisspuren beziehen, die dann wiederum mit einer geringeren Wahrscheinlichkeit korrekt sind. Dieser Befund unterstreicht noch einmal den Vorteil der Verwendung offener Fragen im angewandten Kontext der Zeugenbefragung insbesondere von Kindern dieser Altersklasse.

Zusammenfassend läßt sich festhalten, daß auch in Experiment 2 die Problematik der Befragung von Kindergartenkindern mit Hilfe der Interviewtechnik „Einladen zur Spekulation“ demonstriert werden konnte. Die unterschiedlichen Befunde zum ersten und zweiten Meßzeitpunkt sind durch zwei unterschiedliche kognitive Prozesse erklärbar, die in Abhängigkeit vom Zeitintervall zwischen dem „Einladen zur Spekulation“ und dem Abrufen der Originalinformation wirksam werden.

8 Exkurs: Qualitatives Ergebnis aus den Experimenten 1 und 2

An dieser Stelle sei exkursartig auf ein qualitatives Nebenergebnis der beiden Experimente 1 und 2 eingegangen, das zwar in keinem Zusammenhang mit der zentralen Hypothese steht, im angewandten Kontext allerdings von großem Interesse sein kann.

Sowohl in der Treatmentphase als auch zu den beiden Erhebungszeitpunkten fielen die Aussagen einiger Kinder zu dem Experimentalitem „Zigarette" und dem Kontrollitem „Messer" besonders auf. Im folgenden seien einige Beispiele genannt:

Frage der Interviewerin:	„Was hat der Clown mit der Zigarette gemacht?"
Antworten:	„ Durch den Popo gesteckt" „ Der hat die in den Popo gesteckt und daraus Pipi gemacht" „ In den Popo" „ Popo gesteckt Pipi"
Frage der Interviewerin:	„Was hat der Clown mit dem Messer gemacht?"
Antworten:	„ Auseinandersägen" „ Draufgesetzt" „Sich den Kopf abgeschnitten"

In der Clownshow hatte sich der Clown die Zigarette vorne oberhalb der Knie zwischen die Beine gesteckt und mit dem Messer einen Apfel durchgeschnitten.

Unter der Annahme, daß diese Bemerkungen nicht von Kinder stammen, die Erfahrungen mit sexueller Gewalt gemacht haben, wird hier zum einen deutlich, daß die Beschreibung eines Sachverhaltes in kindlicher Sprache unter Umständen mehrdeutig interpretierbar ist, so mehrdeutig, daß auch sexuelle und gewalttätige Konnotationen nicht ausgeschlossen werden können. Hätte man nicht gewußt, was der Clown tatsächlich mit der Zigarette und dem Messer in der Clownshow vorgeführt hatte, so gäben oben stehende Aussagen Anlaß zur Beunruhigung. Zum anderen zeigen Aussagen wie „sich den Kopf abgeschnitten" und „draufgesetzt", daß manchmal auch ohne evidenten äußeren Anlaß eine nicht zu verstehende, außergewöhnliche und fiktive Aussage durch Kinder im Vorschulalter gemacht wird. Dies geschah zwar in den hier dargestellten Untersuchungen äußerst selten, ist aber dennoch insbesondere für den angewandten Kontext der Zeugenaussagen von Kindern im Auge zu behalten.

9 Zusammenschau der Literatur und der Ergebnisse

Abschließend sollen die Ergebnisse der durchgeführten Untersuchungen im Licht des ausgewählten theoretischen Hintergrunds diskutiert und in ein übergreifendes Erklärungsmodell eingebettet werden.

Der Ausgangspunkt der vorliegenden Arbeit waren Massenbeschuldigungsverfahren sexuellen Mißbrauchs, in denen kindliche Zeugen, die besonders anfällig für suggestive Einflüsse sind, mittels verschiedener suggestiver Interviewtechniken befragt wurden. Im Münsteraner „Montessori-Prozeß" beispielsweise wurde stellvertretend für viele dieser Verfahren die umstrittene Verwendung verschiedener suggestiver Befragungstechniken deutlich. Der Großteil dieser Befragungsmethoden wurde bereits auf seine Wirkung hin empirisch überprüft. Hierbei zeigte sich, daß Techniken wie z.B. Gruppendruck oder wiederholtes Stellen der inhaltlich gleichen Frage eine Gefahr für den Wahrheitsgehalt einer anschließenden Zeugenaussage darstellen. Gleichzeitig wurde aber auch deutlich, daß selbst sehr junge Kinder brauchbare und richtige Aussagen machen können, sofern sie offen und wenig direktiv befragt werden. Die Interviewtechnik „Einladen zur Spekulation", die in vielen der Massenbeschuldigungsverfahren Anwendung fand, wurde in ihrer Wirkung auf die Zeugenaussagen von Kindern bisher nur in Teilaspekten überprüft. Der Aspekt der Verwendung konditionaler Tempi („Was hätte X denn tun können?") wurde bisher empirisch noch nicht in seiner Wirkung auf die Aussagen von Kindern im Vorschulalter untersucht. Dies war das Ziel der vorliegenden Arbeit.

Auf der Basis zweier ineinander überführbarer theoretischer Ansätze, die allgemein zur Erklärung von Suggestionsffekten herangezogen werden, ließ sich bereits a priori eine problematische Auswirkung von „Einladen zur Spekulation" auf spätere Zeugenausssagen erwarten: In Anlehnung an das Fehlinformationsparadigma wird durch ein „Einladen zur Spekulation" eine selbstgenerierte Fehlinformation induziert, die anschließend mit einem tatsächlich realitätsbasierten Originalereignis verwechselt werden kann. Da der Effekt der Verwechslung einer Fehlinformation mit einem Originalereignis unter Verwendung verschiedenster Materialien, Zeitspannen und Probandenstichproben repliziert werden konnte (Garry & Loftus, 1994; Loftus et al., 1978; Weingardt, Loftus & Lindsay, 1995), war auch für die Interviewtechnik eine Verwechslung von Original- und Fehlinformation vorherzusagen. Der Quellenüberwachungsansatz erweiterte das Fehlinformationsparadigma insoweit, als daß der Fokus hier weniger auf der Verwechslung von Fehl- und Originalinformation lag, sondern vielmehr auf der subjektiven Überzeugung, welcher Quelle eine spezifische Information zuzuschreiben ist. Im Rahmen der Entscheidung einer Person zwischen externalen (nicht durch die Person generiert, z.B. Erlebnis) und internalen (durch die Person generiert, z.B. Vorstellung) Quellen einer Erinnerung war somit eine fehlerhafte Quellenzuschreibung einer spekulierten Antwort als Folge der Interviewtechnik möglich.

Vor diesem ausgewählten theoretischen Hintergrund war von einer unerwünschten Auswirkung dieser Technik auf den Wahrheitsgehalt anschließender Aussagen auszugehen. Empirische Untersuchungen anderer suggestiver Techniken und auch verwandter suggestiver Techniken, wie z.B. das Kind bitten, sich etwas vorzustellen, waren ebenfalls als Hinweis auf eine unerwünschte Wirkung von „Einladen zur Spekulation" zu werten (z.B. McBrien & Dagenbach, 1998). Ergebnisse empirischer Untersuchungen zur Suggestibilität wiesen zudem darauf hin, daß insbesondere junge Kinder anfälliger für Suggestionen sind (z.B. Ceci & Bruck, 1993; 1995; Cassel et al., 1996); aus diesem Grund war die Verwendung dieser Technik vor allem in der Gruppe der Kindergartenkinder als problematisch zu sehen.

In Anlehnung an typische experimentelle Untersuchungen zum Fehlinformationsparadigma wurde in der vorliegenden Arbeit die Interviewtechnik „Einladen zur Spekulation" in ihrer Wirkung auf Zeugenaussagen von Kindern überprüft. Die zentrale Hypothese war hierbei, daß diese Technik dazu führt, daß Kinder ihre Spekulation mit dem verwechseln, was sie tatsächlich erlebt bzw. gesehen haben. In einer Vorüberlegung wurde in Anlehnung an das Fehlinformationsparadigma entschieden, die Spekulation als eine Art selbstinduzierte Fehlinformation anzusehen und die Experimente an den klassischen Fehlinformationsexperimenten zu orientieren. Um das Problem der Kontrolle dieser selbst-induzierten Fehlinformation zu umgehen - ein „Einladen zur Spekulation" kann ja theoretisch eine Vielzahl verschiedener Antworten und somit Fehlinformationen zur Folge haben - wurde auf das Konzept der Handlungsskripts zurückgegriffen. Da sich in einer Voruntersuchung für eine ausreichende Zahl an alltäglichen Gegenständen herausstellte, daß Kindergartenkinder diese mit einer hohen Wahrscheinlichkeit mit bestimmten Handlungen verbinden (z.B. mit einem Messer schneiden), konnten Experiment 1 und 2 nach dem folgenden Rational konzipiert werden: „Einladen zur Spekulation" zu einer untypischen Handlung mit einem bestimmten Gegenstand läßt eine Person mit einer hohen Wahrscheinlichkeit eine bestimmte „hoch erwartbare" Antwort produzieren, nämlich die typischerweise mit diesem Gegenstand assoziierte Handlung. Durch einen Vergleich dieser „hoch erwartbaren" Antworten mit einer passenden Kontrollbedingung in einem späteren Gedächtnistest konnte so die Wirkung von „Einladen zur Spekulation" auf die Gedächtnisleistung von Kindern abgeschätzt werden.

Für Experiment 1 wurde ein unabhängiges Stichprobendesign gewählt, d.h. die Experimentalgruppe wurden zu allen Items eingeladen zu spekulieren, die Kontrollgruppe zu keinem der Items. Es zeigte sich nach einer Woche kein Effekt der Interviewtechnik „Einladen zur Spekulation". Nach 5-6 Monaten produzierten die Kinder, die eingeladen wurden zu spekulieren, erwartungsgemäß mehr hoch erwartbare falsche Antworten als die Kinder, die nicht eingeladen wurden. Ebenso produzierten sie allerdings mehr sonstig falsche Antworten. Für die Antwortkategorien „korrekt“ ergab sich kein signifikanter Unterschied zwischen den beiden experimentellen Gruppen.

Die Ergebnisse aus Experiment 2 ergaben ein anderes Bild, insbesondere bezüglich der Abhängigkeit des Effektes vom Meßzeitraum. Eine Woche nach dem Treatment zeigte sich ein Effekt in erwarteter Richtung für die zentrale Hypothese: Kinder produzierten mehr hoch erwartbare falsche Antworten zu den Items, zu denen sie eingeladen wurden zu spekulieren als zu den Items, zu denen sie nicht eingeladen wurden. Hinsichtlich der sonstig falschen Antworten zeigte sich ein umgekehrter Befund: hier nannten Kinder tendenziell mehr sonstig falsche Antworten zu den Items, zu denen sie nicht eingeladen wurden zu spekulieren, als zu denen, zu denen sie eingeladen wurden. Für die Antwortkategorie „korrekt“ ergab sich keine bedeutsamer Unterschied. Zum zweiten Meßzeitpunkt fand sich dieser Unterschied nicht. Weder in der Antwortkategorie hoch erwartbar falsch, sonstig falsch noch korrekt ergab sich ein signifikanter Unterschied zwischen der Häufigkeit für Experimental- und Kontrollitems.

Allerdings zeigte sich für den zweiten Meßzeitpunkt in Experiment 2 sowohl für die zentrale Antwortkategorie „hoch erwartbar falsch“ als auch für die Antwortkategorie „sonstig falsch“ ein „Carry-over“-Effekt. Dies bedeutet, daß die Kinder auch zu den Items, zu denen sie nicht eingeladen wurden zu spekulieren, mehr hoch erwartbare und sonstig falsche Antworten nannten, als aufgrund einer Basisrate, der Kontrollgruppe aus Experiment 1, zu erwarten war.

Die Technik „Einladen zur Spekulation“ hat also eine Auswirkung auf die Zeugenaussagen von Kindergartenkindern über ein bestimmtes Ereignis. Sie kann kurzfristig in einem Anstieg hoch erwartbar falscher und langfristig in einem Anstieg falscher Antworten insgesamt (hoch erwartbar *und* sonstig falsche Antworten) resultieren. Somit ist auch für diese Technik, wie für eine Vielzahl anderer suggestiver Techniken, ein erster empirischer Nachweis erbracht, daß sie Zeugenaussagen sehr junger Kinder zu einem Originalereignis in unerwünschter - weil nicht wahrheitsgemäßer - Weise verändern kann.

Es stellt sich nun die Frage, wie die Ergebnisse der beiden Experimente im Kontext des Fehlinformationsparadigmas hinsichtlich möglicher zugrundeliegender kognitiver Prozesse integriert werden können.

In Experiment 2 konnte zum *ersten Meßzeitpunkt* der Fehlinformationseffekt gezeigt werden. Die Tatsache, daß drei Wochen nach der Clownshow und 2 Wochen nach dem Treatment ausschließlich die hoch erwartbar falschen Antworten signifikant häufiger zu den Experimental- als zu den Kontrollitems erinnert wurden, deutet darauf hin, daß die hoch erwartbar falsche Spekulation als Fehlinformationsgedächtnisspur eine Konkurrenz zur Gedächtnisspur des

Originalereignisses darstellt. Eine Quellenzuschreibung für diesen Antworttyp scheint für die Experimentalitems weniger gut möglich zu sein als für die Kontrollitems. „Einladen zur Spekulation" zu einem Originalereignis kann dazu führen, daß in einem späteren Gedächtnistest die falsche Antwort kanalisiert wird. Der Anstieg hoch erwartbar falscher Antworten für die Experimentalitems scheint zudem nicht auf Kosten der Anzahl der korrekten Antworten zu gehen: Diese unterscheiden sich nicht zwischen den Experimental- und Kontrollitems. Im Kontext von Zeugeninterviews mit Kindern wird die Technik „Einladen zur Spekulation" allerdings primär dann verwendet, wenn ein Kind noch keine Aussage zu dem relevanten Sachverhalt gemacht hat. Die Gründe für die fehlende Aussage können sowohl emotionale oder soziale Barrieren sein als auch die Tatsache, daß es keine Erinnerung an den Sachverhalt gibt. Da es also in erster Linie um das „Induzieren" einer Aussage mittels dieser Interviewtechnik geht, ist eine Auswirkung von „Einladen zur Spekulation" auf die Rate nachfolgender korrekter Antworten im angewandten Kontext weniger relevant. Es sei angemerkt, daß die gleiche Antwort auf die Frage „Was könnte er noch getan haben?" und später „Was hat er denn getan?" dann als Schilderung eines tatsächlichen Sachverhalts angesehen wird, wenn man - wie von einigen Autoren angenommen - davon ausgeht, daß diese Technik es erleichtert z. B. Mißbrauch aufzudecken (z.B. McFarlane & Krebs, 1986).

In Experiment 1 zeigt sich dieser erwartete Effekt zum ersten Meßzeitpunkt nicht: Kinder, die zu allen Items eingeladen wurden zu spekulieren, produzierten eine Woche nach dem Treatment nicht mehr hoch erwartbar falsche Antworten als Kinder, die nicht eingeladen wurden zu spekulieren. Eine mögliche Erklärung für den fehlenden Effekt trotz des insgesamt intensiveren Treatments als in Experiment 2 liegt in eben dieser Intensität: Da jedes Kind der Experimentalgruppe zu jedem der 24 Items eingeladen wurde zu spekulieren, war dieses Treatament möglicherweise zu stark. So war es den Kindern möglich, diese intensive Spekulation aus der Treatmentphase vom Originalereignis, der Clownshow, zu unterscheiden. Sie könnten z.B. erinnert haben, daß ihnen „komische Fragen" zu der Clownshow gestellt wurden und daß sich diese grundsätzlich von dem unterschieden, was sie tatsächlich gesehen hatten. Diese Überlegung gliedert sich in andere Befunde aus der empirischen Literatur zum Fehlinformationseffekt ein (Loftus, 1991), wonach ein zu starkes Präsentieren der Fehlinformation den Effekt verringert, da Fehl- und Originalinformation zu unterscheidbar sind. Darüber hinaus kann argumentiert werden, daß das in Experiment 1 verwendete unabhängige Stichprobendesign aufgrund einer erhöhten Fehlervarianz weniger sensibel für einen Effekt war als das Meßwiederholungsdesign aus Experiment 2.

Zum *zweiten Meßzeitpunkt* scheint in beiden Experimenten der gleiche Prozeß stattzufinden, der sich vom Prozeß zum ersten Meßzeitpunkt unterscheidet. Alle Kinder, die eingeladen wurden zu spekulieren, also die Experimentalgruppe in Experiment 1 und alle Kinder in Experiment 2, gaben insgesamt mehr falsche Antworten. Sowohl die Anzahl hoch erwartbar falscher als auch sonstig falscher Antworten stieg nach fünf bis sechs Monaten im Vergleich zur Basisrate der reinen Kontrollgruppe aus Experiment 1. In Experiment 2 ist dies erkennbar an dem „Carry-over"-Effekt zum zweiten Meßzeitpunkt: Kinder gaben insgesamt mehr falsche Antworten, auch zu den Kontrollitems, zu denen sie ursprünglich kein Treatment erhielten. Dieser Befund ist in beiden Experimenten durch den gleichen kognitiven Prozeß erklärbar: Kinder, die zur Spekulation eingeladen wurden, lernten etwas anderes über das Experiment und den Umgang mit dem Originalereignis als eine Kontrollgruppe. Möglicherweise erhielten sie den Eindruck, daß ihre Aufgabe in einem kreativen Umgang mit der Clownshow bestand, in einer Lockerung der Grenzen für wahre und unwahre Aussagen, indem sie überlegten, „was der Clown noch hätte machen können". Hier ging es weniger darum, daß die Kinder ihre Spekulation mit dem verwechselten, was sie ursprünglich sahen, sondern vielmehr darum, daß die Kinder eine Meta-Strategie erlernten, in deren Rahmen eine strenge Orientierung an der Realität nicht für notwendig erachtet wurde. Durch diese Meta-Strategie bekam der Umgang mit dem Originalereignis einen „spiel"-ähnlichen Charakter, der sich zu diesem zeitlich verzögerten Zeitpunkt zeigt. Während die Gedächtnispuren an das Originalereignis und auch die Fehlinformation schwächer werden, greifen die Kinder gleichzeitig immer stärker auf diese Meta-Strategie zurück. Der Anstieg der falschen Antworten insgesamt scheint auf Kosten der Anzahl korrekter und „Ich weiß nicht"-Antworten zu gehen.

Zusammengefaßt deuten beide Experimente auf zwei unterschiedliche kognitive Prozesse hin, die für den kurzfristigen und langfristigen Effekt von „Einladen zur Spekulation" verantwortlich sind. Wie durch Loftus' Fehlinformationsparadigma und den Quellenüberwachungsansatz vorhergesagt, kann die Interviewtechnik eine Woche nach dem Treatment dazu führen, daß Kinder ihre Spekulation mit dem Originalereignis verwechseln. Nach fünf bis sechs Monaten bewirkt ein „Einladen zur Spekulation" daß Kinder auf eine Meta-Strategie zurückgreifen. Sie erinnern sich daran, daß ihre Aufgabe während des Treatments in einem spielerisch-kreativen Umgang mit dem Originalereignis bestand. Die Kinder lernten sozusagen zwei verschiedene Dinge durch ein „Einladen zur Spekulation", eine zweite Fehlinformationsgedächtnisspur und einen spielerischen Charakter der Clownshow und der Befragung.

Im folgenden seien einige weitere ausgewählte Aspekte der Untersuchung kurz angerissen:

Material. Das Originalereignis war in den beiden Experimenten eine Clownshow. Hierbei handelte es sich um ein positives Ereignis, zu dem die Kinder anschließend gebeten wurden, ihre eigene Fehlinformation zu produzieren. Die empirische Suggestibilitätsliteratur deutet darauf hin, daß es leichter ist, Kinder bezüglich neutraler oder positiver Ereignisse, wie z.B. einer

Clownshow zu beeinflussen. In dieser Hinsicht ist es möglich, daß die Erinnerung an ein negatives Ereignis, wie z.B. an einen potentiellen Mißbrauch, schwieriger durch suggestive Befragung zu beeinflussen ist. Allerdings ist anzumerken, daß es in dieser Arbeit weniger darum ging, ein tatsächlich stattgefundenes Negativereignis durch „Einladen zur Spekulation“ zu verändern, sondern zu überprüfen, ob die Technik nicht stattgefundene Spekulation mit tatsächlich Erlebtem verwechseln läßt. Geht man also im angewandten Kontext von der Alternativhypothese aus, daß kein Mißbrauch z.B. im Kindergarten stattgefunden hat, sollte hier untersucht werden, ob es dann möglich ist, daß Kinder dies nach einer Spekulation berichten. Dennoch war es keine negative Spekulation, die anschließend mit einem positiven Originalereignis verwechselt wurde. Insofern ist in dieser Hinsicht von einer Einschränkung der ökologischen Validität der Experimente auszugehen.

Möglicherweise war es überdies leichter, durch „Einladen zur Spekulation“ einen Fehlinformationseffekt zu erhalten als durch eine von außen vorgegebene Fehlinformation. Roediger und Kollegen fanden beispielsweise (1996) einen stärkeren Fehlinformationseffekt für selbst genannte als für vorgegebene Fehlinformation. Unter diesem Gesichtspunkt läßt sich erklären, warum ein relativ schwaches Treatment (nämlich eine Konjunktivfrage) ausreicht, eine verwechselbare Fehlinformation zu produzieren. Die Überlegung, daß diese schwach induzierte Fehlinformation dann allerdings selbst produziert wurde und somit möglicherweise leichter verwechselbar ist, wiegt die Annahme eines verhältnismäßig schwachen Treatments wieder auf.

Offene Frage. Aus explorativen Gründen wurden die Antworten der Kinder auf die offene Eingangsfrage untersucht. Es zeigte sich, daß die Antworten der Kinder auf diese offene Frage signifikant häufiger korrekt waren als die auf die nachfolgenden spezifischen Fragen. Dieses Ergebnis reiht sich in die Ergebnisse der empirischen Suggestibilitätsliteratur ein: auch hier zeigt sich, daß die offene Frage die Frage der Wahl in Zeugeninterviews mit Kindern sein sollte, da sie mit einer höheren Wahrscheinlichkeit eine richtige Antwort erwarten läßt als spezifische oder sogar suggestive Fragen (z.B. Bruck & Ceci, 1999; Ceci & Bruck, 1995; Poole & Lamb, 1998). Mögliche Gründe für diesen Unterschied liegen z.B. in der Anzahl involvierter kognitiver Prozesse bei „free recall“ vs. „cued recall“.

Interviewleitfäden. Neben der Darstellung potentieller Gefahren die suggestive Interviewtechniken, wie z.B. „Einladen zur Spekulation“ in sich bergen, soll an dieser Stelle exkursartig ebenfalls kurz auf Alternativen für suggestive Interviewtechniken verwiesen werden.

Grundsätzlich besteht für Interviewer kindlicher Zeugen die Möglichkeit, sich an empirisch abgesicherten Interviewleitfäden zu orientieren. Bereits im Jahr 1988 wiesen Jones und McQuiston in ihrem Interviewleitfaden auf die

Wichtigkeit der Verwendung offener Fragen hin, wohingegen nur im Einzelfall auf spezifische Fragen zurückgegriffen werden sollte. Von suggestiven und direktiven Fragen raten die Autoren explizit ab.

In einem von der britischen Regierung veröffentlichten „Memorandum of good practice“ (Home Office, 1994) werden in diesem Zusammenhang drei verschiedenen Stufen in Zeugeninterviews unterschieden. Phase I, „Rapport“, dient dazu, dem Kind Gelegenheit zu geben, über ein beliebiges entspannendes Thema zu sprechen. In Phase II wird über die Technik des „aktiven Zuhörens“ versucht, einen freien Bericht des Kindes über den eventuellen Mißbrauch zu erhalten. In diesem Stadium sollten über die vom Kind selbst gegebenen Informationen hinausgehende Fragen möglichst vermieden werden. Phase III ist dann die tatsächliche „Befragungsphase“, in der der Interviewer versucht, mehr über den Mißbrauch zu erfahren. Dies sollte zunächst mit Hilfe von offenen Fragen geschehen. Erst nach Ausschöpfung der offenen Frageart kann, - nach Abschätzung der Vor- und Nachteile - graduell zu einer geschlossenen Frageart übergangen werden, um wichtige spezifische Mißbrauchsinformationen zu eruieren. Falls möglich, sollte im Anschluß an einen solchen Fragetyp allerdings wieder auf offene Fragen zurückgegriffen werden. In Phase IV sollte - wie auch bei Jones und McQuiston (1988) - ein Abschluß des Interviews erfolgen, in dem sichergestellt wird, daß das Kind den Sinn des Interviews verstanden hat und sich in einem emotional stabilen Zustand befindet.

Auch Steller und Boychuk (1992) weisen in ihrem „Semistrukturierten Interview“ darauf hin, daß das Ziel des Interviews darin besteht, soviel frei berichtete Information des Zeugen zu bekommen wie möglich. Dies soll durch die flexible Anpassung des Fragestils geschehen: Die offene Frage ist hierbei die Frage der Wahl und sollte nur dann kurzfristig durch eine spezifische ersetzt werden, wenn das Kind von sich selber aus zu einem wichtigen Punkt keine speziellen Informationen nennt.

Ebenso wird im Kontext des „Step-wise-Interview“ (Yuille et al., 1993) auf das Prinzip der minimalen „Kontaminierung“ der Aussage bei gleichzeitiger Maximierung der Erinnerungsleistung abgehoben. Dies soll durch die graduelle Abstufung der Fragetypen im Verlauf des Interviews von sehr offenen hin zu spezifischen Fragen erreicht werden. Parallel zum „Semistrukturierten Interview“ von Steller und Boychuk (1992) ist auch hier während des gesamten Interviews die offene Frage die Frage der Wahl.

Als eine Art Zusammenfassung verschiedener oben dargestellter Interviewleitfäden vor dem Hintergrund aktueller Literatur ist der umfassende Leitfaden „Investigative Interviews with children. A guide for helping professionals.“ zu sehen (Poole & Lamb, 1998). Auch hier wird vor der Verwendung geschlossener und suggestiver Befragungstechniken gewarnt und ein offener Fragestil präferiert.

Insgesamt ist also festzuhalten, daß es eine große Anzahl an empirisch abgesicherten sowohl theoriegeleiteten als auch praxisorientierten Interviewleitfäden gibt, von denen hier nur eine kleine Auswahl in Ansätzen dargestellt werden konnte. Diese stimmen in weiten Teilen in der Empfehlung über die Verwendung spezifischer Interviewtechniken überein (siehe auch z.B. Lamb, 1994; Laungani, 1992; Yuille et al. 1993). Leitfadenübergreifend werden offene, wenig suggestive Befragungstechniken und das schrittweise Vorgehen innerhalb des einzelnen Interviews empfohlen.

Zum einen standen also sehr wohl Leitfäden zur Verfügung, an denen sich Interviewer z.B. in Massenbeschuldigungsverfahren hätten orientieren können. Zum anderen sollen obige Hinweise auf Interviewleitfäden als Alternative zu den in verschiedenen empirischen Untersuchungen und auch in der vorliegenden Arbeit bemängelten suggestiven Befragungstechniken gesehen werden.

Abschließend kann festgehalten werden, daß in beiden Experimenten eine problematische Auswirkung der Interviewtechnik „Einladen zur Spekulation" auf die Validität der Zeugenaussagen von Kindergartenkindern nachgewiesen werden konnte. Für die kurz- und langfristigen Effekte können jeweils unterschiedliche kognitive Prozesse verantwortlich gemacht werden, einmal ein Fehlinformationseffekt bzw. ein Effekt fehlerhafter Quellenzuschreibung, die den kurzfristigen Effekt in Experiment 2 erklären und einmal das Zurückgreifen auf eine übergeordnete kreative Metastrategie, das den langfristigen Effekt sowohl in Experiment 1 als auch in Experiment 2 erklärt.

Die Konjunktivbefragung in Zeugeninterviews mit Kindern dieser Altersgruppe, wie sie in Massenbeschuldigungsverfahren angewandt wurde, ist also als problematisch zu betrachten, da sie eine falsche Antwort in einem späteren Gedächtnistest kanalisieren kann; d.h. sie erhöht die Wahrscheinlichkeit, daß eine spekulierte Antwort zu einem späteren Zeitpunkt fälschlicherweise als tatsächlich erlebt berichtet wird. Die Aussage eines Kindes zu einem Sachverhalt, zu dem es zuvor eingeladen wurde zu spekulieren, sollte aufgrund der vorliegenden Befunde nicht als realitätsbasierter Erlebnisbericht gewertet werden.

Es soll an dieser Stelle noch einmal betont werde, daß sich diese Arbeit bewußt nicht auf den therapeutischen Kontext mit Mißbrauchsopfern in validierten Fällen bezieht, sondern auf diagnostische Interviews zur Festellung eines möglichen Tatbestandes. In diesem Kontext sollte ein „Einladen zur Spekulation" zur „Wahrheitsfindung" nicht eingesetzt werden: sowohl kurzfristig als auch langfristig besteht anschließend die Gefahr einer Verwechslung spekulierter, antizipierter, kreativer Gedächtnisinhalte mit dem, was tatsächlich passierte bzw. nicht passierte.

10 Ausblick

In diesem letzten Kapitel sollen überblicksartig Anknüpfungspunkte für weitere empirische Arbeiten zu Befragungstechniken in Zeugeninterviews mit Kindern im allgemeinen und Arbeiten zur Interviewtechnik „Einladen zur Spekulation“ im besonderen aufgezeigt werden.

Insgesamt gibt es zum Bereich der suggestiven Befragungstechniken eine Vielzahl jüngerer empirischer Untersuchungen. Bei einigen dieser Techniken, wie z. B. „Einladen zur Spekulation“ aber auch „Gruppendruck“ besteht allerdings weiterhin Forschungsbedarf, insbesondere für die Gruppe kindlicher Zeugen. Die vorliegende Arbeit stellte den ersten Versuch einer experimentellen Untersuchung der Konjunktivbefragung bei Kindern dar, den es zunächst einmal zu replizieren gilt. Weiterhin benötigen erste Untersuchungen zur Wirkung des Gruppendrucks im Kontext von Zeugeninterviews mit Kindern (z.B. Shaw et al., 1997) Replikationen und Verfeinerungen.

In neuesten Forschungstrends in diesem Bereich beschäftigt man sich darüber hinaus mit der Wirkung der Kombination verschiedener Befragungstechniken. Der Grund für diese Kombination liegt in der ökologischen Validität: typischerweise finden sich insbesondere in Massenbeschuldigungsverfahren sexuellen Mißbrauchs Anhäufungen verschiedener Befragungstechniken innerhalb eines einzigen Interviews mit einem kindlichen Zeugen. Untersuchungen, die die Wirkung mehrerer dieser Techniken gleichzeitig betrachten, bilden den „Alltag“ der Befragungen in Massenbeschuldigungsverfahren also besser ab als die gezielte Untersuchung der Wirkung einer einzelnen Technik. Erste Studien deuten darauf hin, daß die negative Wirkung der Kombination verschiedener Techniken auf nachfolgende Zeugenaussagen über die durch reine Aufsummierung der einzelnen Techniken erwartbare Wirkung hinaus geht (Garven et al., 1998). Für die Technik „Einladen zur Spekulation“ bedeutet dies, daß sie möglicherweise im Kontext weiterer Befragungtechniken anders und unterschiedlich stark wirkt bzw. zu einem Effekt beiträgt. Angesichts qualitativer Evaluationen von Interviews in Mißbrauchsverfahren, in denen deutlich wird, daß auf diese Technik eher gegen Ende eines Interviews und im Anschluß an die Verwendung anderer Techniken zurückgegriffen wird, ist eine empirische Untersuchung von „Einladen zur Spekulation“ in Kombination mit anderen Interviewtechniken wichtig. Nachdem also im Rahmen der vorliegenden Arbeit ein erster Nachweis auf die singuläre Wirkung dieser Technik erbracht wurde, gilt es in Anlehnung an die Praxis von Zeugeninterviews mit Kindern, das Zusammenwirken dieser Technik mit anderen häufig verwandten Befragungsmethoden zu überprüfen.

Darüber hinaus ist die Auswirkung dieser Technik auf die anschließende Glaubwürdigkeitsbeurteilung einer so entstandenen Kinderaussage von Relevanz. Im Münsteraner Montessori-Prozeß aber auch in anderen Massenbeschuldigungsverfahren, wie z.B. dem „Kelly-Michaels-Fall", stand gegen Ende des Verfahrens speziell die Glaubhaftigkeitsbegutachtung der Kinderaussage im Vordergrund, bzw. die Frage, ob eine Glaubhaftigkeitsbegutachtung einer durch suggestive Befragung entstandenen Aussage überhaupt möglich ist. Aus diesem Grund ist es wichtig, sich die Auswirkung dieser Befragungsmethode auf die Begutachtbarkeit einer unter diesen Umständen produzierten Kinderaussage genauer anzuschauen.

Neben diesem angewandten und eher allgemeinen Ausblick auf weitere Forschungskontexte der Befragungstechnik „Einladen zur Spekulation" stellt sich überdies die Frage nach sich speziell aus den Ergebnissen der beiden Experimente ergebenden Fragestellungen. Nachdem nachgewiesen werden konnte, daß „Einladen zur Spekulation" unerwünschte Auswirkungen auf nachfolgende Aussagen von Kindern haben kann und daß der Effekt in Abhängigkeit vom Meßzeitpunkt durch unterschiedliche kognitive Prozesse erklärt werden kann, müßten diese Annahmen in Nachfolgeuntersuchungen weiter aufgeschlüsselt werden. Unter Quellenattributionsgesichtspunkten und in Anlehnung an das Lindsay-Paradigma (Lindsay, 1994) bzw. Lindsay's „logic-of-opposition"-Technik ist es z.B. wichtig, eine Einsicht in die subjektiven Überzeugungen der Kinder zu erhalten. Kinder könnten beispielsweise im Anschluß an ihre Antworten gefragt werden, ob sie das Berichtete tatsächlich in der Clownshow gesehen oder ob sie sich dies lediglich vorgestellt hätten. Dies könnte erfolgen, indem man sie darauf hinweist, daß sie sich ja in der Treatmentphase etwas Fiktives vorgestellt hätten, daß sie dies bei ihrer Aussage außer acht lassen und ausschließlich das erzählen sollten, was sie tatsächlich im Originalereignis gesehen hätten. Zeigt sich der in dieser Arbeit gefundene Effekt auch dann noch, so weist dies weiter auf eine tatsächliche Quellenkonfusion im Gegensatz beispielweise zu falsch verstandenen Anforderungscharakteristika (wie z.B. einer kognitiven Metastrategie) hin. In nachfolgenden Untersuchungen zu dieser Technik ist es also wichtig, diese Frage zur Quellenüberwachung zu thematisieren.

Auch in Bezug auf die ökologische Validät sind die vorliegenden beiden Experimente ausbaufähig. Zum einen bezog sich das Originalereignis in dieser Arbeit auf eine Beobachtung. Die Kinder waren nicht aktiver bzw. interaktiver Teil des Ereignisses, d.h. nicht direkt involviert, was in Fällen sexuellen Mißbrauchs in der Praxis aber der Fall ist. Um eine Wirkung der „Einladung zur Spekulation" auch für solche Ereignisse nachweisen zu können, an denen ein kindlicher Zeuge teilnahm oder die ein kindlicher Zeuge selbst ausgeführt hat, müßte in zukünftigen Experimenten das Originalereignis insoweit abgeändert werden, als daß es die kindlichen Zeugen aktiv mit einbezieht und sie aktiv

Handlungen ausführen läßt, zu denen sie dann anschließend eingeladen werden zu spekulieren. Innerhalb dieser Handlungen läßt sich dann noch einmal zwischen peripheren und zentralen Details sowie Erlebnissen, die den eigenen Körper betreffen (z.B. den Kopf streicheln), und sonstigen Erlebnissen unterscheiden und variieren. Im Kontext anderer suggestiven Befragungsmethoden konnte bereits nachgewiesen werden, daß Kinder auch zu Ereignissen, die sie selber, eigene Handlungen, ihren eigenen Körper oder Interaktionen betreffen, suggestiv beeinflußt werden können (z.B. Bruck et al., 1995). Dies kann als Hinweis darauf gesehen werden, daß diese Gefahr auch bei „Einladen zur Spekulation" besteht.

Zum anderen ist auch eine Variation unterschiedlicher Zeiträume zwischen Originalereignis und „Einladen zur Spekulation" sowie zwischen dem Treatment und den anschließenden Meßzeitpunkten möglich. Die unterschiedlichen Ergebnisse der beiden Experimente deuten bereits darauf hin, daß unterschiedliche Meßzeiträume zu verschiedenen Meßergebnissen führen können. Einige Untersuchungen der Suggestibilitätsliteratur deuten darauf hin, daß der Zeitpunkt der Fehlinformation keine Auswirkungen auf das Berichten derselben hat (Roberts et al., 1999). Andere Untersuchungen zeigen wiederum, daß ein größerer zeitlicher Abstand zwischen dem Originalereignis und der Befragungstechnik zu einem größeren Fehlinformationseffekt führt (Poole & Lamb, 1998). Aus diesem Grund ist eine genauere Exploration des Einflusses des Zeitpunktes der Fehlinformation wichtig.

Wie in Kapitel 3.3 bereits ausgeführt, besteht die Technik „Einladen zur Spekulation" neben der Konjunktivbefragung noch aus zwei weiteren Aspekten: imaginativen Techniken, deren suggestive Wirkung empirisch bestätigt werden konnte, und der Formulierung „Was, glaubst du, ist passiert?" („What do you think happened?"), deren Auswirkung auf nachfolgende Zeugenaussagen bisher nicht untersucht wurde. Da auch durch diese Formulierung ein Entrücken des kindlichen Zeugen von der Realitätsebene zu erwarten ist, ist eine Überprüfung der Auswirkung dieses Aspektes von „Einladen zur Spekulation" wichtig und sollte in nachfolgenden Untersuchungen berücksichtigt werden.

Abschließend ist festzuhalten, daß mit dieser Arbeit rückblickend belegt werden konnte, daß die Verwendung von „Einladen zur Spekulation" in den Massenbeschuldigungsverfahren der 80er und 90er Jahre als problematisch im Hinblick auf die Validität einer so entstandenen Kinderaussage zu betrachten ist. Mit dieser Arbeit ist - nach Wissen der Autorin - ein erster Hinweis auf das vermehrte Berichten von Spekulationen zu einem späteren Zeitpunkt aufgrund eines „Einladens zur Spekulation" erbracht worden. Zieht man Erkenntnisse über die kognitiven Auswirkungen sogenannter „Imagine"-Instruktionen hinzu (z.B. Ceci, Loftus, et al., 1994), in denen gezeigt werden konnte, daß Kinder nach wiederholter Vorstellung eines fiktiven Sachverhaltes selbst nach Auflösung der Suggestion glaubten, sie hätten das Fiktive tatsächlich erlebt, liegt auch bei dieser Technik die Überlegung nahe, Kinder könnten von den nur spekulierten Inhalten überzeugt sein. Wäre dem so, dann könnten Kinder unter Umständen an einen Mißbrauch glauben, der ihnen intensiv mehrmals nahegelegt bzw. suggeriert wurde und den sie anschließend spekulierten. Diese Annahme gilt es in weiteren Untersuchungen zu „Einladen zur Spekulation“, aber auch zu anderen suggestiven Techniken zu explorieren.

Die vorliegende Arbeit impliziert weiterhin, daß auch im präventiven Sinne ein vorsichtiger Umgang mit der Technik in das Training von Interviewern miteinzubeziehen ist. Im Rahmen von Interviewerfortbildungen sollten mit Zeugenbefragungen von Kindern befaßte Personen auf die potentielle Gefahr dieser Technik hingewiesen werden.

11 Anhang

Anhang A: Hintergrundinformationen

A.1 Hintergrundinformation: Sexueller Mißbrauch und Massenbeschuldigungverfahren

A.1.1 Sexueller Mißbrauch

Kinder sagen neben familien- und sorgerechtlichen Verfahren insbesondere in Fällen sexuellen Mißbrauchs als Zeugen aus. Die Gründe hierfür liegen primär darin, daß in Verfahren zum sexuellen Mißbrauch in der überwiegenden Mehrzahl der Fälle die Aussagen der Kinder das einzig verfügbare Beweismittel sind (Dunn, 1995; Saywitz, 1995; Yuille, Tymofievich & Marxsen, 1995).

Während der 80er Jahre änderte sich die Wahrnehmung sexuellen Mißbrauchs in der Gesellschaft, und das Problem rückte zunehmend in den Blickpunkt der internationalen Öffentlichkeit. Es kam zu einem unproportionalen Anstieg an Berichten über schweren und bizarren Mißbrauch besonders junger Opfer (Poole & Lamb, 1998). Mögliche Gründe für diese Entwicklung liegen sowohl in dem veränderten gesellschaftlichen Klima in dieser Zeit, der damit verbundenen Enttabuisierung von Mißbrauch und Sexualität allgemein, einer möglicherweise tatsächlich ansteigenden Zahl an Sexualdelikten oder auch nur einer erhöhten Anzeigebereitschaft oder Bereitschaft zu Falschbeschuldigungen (Kutchinsky, 1994; Nathan & Snedecker, 1995).

Will man diesen Anstieg an Berichten über sexuellen Mißbrauch mit tatsächlichen Fallzahlen vergleichen, so ist dies nur unter Berücksichtigung verschiedener theoretischer und untersuchungsmethodischer Aspekte möglich. Zunächst einmal können in Abhängigkeit von verschiedenen Definitionen enger oder auch weiter gefaßte Kategorien sexuellen Mißbrauchs gebildet werden. Ein Beispiel einer juristischen Definition in Anlehnung an den Straftatsbestand „Sexueller Mißbrauch von Kindern“ (§ 176 StGB) ist bei Creifelds (1997) zu finden: „Sexueller Mißbrauch von Kindern besteht in der Vornahme sexueller Handlungen mit noch nicht 14jährigen.“ (S. 1133). Diese täterorientierte Definition sexuellen Mißbrauchs bietet einen großen Interpretationsspielraum hinsichtlich der im einzelnen durchgeführten Handlungen und vor allem hinsichlich der viktimologischen Aspekte, wie z.B. der Auswirkungen des Mißbrauchs auf das Opfer.

Eine andere, psychologisch gefärbte Definition sexuellen Mißbrauchs fokussiert diesen viktimologischen Aspekt stärker:

> Es handelt sich bei der sexuellen Mißhandlung stets um eine sexuelle Aktivität eines Erwachsenen mit einem Minderjährigen oder einer Minderjährigen mit der Folge der Schädigung der Persönlichkeitsentwicklung des Kindes, einem in der Regel diffusen Störungsbild und einer hintergründigen familialen Beziehungsstörung. (Wolff, 1994, S. 81)

Hier wird sexueller Mißbrauch in Abhängigkeit von den Auswirkungen, die er auf die Persönlichkeitsentwicklung des Kindes hat, definiert. Im Vergleich zur ersten Definition wird hier ein anderer Interpretationsspielraum dessen, was als sexueller Mißbrauch zu bezeichnen ist, deutlich.

Die Erhebung des Ausmaßes sexuellen Mißbrauchs in der Bevölkerung hängt also zum einen von der Breite und Qualität der verwendeten Definition ab, zum anderen aber auch von der spezifischen Untersuchungsmethodik, d.h. der Falldefinition, der Art der Stichprobe und dem Befragungsinstrument (Endres & Scholz, 1994; Ernst, 1997). Grundsätzlich lassen sich zwei verschiedene Erhebungsansätze unterscheiden. Sogenannte *Hellfelduntersuchungen* bestehen in erster Linie aus Polizei- bzw. Kriminalstatistiken und gesicherten Fallzahlen durch Jugendhilfe und Kliniken über angezeigte und verurteilte Fälle. Die Diskussion hierbei um Über- und Unterschätzung sexueller Mißbrauchszahlen beinhaltet zwei zentrale Punkte: Zum einen ist zu bedenken, daß die Kriminalstatistik nur die angezeigten Fälle aufnimmt und somit Mißbrauchsfälle, die nicht zur Anzeige kommen, nicht mit eingeschlossen sind, so daß es zu einer Unterschätzung der tatsächlich in der Population vorhandenen Anzahl an Mißbrauchsfällen kommt. Zum anderen allerdings sind angezeigte Fälle nicht notwendigerweise auch verurteilte Fälle. So kann sich durchaus ein Anfangsverdacht in einer anschließenden Verhandlung als Falschbeschuldigung oder auch als falscher Verdacht erweisen (Poole & Lamb, 1998).

Der zweite Erhebungsansatz umfaßt sogenannte *Dunkelfelduntersuchungen*, die retrospektiv, z.B. im Rahmen von Opferbefragungen, auch die nicht zur Anzeige gelangten Fälle sexuellen Mißbrauchs zu erheben versuchen. Diesem Ansatz liegen unterschiedliche Definitionen des sexuellen Mißbrauchs und unterschiedliche Operationalisierung innerhalb der Untersuchung zugrunde. In Abhängigkeit von der spezifischen Fragestellung und der Auswahl der jeweiligen Untersuchungsstichprobe kann es hier zu stark unterschiedlichen Schätzungen der Mißbrauchshäufigkeit kommen.

Wenn nun - wie eingangs erwähnt - die erhöhte Medien- und Öffentlichkeitspräsenz sexuellen Mißbrauchs mit den tatsächlichen Fallzahlen verglichen wird, müssen diese Implikationen der jeweiligen Erhebungsmethode im Auge behalten werden.

In den *USA* vorliegende allgemeine *Hellfeldschätzungen* sexuellen Mißbrauchs gehen allgemein von Zahlen zwischen 6% bis 62% für Mädchen und 3% bis 31% für Jungen aus (Kühnle, 1996, zitiert nach Poole und Lamb, 1998). Auch hier ist die Zahl der angezeigten Fälle in den letzten 20 Jahren enorm gestiegen, wohingegen Opferbefragungen auf ein Gleichbleiben der Häufigkeit sexuellen Mißbrauchs hindeuten. Die würde bedeuten, daß es tatsächlich die erhöhte Anzeigebereitschaft und weniger ein Ansteigen des sexuellen Mißbrauchs per se ist, die zu diesen erhöhten Fallzahlen führt (Ceci & Bruck, 1995). Andere Autoren berichten sogar, daß parallel zum Anstieg der Anzeigen sexuellen Mißbrauchs eine Abnahme derjenigen Fälle zu beobachten ist, in denen sich der Verdacht erhärtet (Wood, Orsak, Murphy & Cross, 1996). Lamb (1994) berichtete allerdings von einem starken Anstieg sowohl der angezeigten als auch der erhärteten Fälle sexuellen Mißbrauchs. Seit den Jahren 1994/1995 scheint erstmals die Zahl der erhärteten Fälle sexuellen Mißbrauchs wieder leicht abzunehmen (Bruck et al., 1998).

Insgesamt ist also die Darstellung der Entwicklung der Mißbrauchszahlen in Anlehnung an Hellfelduntersuchungen widersprüchlich. Allgemein deuten aktuellere Hellfelduntersuchungen in den USA auf eine Inzidenzrate von 0,5% hin; dies bedeutet, daß pro Jahr 0,5% aller Kinder „neue" Opfer sexuellen Mißbrauchs werden (Ceci & Bruck, 1995).

US-amerikanische *Dunkelfeldstudien* kommen typischerweise - durch den Versuch der retrospektiven Erhebung der nicht zur Anzeige gelangten Mißbrauchsfälle - zu tendenziell anderen Ergebnissen. Eine große Dunkelfelduntersuchung von Finkelhor, Hotaling, Lewis und Smith (1990), in der 1145 Männer und 1481 Frauen über 18 Jahre zu sexuellen Erlebnissen in ihrer Kindheit befragt wurden, kam zu dem Ergebnis, daß 27% der Frauen und 16% der Männer in ihrer Kindheit Opfer sexuellen Mißbrauchs waren. Eine Zusammenfassung von 19 retrospektiven Studien zur Häufigkeit erlebten sexuellen Mißbrauchs in der Kindheit ergab, daß mindestens 20 % der amerikanischen Frauen und 5% bis 10% der amerikanischen Männer irgendeine Form sexuellen Mißbrauchs in ihrer Kindheit erlebten (Finkelhor, 1994). Eine internationale Vergleichsstudie, eine Zusammenfassung von 21 internationalen epidemiologischen Studien zu sexuellem Mißbrauch, bestätigten die US-amerikanischen Zahlen und den Eindruck, daß sexueller Mißbrauch an Kindern ein international weit verbreitetes Problem darstellt: 7% bis 36% der Frauen und 3% bis 29% der Männer berichteten über sexuellen Mißbrauch in ihrer Kindheit. Schwankungen in den Angaben der verschiedenen Länder wurden in erster Linie durch methodische Unterschiede zwischen den Studien erklärt (Finkelhor, 1997).

In der *Bundesrepublik Deutschland* sank im Bereich des *Hellfeldes* die Zahl der angezeigten Fälle sexuellen Mißbrauchs im Zeitraum zwischen 1979 und 1988 und stieg seitdem wieder leicht an. Eine deutliche Diskrepanz besteht zwischen der Zahl der angezeigten Fälle und der Zahl der Fälle, bei denen Anklage erhoben wurde: Bei nur 40% aller angezeigten Fälle sexuellen Mißbrauchs kommt es auch zu einer Anklageerhebung (Volbert, 1992b). Zur Abschätzung des Hellfeldes dient die Opferstatistik der Polizeiliche Kriminalstatistik (PKS)[4]. Demnach wurden zwischen 1984 und 1997 durchschnittlich 0,2 % aller Kinder unter 14 Jahre in der Bundesrepublik-West (einschließlich Berlin) Opfer sexuellen Mißbrauchs (KFN, 1999), wobei sich insgesamt in der Zeit von 1987 bis 1992 ein leichter Anstieg der angezeigten Fälle abzeichnete, dem ein Absinken der Fälle von 1992 bis 1994 folgte (Wetzels, 1997). Zwischen 1994 und 1997 war wiederum ein leichter Anstieg der Mißbrauchszahlen zu verzeichnen (Anstiegsquote 9,3%) (KFN, 1999).

Dunkelfeldstudien aus der *Bundesrepublik* kommen ebenfalls zu anderen Schätzungen als die Hellfelduntersuchungen. Eine Dunkelfelduntersuchung, in der 616 Frauen und 452 Männer mit Hilfe eines festgelegten Kriterienkataloges zu sexuellen Mißbrauchserfahrungen in ihrer Kindheit befragt wurden, zeigte, daß 23% der Frauen und 4% der Männer Opfer sexuellen Mißbrauchs waren (Richter-Appelt & Tiefensee, 1996). Eine Opferbefragung von Wetzels (1997) zeigte wiederum, daß die Feststellungen zur Verbreitung sexueller Mißbrauchserfahrungen stark definitionsabhängig sind. Sie schwanken je nach Eingrenzung für Männer zwischen 2% und 7,3% und für Frauen zwischen 6,2% und 18,1%.

Insgesamt erscheint es Bange (1995) nach Sichtung der bis dahin vorhandenen Dunkelfelderhebungen realistisch, daß etwa jedes vierte bis fünfte Mädchen und jeder zwölfte Junge sexuell mißbraucht wird. Ernst (1997) ist der Meinung, daß nur Dunkelfeldstudien zur Abschätzung der wahren Häufigkeit sexuellen Mißbrauchs herangezogen werden können. Sie faßt zusammen, daß Studien aus Europa und den USA, die einem hohen methodischen Standard genügen, eine recht gute Übereinstimmung hinsichtlich der Häufigkeit sexuellen Mißbrauchs erzielen. Demnach erlebten 10-15% der Frauen und 5-10% der Männer bis zum Alter von 14 oder 16 Jahren mindestens einmal einen unerwünschten oder erzwungenen sexuellen Körperkontakt.

An den US-amerikanischen als auch an den bundesdeutschen Schätzungen zu Zahlen sexuellen Mißbrauchs werden verschiedene Dinge deutlich. Zum einen sind selbst die Darstellungen des Hellfeldes und deren Entwicklung zwischen verschiedenen Autoren nicht einheitlich, was unter anderem in unterschiedlicher Herkunft und Zusammensetzung der Statistiken und auch deren Interpretationsspielraum begründet ist. Aus diesem Grunde sind die oben genannten Fallzahlen bestenfalls als grober Anhaltspunkt für Häufigkeiten sexuellen Mißbrauchs in den Populationen anzusehen. Zudem sei ebenfalls ausdrücklich darauf hingewiesen, daß insbesondere die Kriminalstatistiken zwischen den Staaten nicht direkt vergleichbar sind, da unterschiedliche Anzeige- und Rechtssysteme vorliegen. Des weiteren sind die Dunkelfeldstudien - wie bereits oben erwähnt - in Abhängigkeit von ihrer jeweiligen Mißbrauchsdefini-

[4] Zur Diskussion um die Verwendung der PKS als Indikator für Hellfeldzählungen siehe Wetzels (1997).

tion zu bewerten und zu vergleichen. Werden diese Prämissen berücksichtigt, so wird trotzdem erkennbar, daß die Mißbrauchszahlen durch die Dunkelfelderhebungen sowohl in den USA als auch in der Bundesrepublik tatsächlich um ein Vielfaches höher geschätzt werden als in den Hellfelduntersuchungen. Dies deutet darauf hin, daß nur ein Bruchteil sexuellen Mißbrauchs durch die Kriminalstatistiken erfaßt wird.

Weiterhin wird ebenfalls - selbst unter Berücksichtigung konservativerer Schätzungen und deren Fehler - deutlich, daß sexueller Mißbrauch ein ernsthaftes gesellschaftliches Problem darstellt (Bruck et al., 1998; Lamb, 1994; Yuille et al., 1993). Die Fokussierung dieses Themenbereichs und der Anstieg an Berichten über sexuellen Mißbrauch allgemein in den letzten Jahren läßt sich allerdings weder durch Hell- noch Dunkelfeldschätzungen erklären.

Im folgenden wird kurz auf einige weitere Aspekte sexuellen Mißbrauchs eingegangen werden, die im Kontext von Zeugenaussagen von Kindern von Bedeutung sein können.

Auswirkungen sexuellen Mißbrauchs. Nach einer Analyse von 45 Studien zu Auswirkungen sexuellen Mißbrauchs kamen Kendall-Tackett, Williams und Finkelhor (1993) zu dem Schluß, daß sexuell mißbrauchte Kinder mehr diagnostische, allerdings nicht spezifische Symptome (d.h. Symptome, die ausschließlich und in jedem Fall auf sexuellen Mißbrauch schließen lassen) wie z.B. Posttraumatische Belastungsstörung, Verhaltensstörungen und niedriges Selbstwertgefühl zeigen als nicht sexuell mißbrauchte Kinder. In Abhängigkeit von Dauer und Häufigkeit des Mißbrauchs, der Penetration, der Gewalt, der Beziehung zum Täter und mütterlicher Unterstützung des Täters kommt es zu unterschiedlichen Symptomen und auch zu unterschiedlicher Ausprägung der Symptome. Bei einem Drittel aller erfaßten sexuell mißbrauchten Kinder kam es zu keiner Ausprägung von Symptomen. Psychische Folgen sexuellen Mißbrauchs scheinen zudem vielmehr altersabhängig als traumaspezifisch zu sein (Fegert, 1995).

Falschbeschuldigungen. Studien zu Falschbeschuldigungen von Kindern in Fällen sexuellen Mißbrauchs zeigen, daß solche Beschuldigungen allgemein relativ rar sind. Gründe für Falschbeschuldigungen können Sorge- und Umgangsrechtsverfahren, Übertreibung eines tatsächlichen Sachverhalts, Rache, Kontrolle, mangelnde polizeiliche Untersuchung und falsche Befragung von Zeugen sein (Yuille et al., 1995). Fegert (1995) kommt nach einer retrospektiven Analyse von 50 vormundschaftsgerichtlichen und familiengerichtlichen Gutachten zu dem Schluß, daß Falschaussagen ein wichtiges Phänomen sind, das allerdings zahlenmäßig nicht überschätzt werden sollte. Das Risiko der intendierten Falschaussage nimmt hierbei seiner Meinung nach ab der Pubertät zu. Generell schwanken die in der Literatur zu findenden Angaben zur Häufigkeit von Falschaussagen zwischen 5 und 10%. Relevanter als die intendierte, vom Kind ausgehende Falschaussage sind laut Fegert die vom Verfahren selbst, vom Kind und seinen Bezugspersonen und von mit dem Kind befaßten „Professionellen“ ausgehenden Verfälschungen.

Die Annahme, daß ein Großteil der Opfer sexuellen Mißbrauchs zunächst den Mißbrauch verneint oder auch später widerruft (Summit, 1983), konnte empirisch nicht bestätigt werden. Bradley und Wood (1996) untersuchten 234 Fälle sexuellen Mißbrauchs und konnten nur in 6% der Fälle, in denen ein Kind bereits einen Mißbrauch berichtet hatte, ein Verneinen des Mißbrauchs im diagnostischen Interview feststellen.

Täter-Opfer-Verhältnis. Interessant ist weiterhin die Diskrepanz zwischen den Angaben über das Täter-Opfer-Verhältnis in Hellfeld- und Dunkelfelduntersuchungen: In der Polizeilichen Kriminalstatistik steht der Täter in der überwiegenden Mehrzahl der Fälle in keinem persönlichen Verhältnis zum Opfer (Volbert, 1992b). Demgegenüber weisen retrospektive Dunkelfelduntersuchungen auf einen größeren Anteil an Tätern aus dem persönlichen Umfeld hin. Es ist denkbar, daß z.B. sexueller Mißbrauch innerhalb der Familie seltener zur Anzeige gelangt als sexuelle Übergriffe durch Fremde, da die Anzeige eines intrafamiliären Mißbrauchs weitreichendere Konsequenzen nach sich ziehen kann als die Anzeige eines Übergriffes durch Unbekannte. Auch aus diesem Grund geben Dunkelfeldstudien vermutlich valider Auskunft als Kriminalstatistiken, sowohl über Täter als auch über tatsächliche Fallzahlen, die demnach kein repräsentatives, sondern ein verkleinertes Bild der Realität darstellen (Wetzels, 1997).

Zusammenfassend läßt sich sagen, daß es schwierig ist, eine valide und reliable Schätzung sexueller Mißbrauchsfälle abzugeben. Zieht man die vorhandenen Zahlen als grobe Schätzungen heran, so erweist sich sexueller Mißbrauch als gesellschaftliches Problem, das oftmals unspezifische negative psychische Folgen für die Opfer nach sich zieht und besondere Herausforderungen an die gerichtliche Verfolgung der Täter stellt. Hierbei sind weniger intendierte Falschbeschuldigungen als vielmehr Verfälschungen des oftmals zentralen Beweismittels, der Zeugenaussage, von Bedeutung. Die Zahlen aus Hellfeld- und Dunkelfelduntersuchungen zu sexuellem Mißbrauch entsprechen allerdings nicht der in den letzten zwei Jahrzehnten gestiegenen öffentlichen Präsenz der Thematik. Im folgenden soll auf den speziellen Bereich der Massenbeschuldigungsverfahren sexuellen Mißbrauchs eingegangen werden, auf den sich in den letzten zwei Jahrzehnten besonderes öffentliches Interesse richtete.

A.1.2 Massenbeschuldigungsverfahren

Massenbeschuldigungsverfahren sexuellen Mißbrauchs sind in den letzten 20 Jahren zunächst in den USA, dann in Europa aufgetaucht. In diesen Verfahren beschuldigen typischerweise mehrere Kinder einer Vorschulinstitution oder eines Kindergartens einen oder mehrere Erwachsene, sie sexuell - oftmals über mehrere Monate oder sogar Jahre - mißbraucht zu haben. Die Mißbrauchsanschuldigungen beinhalten häufig satanisch-rituelle Elemente, wie z.B. das Tragen von Masken und Gewändern oder das Töten und Verzehren von Tieren und Babys vor den Augen der Kinder (Fraser, 1997; Nathan & Snedecker, 1995). Die Aussagen der Kinder wachsen und entwickeln sich oftmals über wiederholte Befragungen von Erziehern, Sozialbeamten oder Polizeibeamten hinweg (Ceci & Bruck, 1995, Nathan & Snedecker, 1995, Rosenthal, 1995; Volbert, 1999). Das erste bekannte und zugleich größte Massenbeschuldigungsverfahren war der sogenannte „McMartin Preschool Fall" in Manhattan Beach, Kalifornien, der 1982 begann. Weitere US-amerikanische Fälle waren beispielsweise der „Kelly Michaels Fall", der Mitte der 80er Jahre begann und der „Little Rascals Fall", in dem 1989 erste Mißbrauchsbeschuldigungen bekannt wurden (Ceci & Bruck, 1995). Große Massenbeschuldigungsfälle in Europa waren der „Nottingham-Fall" in Großbritannien, der „Oude Pekela-Fall" in Holland, der „Montessori-Prozeß" und die „Worms-Mainzer-Prozesse" in Deutschland (Lorenz, 1999; Steller, 1997; 1998; van der Hart, Boon & Jansen, 1997; Volbert, 1999).

In den USA wurden zwischen Januar 1983 und Dezember 1985 in 270 „day-care Centern" Mißbrauchsvorfälle mit insgesamt 1639 Opfern bekannt (Finkelhor & Meyer Williams, 1988). Die Autoren dieser Untersuchung sehen dies als Grund einer erhöhten Alarmbereitschaft von seiten des Staates und derjenigen Institutionen, die für Vorschuleinrichtungen in den USA verantwortlich sind. Allerdings legten die Autoren dieser Studie ein niedriges Kriterium für stattgefundenen Mißbrauch an: Sobald eine der örtlichen Untersuchungsbehörden innerhalb dieses Zeitraum entschieden hatte, daß Mißbrauch stattgefunden hatte - auf welcher Basis auch immer - wurde die Vorschulinstitution als „Mißbrauchs-Fall" in die Studie miteinbezogen. Die Autoren räumen zwar ein, daß in einigen dieser Institutionen eventuell doch kein Mißbrauch stattgefunden haben könnte; dies hat aber keine Auswirkung auf das Einbeziehen dieser Fälle (Finkelhor, 1988).

Andere Autoren sehen Erlebnisberichte von Kindern und Kinderzeichnungen als eindeutigen Beweis dafür, daß diese Opfer satanisch rituellen Mißbrauchs - oftmals auch in Betreuungseinrichtungen - waren (Hudson, 1990). Besonders überzeugend finden sie die Schilderung ähnlicher Rituale durch verschiedene Kinder. Ihrer Ansicht nach ist diese Kongruenz ein eindeutiger Hinweis auf einen tatsächlichen Mißbrauch.

Eine weitere Quelle für Mißbrauchsberichte, insbesondere über satanisch-rituellen Mißbrauch, sind Klientenberichte innerhalb von Therapien. Hier beschreiben oftmals Erwachsene im therapeutischen Kontext mit Hilfe therapeutischer Methoden wie zum Beispiel Traumdeutung, Hypnose und Phantasiereisen sexuellen Mißbrauch in ihrer Kindheit, der in einigen Fällen rituelle Elemente enthält (Poole & Lamb, 1998). Es konnte allerdings gezeigt werden, daß diese

Methoden im experimentellen Kontext die Anzahl falscher aber vermeintlich wahrer Erinnerungen erhöhen (z.B. Ceci, Loftus, et al., 1994).

Das zentrale Problem von Massenbeschuldigungsverfahren sexuellen Mißbrauchs ist der Mangel an objektiven Beurteilungskriterien für stattgefundenen Mißbrauch (APSAC, 1995; Jones, 1991). Ähnlich wie in „normalen" Mißbrauchsfällen besteht das zentrale Beweismittel hier in den Zeugenaussagen der Kinder. Für den religionsbezogenen Mißbrauch, der z.B. Exorzismus oder Mißbrauch durch kirchliche Autoritäten umfaßt, gibt es weit mehr objektive Beweise (Bottoms, Shaver, Goodman & Qin, 1995). Bottoms und Davis (1997) teilen ebenfalls eine kritische Sichtweise der satanisch-rituellen Mißbrauchsberichte, die sie in aller Regel für falsch erachten. Als Beweise gegen die Existenz satanisch-rituellen Mißbrauch führen sie an, daß nur 2 % einer Gesamtstichprobe der befragten Therapeuten jeweils Hunderte von Fällen dieses Mißbrauchstyps berichten. Die Therapeuten, die besonders häufig Seminare zu dieser speziellen Thematik besuchten, glauben auch häufig an die Existenz rituellen Mißbrauchs und verdrängter Erinnerung und verwenden suggestive Techniken der „Erinnerungsaufdeckung". Zudem verweisen die Autoren auf die mangelnde objektive Beweislage für die Existenz satanisch-rituellen Mißbrauchs durch offizielle Institutionen, wie z.B. das FBI, und auf den späteren Widerruf anfänglicher Mißbrauchsberichte durch „Betroffene". Lanning (1991) als Vertreter des FBI weist z.B. darauf hin, daß selbst nach eingehenden achtjährigen Untersuchungen des FBI keine Beweise für die Existenz organisierter satanischer Verschwörungsgruppen, menschlicher Opfer und z.B. den Verzehr von Säuglingen gefunden werden konnten.

Das Erklärungsmodell von Bottoms und Davis (1997) für die Entstehung falscher Berichte über angeblichen satanisch-rituellen Mißbrauch beinhaltet drei Faktoren: *soziokulturelle Faktoren*, *individuelle Faktoren* und *Therapie-Faktoren*. Zu den *soziokulturellen Faktoren* gehört beispielsweise das vermehrte Aufsuchen von Therapeuten in der heutigen Gesellschaft. Die *individuellen Faktoren* schließen z.B. die Tatsache, daß bei der Hälfte aller „Überlebenden" satanisch-rituellen Mißbrauchs gleichzeitig auch eine Multiple Persönlichkeitsstörung diagnostiziert wird, mit ein. *Therapie-Faktoren* beziehen sich z.B. auf den Mangel innerhalb der Therapie an in der empirischen Wissenschaft üblichem konfirmatorischen Hypothesentesten. Somit wäre eine mögliche Alternativhypothese zu tatsächlichem Mißbrauch für die Entstehung von Klientenberichten über satanisch-rituellen Mißbrauch, daß per se wenig gefestigte Klienten im Rahmen einer subtil beeinflussenden Therapie zu Zweifeln an ihren eigenen Erinnerungen angeregt werden und an deren Stelle Suggestionen satanisch-rituellen Mißbrauchs akzeptieren.

Einige Autoren wiederum stellen die Rolle des Therapeuten bei Klientenberichten rituellen Mißbrauchs in den Vordergrund, der im Gegensatz zur Polizei und zu Vertretern der rechtlichen Seite eine andere Rolle einnehmen muß und dessen primäre Aufgabe nicht in der Realitätsüberprüfung, sondern in der Überprüfung dieser letztendlichen Unsicherheit über den wahren Tatbestand besteht (Kinscherff & Barnum, 1992). Andere Autoren sprechen von „Aufdekkungsarbeit" oder sogar „Detektivarbeit", bei der im Rahmen einer „Primären Therapeutischen Intervention" Fakten festgestellt werden sollen. Hier wird der therapeutische Kontext - allerdings bei Kindern als Klienten - dazu genutzt, Wahrheitsfindung im Sinne von Polizeiarbeit zu betreiben (Fürniss, 1993a).

Die Rolle der Therapie bei Klientenberichten satanisch-rituellen Mißbrauchs und auch der Realitätsgehalt so entstandener Aussagen in diesem Kontext werden offensichtlich von verschiedenen Autoren sehr unterschiedlich gesehen. Legt man aber die Klientenberichte über satanisch-rituellen Mißbrauch als Beleg für seine Existenz auch im Rahmen von Massenbeschuldigungsverfahren zugrunde, so ist zu beachten, daß diese Klientenberichte über erlebten satanisch-rituellen Mißbrauch in ihrer Herkunft und Authentizität durchaus umstritten sind und Alternativhypothesen für deren Entstehung nicht auszuschließen sind (Coons, 1997). Aus diesem Grund sind auch diese Berichte Erwachsener neben dem Mangel an objektiven Beweisen z.B. durch das FBI - nicht als Außenkriterium für die Validierung möglicher Aussagen von Kindern als Zeugen in Massenbeschuldigungen heranzuziehen.

Insgesamt läßt sich festhalten, daß die Einstellung zu Massenbeschuldigungsverfahren und zu den damit zusammenhängenden satanisch-rituellen Mißbrauchsvorwürfen erstens innerhalb der damit befaßten Institutionen und zweitens über die Zeit hinweg differiert. In Abhängigkeit von der jeweiligen Institution, wie z.B. Polizei versus therapeutische Praxis, kommt es zu unterschiedlichen Einstellungen und Überzeugungen hinsichtlich des Wahrheitsgehaltes der Zeugenaussagen. Zudem zeichnet sich eine moderatere Sichtweise des Phänomens über die Zeit hinweg ab (Charles, 1995; Lloyd, 1991). Publikationen aus den 80er Jahren, in denen das Phänomen der Massenbeschuldigungsverfahren und das der satanisch-rituellen Mißbrauchsbeschuldigungen gerade erst aufgetaucht waren, lassen in Ansätzen zwei polarisierte Lager erkennen: die klinisch-therapeutische Gruppe, die den Aussagen ihrer Klienten recht unkritisch gegenübersteht, und die sich etwas später formierende Anhängergruppe des „False Memory Syndroms", die Anschuldigungen dieser spezifischen Art jede Realitätsgrundlage aberkennt und bei der einige Autoren sogar der Auffassung sind, daß ritueller Mißbrauch in erster Linie ein Artefakt spezieller Therapieformen sei (Bottoms & Davis, 1997).

Die neuere Literatur zu diesem Thema vertritt in größerer Übereinstimmung eine eher moderate, kritische Haltung gegenüber dem Phänomen der Massenbeschuldigungsverfahren (Goodman, Qin, Bottoms & Shaver, 1994). Grundsätzlich werden keine Einzelfälle des Mißbrauchs in Vorschulinstitutionen mit einzelnen rituellen Elementen und auch erlebnisbasierte Klientenberichte hierüber ausgeschlossen, es wird dabei aber stärker die Entstehungsgeschichte der jeweiligen Aussage im Hinblick auf mögliche suggestive Wirkfaktoren fokussiert.

In keinem Fall wird allerdings in der jüngeren Literatur die Existenz sexuellen Mißbrauchs in der Gesellschaft in Frage gestellt. Zudem distanziert man sich grundsätzlich davon, Kinder per se als nicht aussagefähig zu beschreiben.

A. 2 Hintergrundinformation: Aussagepsychologische Aspekte der Zeugenaussagen von Kindern

Hat ein kindlicher Zeuge in einem Gerichtsverfahren bereits ausgesagt, so besteht die Möglichkeit, die Aussage von einem vom Gericht bestellten Gutachter auf ihre Glaubwürdigkeit hin untersuchen zu lassen. Eine zentrale Frage, die sich hierbei stellt, ist, inwieweit diese Aussage von deren Aussageentstehung unabhängig ist und ob wahre oder eventuell fiktive Anteile gegebenenfalls unabhängig von vorherigen Suggestionen betrachtet und analysiert werden können. In diesem Rahmen wird auf anerkannte Methoden der Glaubwürdigkeitsbeurteilung, sog. Kriteriologien, und kurz auf allgemeine Merkmale der Aussagetüchtigkeit und der Aussagevalidität eingegangen.

A.2.1 Die Beurteilung der Aussagetüchtigkeit und der Aussagevalidität

Unabhängig vom methodischen Vorgehen der Aussageanalyse, auf die unter A.2.2 näher eingegangen wird, beschreibt dieses Kapitel *kurz*, welche Daten im Vorfeld und im Kontext der Beurteilung der Aussagequalität erhoben werden, warum sie relevant sind und wie sie in die Glaubwürdigkeitsbeurteilung mit einzubeziehen sind. Da sich allgemein kein spezifisches Syndrom sexuell mißbrauchter Kinder herausarbeiten ließ (Kendall-Tackett et al., 1993), ist die Aussage des Zeugen und deren Glaubwürdigkeit nach wie vor als Beweismittel zentral.

Grundsätzlich gehören zu dem Begriff *Aussagetüchtigkeit* eines Zeugen verschiedene Aspekte, wie z.B. einen in Frage stehenden Sachverhalt zuverlässig wahrzunehmen, ihn im Gedächtnis zu behalten, über ausreichendes Sprachverständnis für die Befragung und Schilderung eines Sachverhaltes zu verfügen, ein ausreichendes Maß an Kontrollmöglichkeiten gegenüber Suggestiveinflüssen zur Verfügung zu haben und Erlebtes von Phantasievorstellungen unterscheiden zu können (Greuel et al., 1998).

Diese *Aussagetüchtigkeit* kann von entwicklungs- und persönlichkeitsbedingten sowie von psychopathologischen Faktoren beeinträchtigt werden:

Entwicklungspsychologisch betrachtet ist vor allem das Lebensalter des Kindes zu berücksichtigen. Insbesondere in Fällen sexuellen Mißbrauchs trifft der Gutachter häufig auf sehr junge Kinder und muß das Lebensalter als Variable in die Begutachtung mit einbeziehen. Betrachtet man diese Variable des Lebensalters aus einer historischen Perspektive, so wurde vor allem in der ersten Hälfte diese Jahrhunderts sowohl Kindern als auch Jugendlichen die Fähigkeit zur Reproduktion einer wahrheitsgemäßen Aussage abgesprochen. In den letzten 30 Jahren hat sich dieses Bild aber gewandelt, insbesondere durch zusätzliche Berücksichtigung der Situation, in der eine Aussage entstand (Greuel et al., 1998). Die neuere Literatur geht übereinstimmend davon aus, daß kein allgemeines Mindestalter für Aussagetüchtigkeit festgesetzt werden kann, da bisher kein Zusammenhang zwischen der Richtigkeit kindlicher Schilderungen und dem Alter des Kindes festgestellt wurde (Ceci & Bruck, 1995; Poole & Lamb, 1998).

Aufgrund verschiedener entwicklungspsychologischer Gesetzmäßigkeiten ist aber davon auszugehen, daß Kinder unter vier Jahren nur in seltenen Ausnahmefällen die Voraussetzungen für eine Aussagetüchtigkeit erfüllen (Greuel et al., 1998).

Zu den *persönlichkeitsbedingten* Faktoren gehört zum Beispiel die Intelligenzminderung. Bei mangelnder Intelligenz kann die Aussagetüchtigkeit eines Zeugen beeinträchtigt sein. Gründe für diese Beeinträchtigung können die mit der Intelligenzminderung einhergehenden mangelnden sprachlichen Fähigkeiten und eine erhöhte Anpassung an Vorgaben anderer sein.

Psychopathologische Faktoren der Beeinträchtigung der Aussagetüchtigkeit sind beispielsweise Psychosen, der Einfluß psychotroper Substanzen, Persönlichkeitsstörungen, hirnorganische Störungen, Epilepsien und Beeinträchtigungen im sensorischen Bereich. Diese können - müssen aber nicht - dazu führen, daß zum Zeitpunkt des Ereignisses oder auch des Abrufens die Wahrnehmung des Zeugen oder auch die kognitive Leistungsfähigkeit allgemein geschwächt ist (Greuel et al., 1998).

Neben der Beurteilung der Aussagequalität, auf die im folgenden Kapitel eingegangen wird, sind im Prozeß der Aussagebeurteilung zum einen all diese Faktoren der *Aussagetüchtigkeit*, also der grundsätzlichen Voraussetzungen, überhaupt eine Aussage zu tätigen, zu erheben und in ihrem Einfluß auf die Glaubwürdigkeit einer Zeugenaussage abzuschätzen. Zum anderen sind Aspekte der *Aussagevalidität,* die über eine Betrachtung der Aussage hinausgehen, zu berücksichtigen. Hierbei geht es um die Frage, ob eine Aussage unter Berücksichtigung individueller und kontextueller Rahmenbedingungen auch als zuverlässig beurteilt werden kann. Steller und Boychuk (1992) zählen in diesem Zusammenhang vier Faktoren auf, die Hinweise auf potentielle Verzerrungen und Beeinflussungen einer Aussage liefern und als Beurteilungskriterien in die Glaubhaftigkeitsbegutachtung mit einbezogen werden müssen: die psychologischen Besonderheiten der Aussageperson, die motivationalen Bedingungen der Aussage, die kommunikativen Bedingungen der Aussageentstehung und die externen Validierungsmöglichkeiten.

Zu den *psychologischen* Besonderheiten gehören jene Leistungsbesonderheiten, die auch schon unter dem Stichwort Aussagetüchtigkeit eine Rolle spielen, aber auch Besonderheiten im Erleben und Verhalten, wie z.B. eine „schwierige" Zeugenpersönlichkeit.

Motivationale Bedingungen umfassen in erster Linie Tendenzen, die sich verfälschend auf eine Aussage ausgewirkt haben, also z.B. Täuschungsabsichten. Aus diesem Grund ist im Rahmen psychologischer Begutachtung der Aussagevalidität eine umfassende Analyse der Aussagemotivation relevant.

Mit den *kommunikativen* Bedingungen der Aussageentstehung ist die Abschätzung suggestiver Einflüsse gemeint; zu den *externen Validierungsmöglichkeiten* gehören schließlich Aspekte wie die Überprüfung, ob die Aussage zu anderen Tatsachen, Beweisen oder Aussagen im Widerspruch steht (Greuel et al., 1998).

Neben diesen beiden Aspekten, Aussagetüchtigkeit und Aussagevalidität, ist die Aussage-analyse bzw. deren Methodik im Kontext von Glaubwürdigkeitsbeurteilungen zentral, auf die im folgenden Kapitel A.2.2 eingegangen wird.

A.2.2 Methoden der Aussageanalyse

Die Aussageanalyse ist als Prozeß zu verstehen, der verschiedene Stufen durchläuft. Steller (1988) unterscheidet die aufeinanderfolgenden Schritte „Forensische Fragestellungen", „Psychodiagnostische Fragestellungen", „Psychodiagnostische Datenerhebung", „Psychodiagnostische Inferenz", „Forensische Inferenz" und „schriftliches oder mündliches forensisch-psychologisches Gutachten". Hier wird das Aufstellen und systematische Verwerfen von Hypothesen als zentral in der psychologischen Gutachtenerstellung betont, das sich am Vorgehen der wissenschaftlichen Psychologie orientiert (Offe & Offe, 1994). Das übergeordnete Prinzip besteht hierbei darin, alle Alternativhypothesen zu der Haupthypothese „Die Aussage ist realitätsbasiert" auszuschließen.

Da für die Fragestellung dieser Arbeit nur Teilaspekte des diagnostischen Prozesses von Bedeutung sind, werden an dieser Stelle nicht das gesamte Modell, sondern nur ausgewählte zentrale Aspekte desselben aufgegriffen. Es wird einer der wichtigsten Punkte der Glaubwürdigkeitsbeurteilung näher erläutert, die Glaubwürdigkeitsanalyse mittels der Glaubwürdigkeitskriterien bzw. Realkennzeichen. Diese „Qualitätsmerkmale erlebnisfundierter Aussagen" (Greuel et al., 1998) basieren auf der „Undeutsch-Hypothese", die davon ausgeht, daß sich Aussagen über erlebte und nicht selbst erlebte Geschehnisse auf verschiedenen Dimensionen unterscheiden (Undeutsch, 1967). Das Konzept der „speziellen Glaubwürdigkeit", wonach die Glaubwürdigkeit einer Aussage situativ bedingt ist, löste die Auffassung einer persönlichkeitsbasierten Glaubwürdigkeit ab (Köhnken, 1990). Seitdem wurden im Rahmen dieses Ansatzes verschiedene Kriteriologien aufgestellt, verfeinert und überarbeitet (Arntzen, 1993; Trankell, 1982; Köhnken, 1982; Littmann & Szewczyk, 1983; Steller & Köhnken, 1989), die in jüngerer Zeit auch der empirischen Überprüfung unterzogen wurden.

Anhand obiger „Qualitätsmerkmale erlebnisfundierter Aussagen" wird eine inhaltliche Analyse der vorliegenden Aussage vorgenommen. Diese Qualitätsmerkmale lassen sich noch einmal in aussageimmanente (innerhalb derselben Aussage) und aussageübergreifende (zwischen Einzelaussagen zu verschiedenen Zeitpunkten) Qualitätsmerkmale unterteilen.

Greuel et al. (1998) unterscheiden nach einer Zusammenfassung und Synopse bisher existierender Kriteriologien und insbesondere in Anlehnung an die Realkennzeichen in der Kategorisierung von Steller & Köhnken (1989) bei *aussageimmanenten Qualitätmerkmalen* erlebnisfundierter Aussagen zwischen allgemeinen, speziellen und motivationsbezogenen Merkmalen (vgl. Tab. 1):

Tabelle 1: System aussageimmanenter Qualitätsmerkmale erlebnisfundierter Aussagen (Greuel et al., 1998).

Allgemeine Merkmale:	*Aussageinhalt:*	-Detailreichtum -Anschaulichkeit -Strukturgleichheit -Logische Konsistenz -Deliktspezifität
	Aussageweise:	-Gefühlsbeteiligung -Unstrukturiertheit -Ungesteuertheit
Spezielle Merkmale:	*Schilderung von:*	-raum-zeitlichen Verknüpfungen -Interaktionen -Gesprächen -Komplikationen -phänomenorientierten Wahrnehmungen unverstandener Elemente -Erleben phänomenaler Kausalität -eigenpsychischem Erleben -multimodaler Wahrnehmung -psychischem Erleben beim Beschuldigten -nebensächlichen Details -originellen Details -Aspekten der Beziehungsentwicklung der Beteiligten

		-indirekten Handlungsbezügen -Wirklichkeitskontrolle
Motivationsbezogene Merkmale:	*Vorbringen von:*	-spontanen Aussagever-besserungen -Einwänden gegen die Richtigkeit der Aussage -Selbstbelastungen -Entlastungen des Beschuldigten -Eingeständnissen von Erinnerungslücken

Die Anwendung dieses Systems erfolgt so, daß eine spezifische Zeugenaussage nach deren Erhebung auf das Vorhandensein bzw. Nicht-Vorhandensein obiger Merkmale hin untersucht wird. Je mehr dieser Merkmale hierbei erfüllt werden und je stärker diese Merkmale erfüllt werden, desto größer ist die Wahrscheinlichkeit, daß eine spezifische Aussage erlebnisbegründet ist.

Zu den *aussageübergreifenden Qualitätsmerkmalen* gehört nach Greuel et al. (1998) die Präzisierbarkeit der Aussage, d.h. ob ein Zeuge nachträglich dazu in der Lage ist, eine einmal gemachte Aussage nachträglich zu präzisieren. Ein weiteres aussageübergreifendes Merkmal ist die Konstanz der Aussage, ob also eine Aussage über längere Erinnerungsintervalle hinweg in Kernaspekten gleich bleibt. Zu diesen gehört z.B. die Schilderung des zentralen Geschehens und der eigenen Rolle sowie die Benennung unmittelbar beteiligter Personen. Hinsichtlich anderer Merkmale wird allerdings durchaus eine Inkonstanz über verschiedene Aussagen hinweg als Indikator für eine realitätsbasierte Aussage angenommen. Zu diesen Merkmalen gehören Schilderung des peripheren Geschehens, Zuordnung von Nebenhandlungen, Angaben zur Reihenfolge mehrerer Situationen hinsichtlich Schätzungen des Wortlautes von Gesprächen oder unangenehmer Empfindungen. Diese Inkonsistenzen lassen sich gedächtnispsychologisch erklären und sprechen nicht gegen den Erlebnisbezug einer Aussage.

Im anglo-amerikanischen Sprachraum werden obige Glaubwürdigkeitskriterien auch unter dem Begriff CBCA (Criteria Based Content Analysis) beschrieben. Diese sind der Kernaspekt des breiter gefaßten SVA (Statement Validity Assessment), einer diagnostischen Prozedur, die zusätzlich zur CBCA noch ein Überprüfen relevanter Fallinformation, ein halbstrukturiertes Interview, eine Validitätsüberprüfung zusätzlicher Fallinformationen (siehe aussageübergreifende Qualitätsmerkmale) und ein Zusammenfügen von CBCA und Validitätsüberprüfung mit einschließt (Horowitz, 1991; Poole & Lamb, 1998 ; Raskin & Esplin, 1991; Steller & Boychuk, 1992; Yuille, 1988). Grundsätzlich ist die

CBCA als Systematisierung des diagnostischen Interviews und als Evaluationsprozedur konzipiert und nicht als „Checkliste" gedacht (Steller & Boychuk, 1992; Volbert, 1995). Es wird explizit darauf hingewiesen, daß diese Methodik auch dazu dienen kann, willentliche Falschaussagen von Aussagen über tatsächlich Erlebtes zu unterscheiden (Raskin & Esplin, 1991).

In verschiedenen empirischen Studien zur Überprüfung der Validität der CBCA bzw. der Glaubwürdigkeitskriterien konnte gezeigt werden, daß diese unter bestimmten Voraussetzungen mit einer hohen Wahrscheinlichkeit zwischen erfundenen und tatsächlich erlebten Aussagen differenzieren können (Raskin & Esplin, 1991; Steller & Volbert, 1997; Steller, Wellershaus & Volbert, 1993; Steller, Wellershaus & Wolf, 1992). Hierbei erwiesen sich einige Realkennzeichen (wie z.B. originelle Details und Schilderung von Gesprächen) trennschärfer als andere (Lamb, Sternberg, Esplin, Hershkowitz & Orbach, 1997; Lamb, Sternberg, Esplin, Hershkowitz, Orbach & Hovav, 1997). Einige Untersuchungen weisen auch auf Probleme der Unterscheidung zwischen wahren und erfundenen Geschichten mit Hilfe der Kriterien und auf strafrechtliche Probleme bei der Verwendung der CBCA hin (Coulborn-Faller & Corwin, 1995; Doris, 1994; Horowitz, 1991; Poole & Lindsay, 1998). Problematisch kann die Verwendung von SVA beispielsweise bei der Begutachtung von Kindern mit Lern- oder Sprachschwierigkeiten sein, bei sehr jungen Kindern oder solchen, die zuvor suggestiv befragt wurden (Bekerian & Dennett, 1995; Bruck et al., 1997; Ceci & Huffman, 1997). Ceci und Huffman (1997) beispielsweise ließen Aussagen von Kindern über tatsächlich erlebte und sich mehrmals vorgestellte, aber fiktive Ereignisse von in CBCA geübten Psychologen einschätzen. Diese identifizierten 74% der wahren und 46% der fiktiven Geschichten als korrekt, wobei zu berücksichtigen ist, daß allein per Zufall eine 50%-Chance einer richtigen Klassifikation bestand (siehe auch Ceci, Huffman, et al., 1994; Ceci, Loftus, et al., 1994). Ein Grund hierfür waren die in sich konsistenten, detaillierten, aber dennoch falschen Erzählungen von Kindern über fikitive Erlebnisse als Folge der experimentellen Instruktion, sich diese Erlebnisse wiederholt als Bild vorzustellen. Wenn Kinder selbst ihre eigenen falschen Aussagen als wahr erachten, kann es sogar für geschulte Gutachter schwierig sein, zwischen wahren und unwahren Aussagen zu unterscheiden (Bruck et al., 1998). Einige Autoren weisen zudem auf die mangelnde Reliabilität der CBCA in verschiedenen empirischen Untersuchungen hin (Poole & Lindsay, 1998), wobei teilweise Glaubwürdigkeit und Reliabilität sogar als orthogonale Dimensionen angesehen werden: realitätsbasierte Aussagen wurden im Einzelfall durchaus als wenig glaubwürdig und nicht realitätsbasierte Aussagen als hoch glaubwürdig eingeschätzt (Bruck et al., 1998).

Insgesamt allerdings läßt die empirische Überprüfung eine eher vorsichtige, aber dennoch optimistische Einschätzung der Realkennzeichen als Mittel der Wahl bei Glaubwürdigkeitsbegutachtungen insbesondere in der deutschsprachigen Literatur zu (Steller & Boychuk, 1992; Steller et al., 1992; Volbert & Steller, 1997). Einige Autoren sind trotzdem der Meinung, das Unterscheidungspotential sei noch zu gering, um forensisch anwendbar zu sein (Lamb, Sternberg, Esplin, Hershkowitz & Orbach, 1997). Mit Hilfe von Realkennzeichen können Wahrscheinlichkeitsaussagen über den Realitätsgehalt gemacht werden. Je früher hierbei eine Aussage in ihrer Genese für eine Glaubhaftigkeitsbeurteilung zur Verfügung steht, desto genauer kann zwischen wahren und falschen Aussagen unterschieden werden (Bruck et al., 1998).

In der Praxis werden in Fällen sexuellen Mißbrauchs nach jüngeren Schätzungen in ca. 20% aller gerichtlichen Verfahren Glaubwürdigkeitsgutachten in Auftrag gegeben. Von diesen genügt ein nicht unbeträchtlicher Teil nicht bzw. nur teilweise den wissenschaftlichen und methodischen Mindeststandards, wie z.B. einer Orientierung an oben angeführten Kriteriologien (Busse & Volbert, 1997). In Anerkennung der wissenschaftlichen Fundiertheit und der empirisch-psychologischen Literatur wird in jüngster Zeit auch in juristischen Kreisen empfohlen, sich an den postulierten Glaubwürdigkeitskriterien zu orientieren um die Qualität der Glaubwürdigkeitsgutachten allgemein zu verbessern (Dekkers, 1996; Nack, 1995). Auch der Bundesgerichtshof hat Mindestanforderungen an strafprozessuale Glaubhaftigkeitsgutachten öffentlich bekanntgegeben. Hierbei soll sich der Sachverständige bei der Begutachtung ausschließlich methodischer Mittel bedienen, die dem aktuellen wissenschaftlichen Kenntnisstand gerecht werden. Hierzu gehören Inhaltsanalyse, Aufklärung der Aussagegenese, ggf. Sexualanamnese sowie Nachvollziehbarkeit und Transparenz (BGH, 1999).

Da die Methode der Glaubwürdigkeitsbegutachtung mit Hilfe der Realkennzeichen (bzw. CBCA) in erster Linie auf solche Aussagen anwendbar ist, die als freier Bericht entstanden sind, ist die Qualität der Zeugeninterviews von entscheidender Bedeutung: Interviews, in denen der Großteil der Zeugenaussage als Antwort auf spezifische Fragen entstand, enthalten nur wenige Details, die in einer anschließenden Glaubwürdigkeitsanalyse ausgewertet werden können. Je direktiver also die Aussageentstehung ist, desto problematischer wird die anschließende Glaubwürdigkeitsbegutachtung; denn wenn der Glaubwürdigkeitsbegutachter weniger Informationen zur Ausageanalyse zur Verfügung hat, wird eine valide Unterscheidung realer und fiktiver Aussagen schwieriger (Poole & Lamb, 1998; Volbert & Steller, 1997). Besonders problematisch ist in diesem Zusammenhang die von einigen Autoren postulierte suggestive „Aufdeckungsarbeit" (Fürniss, 1993a), die z. B. Komponenten wie die Deutung von Schweigen und Verneinung als „Noch-nicht-bereit-Sein" oder direkte Vorgaben, wie z.B. Mißbrauchsschilderungen anderer Kinder, mit einschließt. Neben der Möglichkeit einer fälschlichen Diagnose und Beschuldigung sexuellen Mißbrauchs ist im Anschluß an eine solche suggestive „Aufdeckungsarbeit" eine Glaubwürdigkeitsbegutachtung nicht mehr oder nur in Ausnahmefällen möglich, weil diese eben voraussetzt, daß eine Zeugenaussage ohne suggestive Einflüsse zustande gekommen ist. Sogenannte Aufdeckungsarbeit dieser Art begünstigt also die Entstehung von Falschaussagen bei gleichzeitiger Behinderung der positiven Feststellung des Realitätsgehaltes einer Kinderaussage (Steller, 1997; Steller & Volbert, 1997).

Generell sollte also in Fällen sexuellen Mißbrauchs ein diagnostisches Interview möglichst offen und wenig suggestiv geführt werden, um eine eventuelle anschließende Glaubhaftigkeitsbegutachtung zu erleichtern (Bruck et al., 1997; Steller, 1997; Volbert, 1995). Diese Begutachtung sollte dann nach Möglichkeit sowohl Aspekte der Aussagetüchtigkeit und -valididät berücksichtigen, als sich auch an den Glaubwürdigkeitskriterien orientieren. In Ermangelung einer wissenschaftlich abgesicherteren Alternative und im Hinblick auf die Kontinuität der empirischen Überprüfung ist das System der Realkennzeichen aktuell die Methode der Wahl.

Anhang B: Tabelle der Experimental- und Kontrollitems und deren Handlungsskripts in Clownshow 1 und 2

Item	Handlungsskript für Experimentalitem	Handlungsskript für Kontrollitems
Banane	drauftreten **C1**	essen
Schuhe	Wasser draufgießen	anziehen **C1**
Fahrrad	anmalen	fahren **C1**
Bauklötze	anmalen **C1**	bauen
Schlüssel	wegwerfen **C1**	auf-/zuschließen
Buch	wegwerfen	lesen **C1**
Telefon	waschen **C1**	telefonieren
Schere	trommeln	Papier schneiden **C1**
Mütze	drauftreten	aufsetzen **C1**
Löffel	draufsetzen **C1**	essen
Spaghetti	auf den Kopf tun	essen **C1**
Puppe	küssen	spielen **C1**
Tasse	küssen **C1**	trinken
Stift	kauen **C1**	malen
Hose	begießen **C1**	anziehen
Gabel	kämmen	essen **C1**
Flasche	draufsetzen	trinken **C1**
Messer	trommeln **C1**	schneiden
Seife	essen	waschen **C1**
Cassette	auf den Kopf legen **C1**	anhören
Zahnbürste	kämmen **C1**	Zähne putzen
Handtuch	zwischen die Beine stecken	abtrocknen **C1**
Stuhl	waschen	sitzen **C1**
Zigarette	zwischen die Beine stecken **C1**	rauchen

Anmerkung: Die Experimentalitems und Kontrollitems in Clownshow 1 sind mit **C1** gekennzeichnet; alle nicht gekennzeichneten Items bzw. Handlungsskripts entstammen automatisch Clownshow 2.

Anhang C: Rollenspielanweisungen für die Clownshow

1. Einleitung

Der Clown kann diese Einleitung frei darstellen. Wichtig aus untersuchungstechnischer Sicht ist, daß die Aufmerksamkeit der Kinder geweckt wird und sie die Clownshow von Anfang an als etwas Positives und Interessantes empfinden. Diese einleitende Phase sollte ca. 5 Minuten dauern. Anschließend sollte die Clownshow in die Untersuchungsphase übergehen.

2. Untersuchungsphase

Die Untersuchungsphase sollte aus insgesamt 24 dargestellten Handlungen bestehen. Diese Handlungen sollten mit Gegenständen durchgeführt werden, die den Kindern aus ihrem Alltag geläufig sind. Falls die Gegenstände zu klein sind, um von allen Kindern gesehen werden zu können, wäre es von Vorteil, wenn der Clown die Gegenstände genauer zeigt, indem er durch die Reihen geht. Es gibt zwei verschiedene Clownshows, die aber beide die gleichen Gegenstände beinhalten. Es sind folgende Handlungen mit folgenden Gegenständen in untenstehender Reihenfolge durchzuführen:

Clownshow 1

1. auf eine **Banane** treten
2. **Schuhe** anziehen
3. auf einem **Fahrrad** fahren
4. **Bauklötze** anmalen
5. einen **Schlüssel** durch den Raum werfen
6. ein **Buch** lesen
7. ein **Telefon** waschen
8. mit einer **Schere** ein Blatt Papier durchschneiden
9. eine **Mütze** aufsetzen
10. auf einen **Löffel** setzen
11. **Spaghetti** essen
12. mit einer **Puppe** spielen

13. eine **Tasse** küssen
14. auf einem **Stift** kauen
15. eine **Hose** gießen
16. mit einer **Gabel** essen
17. aus einer **Flasche** trinken
18. mit einem **Messer** trommeln
19. mit **Seife** waschen
20. eine **Cassette** auf den Kopf legen
21. sich mit einer **Zahnbürste** die Haare kämmen/bürsten
22. mit einem **Handtuch** abtrocknen
23. auf einen **Stuhl** setzen
24. eine **Zigarette** zwischen die Beine stecken

Clownshow 2

1. **Schuhe** gießen
2. eine **Banane** essen
3. mit **Bauklötzen** bauen
4. ein **Fahrrad** anmalen
5. ein **Buch** werfen
6. mit einem **Schlüssel** die Tür aufschließen
7. einen **Stuhl** waschen
8. mit einem **Telefon** telefonieren
9. mit einem **Löffel** essen
10. mit einer **Schere** trommeln
11. aus einer **Tasse** trinken
12. eine **Hose** anziehen
13. auf eine **Mütze** treten
14. **Spaghetti** auf den Kopf legen
15. eine **Puppe** küssen

16. mit einem **Stift** malen
17. eine **Cassette** anhören
18. mit einer **Gabel** kämmen
19. mit einem **Messer** schneiden
20. auf eine **Flasche** setzen
21. auf **Seife** beißen
22. sich mit einer **Zahnbürste** die Zähne putzen
23. eine **Zigarette** rauchen
24. ein **Handtuch** zwischen die Beine stecken

Jede der beiden Clownshows soll zu jeweils zwei Terminen gezeigt werden. Welche Clownshow an welchem Termin gezeigt werden soll, wird Ihnen die Versuchsleiterin mitteilen. Ungefähr nach jeweils 6 Handlungen kann der Clown nach Belieben etwas eigenes zur Auflockerung einfügen, damit die Aufmerksamkeit der Kinder nicht abflacht. Der Clown kann gerne obige Handlungen ausführen, während er sich inmitten der Kinder befindet; wichtig ist nur, daß er von jedem Kind aus gut gesehen werden kann. Jede Handlung sollte ungefähr gleich lange dauern (ca. eine halbe Minute), bzw. der Clown sollte sich für jede Handlung/jeden Gegenstand gleich viel Zeit nehmen. Während der Darbietung der experimentellen Handlungen sollte keine Musik laufen.

3. Abschlußphase

Hier hat der Clown ebenfalls wieder Gelegenheit, eigene Programmpunkte zu zeigen, um den Kindern einen lustigen und interessanten Abschluß zu bieten. Dieser Teil sollte je nach Länge der Untersuchungsphase circa 5 Minuten dauern.

Anhang D: Intervieweranweisungen zur Treatmentphase

1. Zuordnung des Kindes zu der jeweiligen Versuchsbedingung

Kind wird hereingeführt oder selbst vom Versuchsleiter abgeholt. Wichtig ist es hierbei, die Codenummer oder den Vornamen des Kindes zu erfahren (evtl. auch Alter und Geschlecht), um das für das jeweilige Kind vorbereitete Versuchsblatt heraussuchen zu können. Das Cassettengerät wird angestellt und der Versuchsleiter spricht kurz seinen Namen, die Codenummer und das Alter in das Außenmikrophon.

2. Begrüßung und Warming-up

- eigenen Namen nennen („Hallo, ich bin... Du hast ja ein schönes Kleid/Hose an. Wie alt bist du denn?“)
- Zweck des Gesprächs („Ich möchte dir gerne ein paar Fragen zu der Clownshow stellen, die du in der letzten Woche gesehen hast.“)
- Tonbandgerät („Dies ist ein Cassettenrecorder; kennst du den noch? Den möchte ich gerne anstellen, damit ich besser behalten kann, was du mir erzählst. Dazu möchte ich auch gerne dieses kleine Mikrophon an deinen Pullover machen. Möchtest du das vielleicht selber machen?“)
- „Hast du noch irgendwelche Fragen? Dann fangen wir einfach mal an.“

2. Treatment

Nachdem das entsprechende Versuchsblatt für das jeweilige Kind herausgesucht wurde, wird im Prinzip die Liste durchgegangen. Je nach Versuchsbedingung wird das Kind zu unterschiedlich vielen Items eingeladen zu spekulieren.

Experiment 1

Bedingung

A Wenn vor keinem der Items ein S steht, heißt das, daß das Kind in der Kontrollgruppe ist und zu keinem der Items eingeladen wird zu spekulieren. Dann wir das Kind zu jedem Item einfach gefragt, was der Clown damit in der Clownshow gemacht hat („Erinnere dich noch einmal an die Banane. Was hat der Clown noch mal mit der Banane gemacht?“). Falls das Kind die richtige Antwort gibt, sagt der Vl „Ja.“ oder „Mm.“ und geht zum nächsten Item über. Falls das Kind „Ich weiß nicht.“ sagt, oder in irgendeiner anderen Weise zu erkennen gibt, daß es sich nicht erinnern kann, gibt ihm der Vl die korrekte Antwort („Der Clown hat doch damit gegessen, ne?“). Falls das Kind eine falsche Antwort gibt („Der Clown hat sich da drauf gesetzt.“), widerspricht ihm der Vl sanft und gibt ihm nochmals die korrekte Antwort („Nein, der Clown hat doch damit gegessen, ne?"). Falls das Kind gar nichts oder etwas Absurdes sagt, gibt ihm der Vl die korrekte Antwort („Der Clown hat damit gegessen, ne?").

B Wenn vor allen Items auf dem Versuchsblatt ein S steht, bedeutet dies, daß das Kind zur Experimentalgruppe gehört. Das Kind wird also zunächst gefragt, was der Clown mit einem Item in der Clownshow tatsächlich getan hat („Erinnere dich noch einmal an die Banane. Was hat der Clown noch mal mit der Banane gemacht?"). Die drei Antwortmöglichkeiten des Kindes werden dann wie unter A gehandhabt. Anschließend wird das Kind zu allen Items eingeladen zu spekulieren **(„Was hätte der Clown denn noch mit der Banane machen können?").** Hier ist dem Kind dann wieder völlig frei gestellt, was es antwortet; auf die Antwort wird nicht reagiert.

Experiment 2

C Wenn vor der Hälfte der Items ein S steht, bedeutet dies, daß das Kind zu Experiment 2 gehört. Dies bedeutet, daß das Kind zu den Items, vor denen ein S steht, eingeladen wird zu spekulieren, und zu den anderen nicht. Wenn also vor einem Item ein S steht, wird das Kind zunächst gefragt, was der Clown damit in der Clownshow tatsächlich getan hat („Erinnere dich noch einmal an die Banane. Was hat der Clown noch mal mit der Banane gemacht?"). Die drei anschließenden Antwortmöglichkeiten des Kindes werden dann wie unter A gehandhabt. Dann allerdings wird das Kind zu den Items, vor denen ein S steht, zusätzlich eingeladen zu spekulieren **(„Was hätte der Clown denn noch mit der Banane machen können?").** Hier ist dem Kind dann völlig frei gestellt, was es antwortet; auf die Antwort wird bis auf „Mm." nicht reagiert. Bei allen anderen Items, vor denen kein S steht, wird so vorgegangen, wie unter A.

3. Abschluß

Nach dem letzten Item wird dem Kind für seine Teilnahme gedankt und noch einmal die letzten 5 Sekunden des Tonbandes vorgespielt, damit es seine eigene Stimme hören kann und der Vl kontrollieren kann, ob das Interview tatsächlich aufgenommen wurde oder das Tonband anfängt zu leiern. Das Außenmikrophon wird abgenommen und das Kind darf sich zum Abschluß eine kleine Belohnung aussuchen.

Anhang E: Kategoriensystem

E.1: Allgemeine Auswertungsregeln

1. Kategorien der Experimentalitems

Grundsätzliches Prinzip

Theoretisch kann es möglich sein, daß die Antwort eines Kindes aus mehreren Teilen besteht. Ist dies der Fall, wird die Antwort zunächst einmal in unterteilbare Sinneinheiten aufgegliedert. Hierbei orientieren wir uns an dem Begriff der prädikativen Proposition (vgl. z.B. Schnotz, 1988). Eine prädikative Proposition stellt eine Handlung oder einen Zustand dar. Hierbei sind ihre Prädikate oft Verben und ihre Argumente erfüllen bestimmte semantische Funktionen. Die Antwort eines Kindes wird also demnach in verschiedene beschriebene Handlungen oder Aktionen unterteilt. Jede Handlung oder prädikative Proposition wird anschließend einzeln und für sich ausgewertet. Ein Beispiel für einen Satz, der zwei prädikative Propositionen enthält, ist „Der Clown hat mit dem Messer getrommelt und einen Apfel durchgeschnitten". Diese Antwort wird also in einem ersten Schritt in die zwei Teile „Der Clown hat mit dem Messer getrommelt" und „Der Clown hat mit dem Messer einen Apfel durchgeschnitten" unterteilt. Jeder Teil wird dann auf den im folgenden dargestellten Dimensionen und auf die im folgenden beschriebene Art und Weise ausgewertet.

Aufteilung der prädikativen Proposition

Ist die Antwort eines Kindes auf das Vorhandensein mehrerer prädikativer Propositionen hin untersucht worden, so wird die einzelne Proposition in ihre Bestandteile unterteilt. Diese können maximal aus einem Verb und einem Objekt bestehen und werden dann auch so ausgewertet. Da das Subjekt immer das gleiche ist und auch schon in jeder Frage zu jeder Antwort impliziert ist (nämlich der Clown), wird es nicht weiter ausgewertet. Auch der Handlungsgegenstand, die experimentellen Items, werden in jeder Frage genannt, so daß sich die Antworten automatisch auf sie beziehen (Bsp. „Was hat der Clown mit dem Messer gemacht?" „Hat damit einen Apfel durchgeschnitten."). Dies bedeutet, daß es sich bei dem auszuwertenden Objekt in der Antwort des Kindes (im o.g. Bsp. ist es Apfel) um ein weiteres, sozusagen ein zweites Objekt handelt.

Teilt man nun jede prädikative Proposition in Verb und Objekt auf (Im Einzelfall kann es sich auch nur um ein Verb ohne Objekt handeln; Bsp. „Was hat der Clown mit den Bauklötzen gemacht?" „Gebaut."), so ist jedes in eine der Kategorien des Scoringblattes (siehe E. 3) einzuordnen und der entsprechende Wert zuzuweisen.

Prinzip des Scoringblattes

Auf dem Scoringblatt befinden sich die 12 Experimentalitems und die 12 Kontrollitems einer Clownshow. Zu jedem der Items auf dem Blatt wird nun die passende Antwort auf dem Interviewtranskriptblatt gesucht. Des weiteren befinden sich pro Item auf dem Scoringblatt 6 Spalten. Diese sind mit Verb1, Objekt 1, Verb 2, Objekt 2 und Verknüpfung überschrieben. Nachdem also die Antwort eines Kindes in die Anzahl an vorhandenen präpositionalen Propositionen unterteilt wurde (in der überwiegenden Mehrzahl der Fälle wird dies nur eine sein), wird jede für sich und nacheinander ausgewertet. Die Zahl 1 steht für den ersten Auswertungsteil, die erste präpositionale Proposition also, und die Zahl 2 für die zweite. Verb 1 steht für das Verb in diesem ersten Auswertungsteil, Objekt 1 für das Objekt. In der jeweiligen Spalte also wird entschieden, in welche Kategorie des Kategorienbaumes das Verb oder das Objekt der jeweiligen Proposition einzuordnen sind und die entspreche Zahl dann in den Kasten geschrieben. Wenn, wie in den meisten Fällen, gar keine zweite Proposition, also kein zweiter Auswertungsteil vorhanden ist, so wird in die entsprechenden Kästchen eine 0 eingetragen. In die letzte Spalte Verknüpfung wird nur dann keine 0 eingetragen, wenn die Antwort mehr als eine Proposition enthält. Wenn die beiden Propositionen durch das Wort „und“ verknüpft werden, wird der Wert 1 vergeben (Bsp. „Der Clown hat mit dem Messer getrommelt und damit eine Banane durchgeschnitten.“). Wenn die beiden Propositionen durch das Wort „oder“ verknüpft werden, wird für diese Spalte der Wert 2 vergeben.

Die letzte Spalte auf dem Scoringblatt wird nur angekreuzt und zwar dann, wenn die Beantwortung dieses speziellen Items als Antwort auf die offene Eingangsfrage genannt wurde. Diese freien Antworten sind im oberen Teil des Interviewtranskriptblattes zu finden, oder auf der Rückseite.

Zuweisung eines Wertes zu dem Verb

Die Regeln für die beiden Kategorien *Verb korrekt* und *hoch erwartbare Spekulation* sind noch einmal extra für beide Clownshows expliziert (siehe gesondert „Follow-up Phase: Scoringregeln für Items aus Clownshow“). Wenn man also meint, ein Verb in eine dieser beiden Kategorien einordnen zu müssen, ist in dieser Ausarbeitung genau nachzulesen, ob dies in Abhängigkeit von der jeweils in diesem speziellen Fall gezeigten Clownshow den Regeln entspricht. Ist ein Verb korrekt, ist ihm der Wert 1 zuzuweisen, ist ein Verb falsch und entspricht der hoch erwartbaren Spekulation, ist ihm der Wert 2 zuzuweisen. Diese beiden Kategorien sind besonders wichtig für die zentralen Hypothesen.

Für die Kategorie *sonstiges falsches Verb* wird der Wert 3 vergeben. Ein Verb ist dann in diese Kategorie einzuordnen, wenn es sich auf eine Handlung bezieht, die weder korrekt, also nicht in der Clownshow vorhanden, noch hoch erwartbar (wie in den gesonderten Regeln festgelegt) aber dennoch falsch ist.

Beispiel:	In der Clownshow:	Clown setzt sich auf die Flasche
	hoch erwartbare Spekulation:	Clown trinkt aus der Flasche
	Antwort:	Clown schlägt Flasche kaputt

Wenn Kind auf die Frage "Was hat der Clown mit der Flasche gemacht?" antwortet "kaputt schlagen", so wird für das Verb in dieser Handlung der Wert 3 vergeben (ein zu wertendes Objekt ist in diesem Falle nicht vorhanden).

Gibt die Antwort des Kindes in irgendeiner Weise wieder, daß das Kind sich nicht erinnern kann oder sagt das Kind explizit „Ich weiß nicht", so ist dieser Antwort der Wert 4 zuzuweisen. Sagt das Kind auf die Frage des Interviewers „Was hat der Clown mit der... gemacht?" „Nichts", so ist dieser Antwort der Wert 5 zugeordnet. Wenn die Antwort eines Kindes entweder unverständlich ist oder offensichtlich in keinem Zusammenhang mit der Frage steht, wird ihr der Wert 6 zugewiesen.

Beispiel:	In der Clownshow:	Clown trommelt mit Messer
	Antwort:	Mein Vater hat ein Zimmer in Hamburg.

Wenn Kind auf die Frage "Was hat der Clown mit dem Messer gemacht?" antwortet "Mein Vater hat ein Zimmer in Hamburg", so wird für sie der Wert 6 vergeben.

Diese letzten drei Dimensionen, für die entweder der Wert 4, 5 oder 6 vergeben werden kann, sind strenggenommen willkürlich der Dimension „Verb" zugeordnet. Sie sind nur der Einfachheit halber hierunter gefaßt. Praktisch sieht das gerade Beschriebene so aus, daß dem Verb der ersten prädikativen Präposition (und im Regelfall wird die Antwort eines Kindes nur eine enthalten) unter Verb 1 auf dem Scoringblatt ein Wert zugeordnet wird. Wenn es sich bei der Antwort des Kindes um „Ich weiß nicht", „Nichts" oder eine unverständliche Antwort handelt, wird ihr der entsprechende Kategorienwert auch unter Verb 1 auf dem Scoringblatt zugewiesen. Auf den im folgenden beschriebenen Dimensionen Objekt 1, Verb 2 und Objekt 2 wird in diesem Fall jeweils eine 0 gewertet, es sei denn, „Ich weiß nicht" ist nur ein Teil der Antwort. Wenn es der erste Teil einer Antwort ist und anschließend folgt eine andere prädikative Proposition, wird diese auf Verb 2 und Objekt 2 nochmal unabhängig gewertet. Ist „Ich weiß nicht" der zweite Teil einer Antwort und steht vor ihm noch eine andere, präpositionale Proposition, so wird diese auf Verb 1 und Objekt 2 gewertet und für Verb 2 wird dann eine 4 vergeben (und für Objekt 2 eine 0).

Zuweisung eines Wertes zu dem Objekt

Ist das in einer prädikative Proposition vorhandene Objekt richtig, so bekommt es auf der Dimension Objekt 1 eine 1. Richtig ist ein Objekt dann, wenn der Clown dies auch in der Clownshow in der erfragten Handlung benutzt hat.

Handelt es sich bei dem erwähnten Objekt um einen Gegenstand, der zwar an anderer Stelle in der Clownshow vorkam, nicht aber in direktem Zusammenhang mit der erfragten Handlung steht, so ist ihm der Wert 2 unter Objekt 1 zuzuordnen.

Beispiel:	In der Clownshow:	Clown trommelt mit dem Messer
	Antwort:	Clown schneidet mit dem Messer Banane

Wenn ein Kind auf die Frage "Was hat der Clown mit dem Messer gemacht?" antwortet "Banane schneiden", so wird für Verb 1 der Wert 2 vergeben (weil hoch erwartbare Spekulation) und für Objekt 1 der Wert 2 vergeben (weil der Gegenstand Banane zwar an anderer Stelle in der Clownshow vorkommt, nicht aber in diesem erfragten Zusammenhang vorkommt).

Handelt es sich bei dem erwähnten Objekt um einen Gegenstand, der weder in der erfragten Handlung noch an anderer Stelle in der Clownshow vorkam, so wird für diesen unter Objekt 1 der Wert 3 vergeben.

Beispiel:	In der Clownshow:	Clown trommelt mit Messer
	Antwort:	Clown schneidet mit dem Messer Fleisch

Wenn Kind auf die Frage " Was hat der Clown mit dem Messer gemacht?" antwortet "Fleisch schneiden", so wird für Verb 1 der Wert 2 vergeben (weil hoch erwartbare Spekulation) und für Objekt 1 der Wert 3 vergeben (weil der Gegenstand Fleisch weder Gegenstand der erfragten Handlung ist, noch an anderer Stelle in der Clownshow vorkommt).

Wenn die Antwort des Kindes für diese prädikative Proposition kein Objekt enthält, so wird für sie unter der jeweiligen Objekt-Dimension der Wert 0 vergeben.

2. Kategorien Kontrollitems

Die Vorgehensweise für die Kontrollitems ist im Prinzip die gleiche wie auch bei den Experimentalitems. Der einzige Unterschied ist, daß es eine Kategorie weniger für das Verb einer jeweiligen prädikativen Proposition gibt. Dies ergibt sich aus der experimentellen Konzeption, das es für die Kontrollitems keine hoch erwartbaren, aber falschen Spekulationen gibt. Hier kann ein Verb entweder nur korrekt oder falsch sein.

3. Itemübergreifende Scoringregeln

- Wenn das Kind im Konjunktiv ("Der könnte gemalt haben.") auf die Frage antwortet "Was hat der Clown mit dem... gemacht?", so wird diese Antwort wie eine normale Antwort im Indikativ behandelt ("Der hat gemalt.").
- Mimik, Geräusche und Gesten, die eindeutig zuzuordnen sind, werden wie „richtige" Antworten gehandhabt. Sie werden einfach als eine andere aber gleichberechtigte Ausdrucksebene angesehen.
- Wenn das Kind sich eindeutig innerhalb einer Antwort verbessert, so wird nur die Verbesserung berücksichtigt.
- Im Einzelfall ging der Clown bei der Darbietung einer Handlung über das hinaus, was er laut Anweisungen in der Clownshow darbieten sollte. Deshalb ist vor dem Zuordnen der Antworten der Kinder zu den Kategorien unbedingt das Videoband anzusehen oder im Zweifelsfall zu Rate zu ziehen, um den Wahrheits- und Spekulationsgehalt einer Antwort zu beurteilen. Es ist durchaus der Fall, daß hoch wahrscheinliche Elaborationen tatsächlich doch nicht in der Clownshow gezeigt wurden und daß relativ unwahrscheinliche Handlungen bei näherer Betrachtung doch vom Clown gezeigt wurden.
- Wenn eine Antwort zwei Handlungen enthält, die jeweils der Definition einer prädikativen Proposition entsprechen, die aber offensichtlich beide Teil desselben Handlungs-skripts sind, so sind sie als eine Handlung zu kategorisieren, also nur unter Verb 1 zu werten (Bsp. „Der Clown hat die Banane geschält und gegessen.").
- Wenn nur ein Teil einer Antwort unverständlich ist, wird er auf den betreffenden Dimensionen mit 0 gewertet.
- Durch eine Zwischenfrage des Vls kann es auch zu zwei prädikativen Propositionen innerhalb einer Antwort kommen. Diese werden dann als solche gewertet; für Verknüpfung wird allerdings eine 0 gewertet.
- Wenn zwei Mal das gleiche Verb genannt wird, so ist diese Wiederholung nur wie ein Verb, also eine prädikative Proposition zu werten.
- Wenn das Kind nichts sagt, sagt „Hab ich vergessen." oder „Hab ich nicht gesehen.", so ist diese Antwort wie „Ich weiß nicht" zu werten.
- Wenn eine Antwort nicht nur auf die offene Anfangsfrage, sondern auch später im Interview frei genannt wird (also unabhängig von ihrer speziellen Frage), so ist dennoch für die Dimension „offene Frage" der Wert 1 zu vergeben.
- Aussagen, hinter denen im Transkript ein ? steht, werden als „Sonstiges" gewertet, wenn sie ein Verb sind, ansonsten werden sie mit 0 gewertet oder weggelassen.
- MV ist für Missing Values einzusetzen.

- Ein spekulativer Zusatz zu einer Antwort, wie z.B. „Könnte auch platzen.“, wird nicht gewertet.
- Wenn der VL etwas nachspricht, wird dies auch gewertet.
- Wenn das Kind in der Antwort eine Absichtserklärung abgibt wie z.B. „Der wollte sich immer auf den Löffel setzen.“, so wird dies wie eine normale Antwort gewertet, die eine echte Handlung darstellt.
- Wenn das Kind sich innerhalb einer Antwort verbessert, so wird bei der Wertung nur die Besserung berücksichtigt.
- Wenn das Kind zusätzlich zu einer Antwort auf eine spezifische Frage noch etwas anderes aus der Clownshow erzählt, was nicht im Zusammenhang mit der speziellen Frage steht, so wird dies nicht gewertet.
- Baby ist mit Puppe gleichzusetzen.
- Die Antwort „Zähne putzen.“ wird auf den beiden Dimensionen Verb und Objekt gewertet.
- Die Antwort „Hat so getan als ob...“ wird ebenfalls wie eine normale Antwort gewertet, die eine echte Handlung darstellt.
- Eine Antwort, die eine negative Formulierung enthält („Hat nichts gemacht.“), wird gewertet und zwar wie die positive Form dieser Antwort.
- Die Antwort eines Kindes auf eine Suggestivfrage des VL wird als „Sonstiges“ gewertet.
- Wenn die Antwort eines Kindes offensichtlich ein Skript enthält, wie z.B. „Der Clown hat die Banane geschält und gegessen.“, so handelt es sich hierbei um zwei prädikative Propositionen, die auch jeweils getrennt gewertet werden.
- Einige Handlungen wie z.B. „Auf den Arm nehmen.“ oder „Durch die Beine stecken.“ bestehen zwar streng genommen aus einem Verb und einem Objekt, da die Verben aber ohne die Objekte keinen Sinn machen, wird die komplette Antwort jeweils nur unter der Dimension „Verb“ gewertet.
- Die Zusätze „Und mehr weiß ich nicht.“ und „Da muß man mit...“ zu einer Antwort werden ignoriert und nicht gewertet.
- Wenn ein Verb auf den ersten Blick nicht richtig ist, auf dem zweiten Blick aber eine kindgerechte Interpretation der tatsächlichen Handlung ist, so wird es als richtig gewertet (z.B. „Der Clown hat die Zigarette als Penis benutzt.“).
- Die Antworten „Da war (doch) kein...!“ oder „Der hatte kein...!“ werden als „Nix“-Antwort gewertet.

E.2 Spezifische Auswertungsregeln

Follow-up Phase: Scoringregeln für Items aus Clownshow 1

Banane: * Die Antwort wird als **korrektes Verb** gewertet, wenn das Kind irgendeine Form des Verbes „treten“ benutzt oder auf andere Art eindeutig beschreibt, daß der Clown auf die Banane getreten hat.

* Die Antwort wird als **hoch erwartbare Spekulation** gewertet, wenn das Kind irgendeine Form des Wortes „essen“ benutzt oder auf andere Art eindeutig beschreibt, daß der Clown die Banane gegessen hat.

Schuhe: * Die Antwort des Kindes wird als **korrektes Verb** gewertet, wenn das Kind eindeutig beschreibt, daß der Clown die Schuhe angezogen hat.

* Die Antwort des Kindes wird als **Spekulation** gewertet, wenn das Kind irgendeine Handlung beschreibt, die sich eindeutig von der Handlung „anziehen“ unterscheidet.

Fahrrad: * Die Antwort des Kindes wird als **korrektes Verb** gewertet, wenn das Kind irgendeine Form des Verbes „fahren“ benutzt oder auf andere Art eindeutig beschreibt, daß der Clown auf dem Fahrrad gefahren ist.

* Die Antwort des Kindes wird als **Spekulation** gewertet, wenn das Kind irgendeine Handlung beschreibt, die sich eindeutig von der Handlung „Fahren“ unterscheidet.

4. Bauklötze: * Die Antwort des Kindes wird als **korrektes Verb** gewertet, wenn das Kind irgendeine Form des Verbes „malen“ benutzt oder auf andere Art eindeutig beschreibt, daß der Clown die Bauklötze angemalt hat.

* Die Antwort des Kindes wird als **hoch erwartbare Spekulation** gewertet, wenn das Kind irgendeine Form der Verben „bauen“ oder „spielen“ benutzt oder auf andere Art eindeutig beschreibt, daß der Clown mit den Bauklötzen gespielt oder gebaut hat.

Schlüssel: * Die Antwort des Kindes wird als **korrektes Verb** gewertet, wenn das Kind irgendeine Form des Verbes „werfen“ oder „schmeissen“ benutzt oder auf andere Art eindeutig beschreibt, daß der Clown den Schlüssel durch den Raum geworfen hat oder hingeschmissen hat.

* Die Antwort des Kindes wird als **hoch erwartbare Spekulation** gewertet, wenn das Kind irgendeine Form des Verbes

„schliessen“ benutzt oder auf andere Art eindeutig beschreibt, daß der Clown mit dem Schlüssel eine Tür auf- oder zugeschlossen hat.

Buch: * Die Antwort des Kindes wird als **korrektes Verb** gewertet, wenn das Kind irgendeine Form der Verben „lesen“ oder „gukken“ benutzt oder auf andere Art eindeutig beschreibt, daß der Clown das Buch gelesen hat.

* Die Antwort des Kindes wird als **Spekulation** gewertet, wenn das Kind irgendeine Handlung beschreibt, die sich eindeutig von der Handlung ‘Lesen’ unterscheidet.

Telefon: * Die Antwort des Kindes wird als **korrektes Verb** gewertet, wenn das Kind irgendeine Form der Verben „waschen“ oder „putzen“ benutzt oder auf andere Art eindeutig beschreibt, daß der Clown das Telefon gewaschen oder geputzt hat.

* Die Antwort des Kindes wird als **hoch erwartbare Spekulation** gewertet, wenn das Kind irgendeine Form der Verben „anrufen“, „telefonieren“ oder „sprechen“ benutzt.

Schere: * Die Antwort des Kindes wird als **korrektes Verb** gewertet, wenn das Kind irgendeine Form des Verbes „schneiden“ benutzt oder auf andere Art eindeutig beschreibt, daß der Clown mit der Schere ein Blatt Papier durchgeschnitten hat.

* Die Antwort des Kindes wird als **Spekulation** gewertet, wenn das Kind irgendeine Handlung beschreibt, die sich eindeutig von der Handlung ‘Schneiden’ unterscheidet.

Mütze: * Die Antwort des Kindes wird als **korrektes Verb** gewertet, wenn das Kind eindeutig beschreibt, daß sich der Clown die Mütze auf den Kopf gesetzt hat.

* Die Antwort des Kindes wird als **Spekulation** gewertet, wenn das Kind irgendeine Handlung beschreibt, die sich eindeutig von „Die Mütze auf den Kopf setzen“ unterscheidet.

Löffel: * Die Antwort des Kindes wird als **korrektes Verb** gewertet, wenn das Kind irgendeine Form der Verben „sitzen“ oder „setzen“ benutzt oder auf andere Art eindeutig beschreibt, daß der Clown sich auf den Löffel gesetzt hat.

* Die Antwort des Kindes wird als **hoch erwartbare Spekulation** gewertet, wenn das Kind irgendeine Form des Verbes „essen“ benutzt oder auf andere Art eindeutig beschreibt, daß der Clown mit dem Löffel gegessen hat.

Spaghetti: * Die Antwort des Kindes wird als **korrektes Verb** gewertet, wenn das Kind irgendeine Form des Verbes „essen“ benutzt oder auf andere Art eindeutig beschreibt, daß der Clown die Spaghetti gegessen hat.

* Die Antwort wird als **Spekulation** gewertet, wenn das Kind irgendeine Handlung beschreibt, die sich eindeutig von der Handlung „Essen“ unterscheidet. *Achtung: der Clown hat die Spaghetti nicht mit der Gabel, sondern mit den Fingern gegessen!*

12. Puppe: * Die Antwort des Kindes wird als **korrektes Verb** gewertet, wenn das Kind irgendeine Form des Verbes „spielen“ benutzt oder auf andere Art eindeutig beschreibt, daß der Clown mit der Puppe gespielt hat. *Da der Clown bei diesem Item eine sehr freie Interpretation der Handlung „Spielen“ vorgenommen hat, kann es im Einzelfall sein, daß eine über'spielen' hinaus beschriebene Handlung mit der Puppe nach Ansicht des Videos durchaus auch als korrekte Interpretation der Clownhandlung mit der Puppe anzusehen ist. In diesem Fall ist ebenfalls eine Antwort als **korrektes Verb** zu werten.*

* Die Antwort des Kindes wird als **Spekulation** gewertet, wenn das Kind irgendeine Handlung beschreibt, die sich eindeutig von der Handlung „Spielen“ im Sinne der in der Clownshow gezeigten Handlung unterscheidet.

Tasse: * Die Antwort des Kindes wird als **korrektes Verb** gewertet, wenn das Kind irgendeine Form des Verbes „küssen“ benutzt oder auf andere Art eindeutig beschreibt, daß der Clown die Tasse geküsst hat.

* Die Antwort des Kindes wird als **hoch erwartbare Spekulation** gewertet, wenn das Kind irgendeine Form des Wortes „trinken“ benutzt oder auf andere Art eindeutig beschreibt, daß der Clown aus der Tasse getrunken hat.

Stift: * Die Antwort des Kindes wird als **korrektes Verb** gewertet, wenn das Kind irgendeine Form der Verben „kauen“ oder „beißen“ oder „essen" benutzt oder auf andere Art eindeutig beschreibt, daß der Clown den Stift in den Mund genommen hat.

* Die Antwort des Kindes wird als **hoch erwartbare Spekulation** gewertet, wenn das Kind irgendeine Form der Verben „schreiben“ oder „malen“ benutzt oder auf andere Art eindeutig beschreibt, daß der Clown mit dem Stift geschrieben oder gemalt hat.

Hose: * Die Antwort des Kindes wird als **korrektes Verb** gewertet, wenn das Kind irgendeine Form des Verbes „gießen“ benutzt oder auf andere Art eindeutig beschreibt, daß der Clown die Hose mit einer Gießkanne naß gemacht hat.

* Die Antwort des Kindes wird als **hoch erwartbare Spekulation** gewertet, wenn das Kind irgendeine Form des Verbes „an-

ziehen“ benutzt oder auf andere Art eindeutig beschreibt, daß der Clown die Hose angezogen hat.

Gabel: * Die Antwort des Kindes wird als **korrektes Verb** gewertet, wenn das Kind irgendeine Form des Verbes „essen“ benutzt oder auf andere Art eindeutig beschreibt, daß der Clown mit der Gabel gegessen hat.

* Die Antwort des Kindes wird als **Spekulation** gewertet, wenn das Kind irgendeine Handlung beschreibt, die sich eindeutig von der Handlung „Essen“ unterscheidet

Flasche: * Die Antwort des Kindes wird als **korrektes Verb** gewertet, wenn das Kind irgendeine Form des Verbes „trinken“ benutzt oder auf andere Art eindeutig beschreibt, daß der Clown aus der Flasche getrunken hat.

* Die Antwort des Kindes wird als **Spekulation** gewertet, wenn das Kind irgendeine Handlung beschreibt, die sich eindeutig von der Handlung „Trinken“ unterscheidet.

Messer: * Die Antwort des Kindes wird als **korrektes Verb** gewertet, wenn das Kind irgendeine Form der Verben „trommeln“ oder „schlagen“ oder „hauen“ benutzt oder auf andere Art eindeutig beschreibt, daß das Kind mit dem Messer auf dem Boden, der Kiste und/oder der Bank getrommelt hat.

* Die Antwort des Kindes wird als **hoch erwartbare Spekulation** gewertet, wenn das Kind irgendeine Form des Verbes „schneiden“ benutzt oder auf andere Art eindeutig beschreibt, daß der Clown mit dem Messer etwas geschnitten hat.

Seife: * Die Antwort des Kindes wird als **korrektes Verb** gewertet, wenn das Kind irgendeine Form der Verben „waschen“ oder „putzen“ benutzt oder auf andere Art eindeutig beschreibt, daß sich der Clown mit der Seife gewaschen hat.

* Die Antwort des Kindes wird als **Spekulation** gewertet, wenn das Kind irgendeine Handlung beschreibt, die sich eindeutig von der Handlung „Waschen“ unterscheidet.

20. Cassette: * Die Antwort des Kindes wird als **korrektes Verb** gewertet, wenn das Kind eindeutig beschreibt, daß der Clown sich die Cassette auf den Kopf gelegt hat.

* Die Antwort des Kindes wird als **hoch erwartbare Spekulation** gewertet, wenn das Kind irgendeine Form der Verben „hören“ oder „anmachen“ benutzt oder auf andere Art eindeutig beschreibt, daß der Clown sich die Cassette angehört hat.

Bie diesem Item wird ausnahmsweise auch die Kombination „Musik hören“ als hoch erwartbares Verb gewertet, und „Musik“ nicht mehr einzeln als Objekt.

21. Zahnbürste: *Die Antwort des Kindes wird als **korrektes Verb** gewertet, wenn das Kind irgendeine Form der Verben „kämmen" oder „bürsten" benutzt oder auf andere Art eindeutig beschreibt, daß der Clown sich mit der Zahnbürste die Haare gekämmt hat.

* Die Antwort des Kindes wird als **hoch erwartbare Spekulation** gewertet, wenn das Kind eindeutig beschreibt, daß sich der Clown mit der Zahnbürste die Zähne geputzt hat.

Auch bei diesem Item wird ausnahmsweise die Kombination „Zähne putzen" als hoch erwartbares Verb gewertet, und „Zähne" nicht mehr einzeln als Objekt.

Handtuch: * Die Antwort des Kindes wird als **korrektes Verb** gewertet, wenn das Kind irgendeine Form der Verben „trocknen" oder „putzen" benutzt oder auf andere Art eindeutig beschreibt, daß sich der Clown mit dem Handtuch abgetrocknet hat.

* Die Antwort des Kindes wird als **Spekulation** gewertet, wenn das Kind irgendeine Handlung beschreibt, die sich eindeutig von der Handlung „Sich mit einem Handtuch abtrocknen" unterscheidet.

Stuhl: * Die Antwort des Kindes wird als **korrektes Verb** gewertet, wenn das Kind irgendeine Form des Verbes „sitzen" benutzt oder auf andere Art eindeutig beschreibt, daß sich der Clown auf den Stuhl gesetzt hat.

* Die Antwort des Kindes wird als **Spekulation** gewertet, wenn das Kind irgendeine Handlung beschreibt, die sich eindeutig von der Handlung „Sitzen" unterscheidet.

Zigarette: * Die Antwort des Kindes wird als **korrektes Verb** gewertet, wenn das Kind eindeutig beschreibt, daß sich der Clown die Zigarette zwischen die Beine gesteckt hat.

* Die Antwort des Kindes wird als **hoch erwartbare Spekulation** gewertet, wenn das Kind irgendeine Form des Verbes „rauchen" benutzt oder auf andere Art eindeutig beschreibt, daß der Clown die Zigarette geraucht hat.

Follow-up Phase: Scoringregeln für Items aus Clownshow 2

Schuhe: * Die Antwort wird als **korrektes Verb** gewertet wenn das Kind irgendeine Form des Wortes „gießen" benutzt oder auf andere Art eindeutig beschreibt, daß der Clown die Schuhe mit einer Gießkanne gegossen hat.

* Die Antwort wird als **hoch erwartbare Spekulation** gewertet, wenn das Kind irgendeine Form des Verbes „anziehen" benutzt oder auf andere Art eindeutig beschreibt, daß der Clown sich die Schuhe angezogen hat.

2. Banane: * Die Antwort wird als **korrektes Verb** gewertet, wenn das Kind irgendeine Form des Verbes „essen" benutzt oder auf andere Art eindeutig beschreibt, daß der Clown die Banane gegessen hat.

* Die Antwort wird als **Spekulation** gewertet, wenn das Kind irgendeine Handlung beschreibt, die sich eindeutig von der Handlung „Essen" unterscheidet.

Bauklötze: * Die Antwort wird als **korrektes Verb** gewertet, wenn das Kind irgendeine Form der Verben „bauen" oder „spielen" benutzt oder auf andere Art eindeutig beschreibt, daß der Clown mit den Bauklötzen gebaut hat.

* Die Antwort wird als **Spekulation** gewertet, wenn das Kind irgendeine Handlung beschreibt, die sich eindeutig von den Handlungen „Bauen" oder „Spielen" unterscheidet.

Fahrrad: * Die Antwort wird als **korrektes Verb** gewertet, wenn das Kind irgendeine Form der Verben „malen" oder „streichen" benutzt oder auf andere Art eindeutig beschreibt, daß der Clown das Fahrrad angemalt hat.

* Die Antwort wird als **hoch erwartbare Spekulation** gewertet, wenn das Kind irgendeine Form des Verbes „fahren" benutzt oder auf andere Art eindeutig beschreibt, daß der Clown auf dem Fahrrad gefahren ist.

Buch: * Die Antwort wird als **korrektes Verb** gewertet, wenn das Kind irgendeine Form der Verben „werfen" oder „schmeißen" benutzt oder auf andere Art eindeutig beschreibt, daß der Clown das Buch durch den Raum geworfen oder hingeschmissen hat.

* Die Antwort wird als **hoch erwartbare Spekulation** gewertet, wenn das Kind irgendeine Form des Wortes „lesen" oder „gucken" benutzt oder auf andere Art eindeutig beschreibt, daß der Clown das Buch gelesen oder sich angeguckt hat.

Schlüssel: * Die Antwort des Kindes wird als **korrektes Verb** gewertet, wenn das Kind irgendeine Form des Verbes „schließen" benutzt oder auf andere Art eindeutig beschreibt, daß der Clown mit dem Schlüssel eine Tür aufgeschlossen hat.

* Die Antwort des Kindes wird als **Spekulation** gewertet, wenn das Kind irgendeine Handlung beschreibt, die sich eindeutig von der Handlung „schließen" unterscheidet.

<u>Stuhl:</u> * Die Antwort des Kindes wird als **korrektes Verb** gewertet, wenn das Kind irgendeine Form der Verben „putzen" oder „waschen" benutzt oder auf andere Art eindeutig beschreibt, daß der Clown den Stuhl gewaschen hat.

* Die Antwort des Kindes wird als **hoch erwartbare Spekulation** gewertet, wenn das Kind irgendeine Form des Verbes „sitzen" benutzt oder auf andere Art eindeutig beschreibt, daß der Clown sich auf den Stuhl gesetzt hat.

<u>Telefon:</u> * Die Antwort des Kindes wird als **korrektes Verb** gewertet, wenn das Kind irgendeine Form der Verben „telefonieren", „anrufen" oder „sprechen" benutzt oder auf andere Art eindeutig beschreibt, daß der Clown mit dem Telefon telefoniert hat.

* Die Antwort des Kindes wird als **Spekulation** gewertet, wenn das Kind irgendeine Handlung beschreibt, die sich eindeutig von der Handlung „Telefonieren" unterscheidet.

<u>Löffel:</u> * Die Antwort des Kindes wird als **korrektes Verb** gewertet, wenn das Kind irgendeine Form des Verbes „essen" benutzt oder auf andere Art eindeutig beschreibt, daß der Clown mit dem Löffel gegessen hat.

* Die Antwort des Kindes wird als **Spekulation** gewertet, wenn das Kind irgendeine Handlung beschreibt, die sich eindeutig von der Handlung „Essen" unterscheidet.

<u>Schere:</u> * Die Antwort des Kindes wird als **korrektes Verb** gewertet, wenn das Kind irgendeine Form des Verbes „trommeln" benutzt oder auf andere Art eindeutig beschreibt, daß der Clown mit der Schere getrommelt hat.

* Die Antwort des Kindes wird als **hoch erwartbare Spekulation** gewertet, wenn das Kind irgendeine Form des Verbes „schneiden" benutzt oder auf andere Art eindeutig beschreibt, daß der Clown mit der Schere geschnitten hat.

<u>Tasse:</u> * Die Antwort des Kindes wird als **korrektes Verb** gewertet, wenn das Kind irgendeine Form des Verbes „trinken" benutzt oder auf andere Art eindeutig beschreibt, daß der Clown aus der Tasse getrunken hat.

* Die Antwort des Kindes wird als **Spekulation** gewertet, wenn das Kind irgendeine Handlung beschreibt, die sich eindeutig von der Handlung „Trinken" unterscheidet.

Hose: * Die Antwort des Kindes wird als **korrektes Verb** gewertet, wenn das Kind irgendeine Form des Verbes „anziehen" benutzt oder auf andere Art eindeutig beschreibt, daß sich der Clown die Hose angezogen hat.

* Die Antwort des Kindes wird als **Spekulation** gewertet, wenn das Kind irgendeine Handlung beschreibt, die sich eindeutig von der Handlung „Anziehen" unterscheidet.

Mütze: * Die Antwort des Kindes wird als **korrektes Verb** gewertet, wenn das Kind irgendeine Form des Verbes „treten" benutzt oder auf andere Art eindeutig beschreibt, daß der Clown auf die Mütze getreten ist.

* Die Antwort des Kindes wird als **hoch erwartbare Spekulation** gewertet, wenn das Kind irgendeine Form des Verbes „aufsetzen" benutzt oder auf andere Art eindeutig beschreibt, daß sich der Clown die Mütze auf den Kopf gesetzt hat.

Spaghetti: * Die Antwort des Kindes wird als **korrektes Verb** gewertet, wenn das Kind eindeutig beschreibt, daß sich der Clown die Spaghetti auf den Kopf gelegt hat.

* Die Antwort des Kindes wird als **hoch erwartbare Spekulation** gewertet, wenn das Kind irgendeine Form des Verbes „essen" benutzt oder auf andere Art eindeutig beschreibt, daß der Clown die Spaghetti gegessen hat.

Puppe: * Die Antwort des Kindes wird als **korrektes Verb** gewertet, wenn das Kind irgendeine Form des Verbes „küssen" benutzt oder auf andere Art eindeutig beschreibt, daß der Clown die Puppe geküßt hat.

* Die Antwort des Kindes wird als **hoch erwartbare Spekulation** gewertet, wenn das Kind irgendeine Form des Verbes „spielen" benutzt oder auf andere Art eindeutig beschreibt, daß der Clown mit der Puppe gespielt hat.

Stift: * Die Antwort des Kindes wird als **korrektes Verb** gewertet, wenn das Kind irgendeine Form der Verben „malen" oder „schreiben" benutzt oder auf andere Art eindeutig beschreibt, daß der Clown mit dem Stift geschrieben oder gemalt hat.

* Die Antwort des Kindes wird als **Spekulation** gewertet, wenn das Kind irgendeine Handlung beschreibt, die sich eindeutig von der Handlung „Malen" oder „Schreiben" unterscheidet.

Cassette: * Die Antwort des Kindes wird als **korrektes Verb** gewertet, wenn das Kind irgendeine Form der Verben „hören" oder „anmachen" benutzt oder auf ander Art eindeutig beschreibt, daß der Clown sich die Cassette angehört hat. *Die Kombination „Musik* *hören" wird hier ausnahmeweise als richtiges Verb gewertet und „Musik" nicht mehr einzeln als Objekt.*

* Die Antwort des Kindes wird als **Spekulation** gewertet, wenn das Kind irgendeine Handlung beschreibt, die sich eindeutig von der Handlung „(Musik)hören" oder „Anmachen" unterscheidet.

Gabel: * Die Antwort des Kindes wird als **korrektes Verb** gewertet, wenn das Kind irgendeine Form der Verben „kämmen" oder „bürsten" benutzt oder auf andere Art eindeutig beschreibt, daß sich der Clown mit der Gabel gekämmt hat.

* Die Antwort des Kindes wird als **hoch erwartbare Spekulation** gewertet, wenn das Kind irgendeine Form des Verbes „essen" benutzt oder auf andere Art eindeutig beschreibt, daß der Clown mit der Gabel gegessen hat.

Messer: * Die Antwort des Kindes wird als **korrektes Verb** gewertet, wenn das Kind irgendeine Form des Verbes „schneiden" benutzt oder auf andere Art eindeutig beschreibt, daß der Clown mit dem Messer einen Apfel durchgeschnitten hat. *Achtung: wenn das Kind zwar das Verb „schneiden" aber ein falsches 2. Objekt benutzt, so wird die Antwort trotzdem unter korrekt gewertet und zusätzlich unter der entsprechenden Objektkategorie!*

* Die Antwort des Kindes wird als **Spekulation** gewertet, wenn das Kind irgendeine Handlung beschreibt, die sich eindeutig von der Handlung „Schneiden" unterscheidet.

Flasche: * Die Antwort des Kindes wird als **korrektes Verb** gewertet, wenn das Kind irgendeine Form des Verbes „sitzen" benutzt oder auf andere Art eindeutig beschreibt, daß der Clown sich auf die Flasche gesetzt hat.

* Die Antwort des Kindes wird als **hoch erwartbare Spekulation** gewertet, wenn das Kind irgendeine Form des Verbes „trinken" benutzt oder auf andere Art eindeutig beschreibt, daß der Clown aus der Flasche getrunken hat.

Seife: * Die Antwort des Kindes wird als **korrektes Verb** gewertet, wenn das Kind irgendeine Form des Verbes „essen" benutzt oder auf andere Art eindeutig beschreibt, daß der Clown die Seife in den Mund genommen und/oder gegessen hat.

* Die Antwort des Kindes wird als **hoch erwartbare Spekulation** gewertet, wenn das Kind irgendeine Form der Verben „waschen" oder „putzen" benutzt oder auf andere Art eindeutig beschreibt, dass sich der Clown mit der Seife gewaschen hat.

22. Zahnbürste:* Die Antwort des Kindes wird als **korrektes Verb** gewertet, wenn das Kind irgendeine Form des Verbes „Zähne putzen" be-

nutzt oder auf andere Art eindeutig beschreibt, daß sich der Clown mit der Zahnbürste die Zähne geputzt hat.

Die Kombination „Zähne putzen" wird hier ausnahmsweise zusammen als korrektes Verb gewertet und „Zähne" nicht mehr als einzelnes Objekt.

* Die Antwort des Kindes wird als **Spekulation** gewertet, wenn das Kind irgendeine Handlung beschreibt, die sich eindeutig von der Handlung „Zähne putzen" unterscheidet.

Zigarette: * Die Antwort des Kindes wird als **korrektes Verb** gewertet, wenn das Kind irgendeine Form des Verbes „rauchen" benutzt oder auf andere Art eindeutig beschreibt, daß das Kind die Zigarette in den Mund genommen und/oder geraucht hat.

* Die Antwort des Kindes wird als **Spekulation** gewertet, wenn das Kind irgendeine Handlung beschreibt, die sich eindeutig von der Handlung „Rauchen" oder „In den Mund nehmen" unterscheidet.

Handtuch: * Die Antwort des Kindes wird als **korrektes Verb** gewertet, wenn das Kind eindeutig beschreibt, daß sich der Clown das Handtuch zwischen die Beine gesteckt hat.

* Die Antwort des Kindes wird als **hoch erwartbare Spekulation** gewertet, wenn das Kind irgendeine Form der Verben „trocknen" oder „putzen" benutzt oder auf andere Art eindeutig beschreibt, daß sich der Clown mit dem Handtuch abgeputzt hat.

E.3: Scoringblatt

Kindergarten: Kind Nr.: Experimentalbedg.:

Experimentalitems

Experimentalitem	Verb 1	Objekt 1	Verb 2	Objekt 2	Verknüpfung	offene Frage
Banane						
Bauklötze						
Schlüssel						
Telefon						
Löffel						
Tasse						
Stift						
Hose						
Messer						
Cassette						
Zahnbürste						
Zigarette						

Kontrollitems

Experimentalitem	Verb 1	Objekt 1	Verb 2	Objekt 2	Verknüpfung	offene Frage
Schuhe						
Fahrrad						
Buch						
Schere						
Mütze						
Spaghetti						
Puppe						
Gabel						
Flasche						
Seife						
Handtuch						
Stuhl						

Kategorienschlüssel

Experimentalitems
kein Verb = 0
Verb richtig = 1
hoch erw. Spek. = 2
sonst. falsches Verb = 3
(Verb) weiß nicht = 4
(Verb) „nix“ = 5
(Verb) sonstiges = 6
Objekt richtig = 1
Objekt falsch aus Show = 2
Objekt falsch nicht aus Show = 3
kein Objekt = 0

Verknüpfung
und = 1
oder = 2

Kontrollitems
kein Verb = 0
Verb richtig = 1
Verb falsch = 2
(Verb) weiß nicht = 3
(Verb)„nix“ = 4
(Verb)sonstiges = 5
Objekt richtig = 1
Objekt falsch aus Show = 2
Objekt falsch nicht aus Show = 3
kein Objekt = 0

offene Frage
Antwort auf o. F. = 1
alles Andere

12 Literatur

American Professional Society on the Abuse of Children (APSAC). (1995). *APSAC Fact Sheet: Ritual Abuse*. Chicago: Author.

Arntzen, F. (1993). *Psychologie der Zeugenaussage System der Glaubwürdigkeitsmerkmale* (3. Auflage). München : Beck.

Arntzen, F. & Michaelis, E. (1970). *Die Psychologie der Kindervernehmung*. Wiesbaden: Schriften des Bundeskriminalamtes.

Ayers, M. S. & Reder, L. M. (1998). A theoretical review of the misinformation effect: Predictions from an activation-based memory model. *Psychonomic Bulletin and Review, 5*, 1-21.

Baddeley, A. (1990). *Human Memory. Theory and Practice.* Cambridge: Erlbaum.

Bange, D. (1995). Sexueller Mißbrauch an Mädchen und Jungen. In B. Marquardt-Mau (Hrsg.), *Schulische Prävention gegen sexuelle Kindesmißhandlung. Grundlagen, Rahmenbedingungen, Bausteine und Modelle* (S. 31-54). Weinheim: Juventa.

Bekerian, D. A. & Bowers, J. M. (1983). Eyewitness testimony: Were we misled? *Journal of Experimental Psychology: Learning, Memory, and Cognition, 9*, 139-145.

Bekerian, D. A. & Dennett, J. L. (1995). Assessing the truth in children's statements. In T. Ney (Ed). *True and false allegations of child sexual abuse: Assessment and case management* (pp. 163-175). New York: Brunner/Mazel.

Blank, H. (1997). Wie kann der Einfluß falscher Zusatzinformationen in Zeugenbefragungen minimiert werden? Experimentelle Hinweise. In L. Greuel, T. Fabian & M. Stadler (Hrsg.), *Psychologie der Zeugenaussage: Ergebnisse der rechtspsychologischen Forschung* (S. 177-188). Weinheim: Beltz.

Bottoms, B. L. & Davis, S. L. (1997). The creation of satanic ritual abuse. *Journal of Social and Clinical Psychology, 16,* 112-132.

Bottoms, B. L., Shaver, P. R., Goodman, G. S. & Qin, J. (1995). In the name of God: A profile of religion related child abuse. *Journal of Social Issues, 51*, 85-111.

Bradley, A. R. & Wood, J. M. (1996). How do children tell? The disclosure process in child sexual abuse. *Child Abuse & Neglect, 20,* 881-891.

Brainerd, C. J. & Poole, D. A. (1997). Long-term survival of children's false memories: A review. *Learning and Individual Differences, 9,* 125-151.

Brainerd, C. J. & Reyna, V. F. (1988). Memory loci of suggestibility development: Comment on Ceci, Ross and Toglia (1987). *Journal of Experimental Psychology: General, 117,* 197-200.

Brainerd, C. J. & Reyna, V. F. (1996). Mere memory testing creates false memories in children. *Developmental Psychology, 32,* 467-478.

Bruck, M. & Ceci, S. J. (1995). Amicus Brief for the case of State of New Jersey v. Michaels presented by committee of concerned social scientists. *Psychology, Public Policy, and Law, 1,* 272-322.

Bruck, M. & Ceci, S. J. (1999). The suggestibility of children's memory. *Annual review of Psychology, 50,* 419-439.

Bruck, M., Ceci, S. J., Francoeur, E. & Barr, R. (1995). "I hardly cried when I got my shot!" Influencing children's reports about a visit to their pediatrician. *Child Development, 66*, 193-208.

Bruck, M., Ceci, S. J. & Hembrooke, H. (1998). Reliability and credibility of young children's reports: From research to policy and practice. *American Psychologist, 53,* 136-151.

Bruck, M., Hembrooke, H. & Ceci, S. J. (1997). Children's reports of pleasant and unpleasant events. In D. Read & S. Lindsay (Eds.)., *Recollections of trauma: Scientific research and clinical practice* (pp. 199-219). New York: Plenum Press.

Bundesgerichtshof (1999). *Bundesgerichtshof stellt Mindestanforderungen an strafprozessuale Glaubhaftigkeitsgutachten auf.* Mitteilung der Pressestelle, Nr. 63/1999.

Busse, D. & Volbert, R. (1997). Glaubwürdigkeitsgutachten im Strafverfahren wegen sexuellen Mißbrauchs: Ergebnisse einer Gutachtenanalyse. In L. Greuel, T. Fabian & M. Stadler (Hrsg.), *Psychologie der Zeugenaussage: Ergebnisse der rechtspsychologischen Forschung* (S. 131-142). Weinheim: Beltz.

Bussey, K. (1992). Children's lying and truthfulness. Implications for children's testimony. In S. J. Ceci, M. Leichtman, M. & M. Putnick (Eds.), *Cognitive and social factors in preschoolers* (pp. 89-109). Hillsdale: Erlbaum.

Carter, C. A., Bottoms, B. L. & Levine, M. (1996). Linguistic and socioemotional influences on the accuracy of children's reports. *Law and Human Behavior, 20*, 335-358.

Cassel, W. S., Roebers, C. E. M. & Bjorklund, D. F. (1996). Developmental patterns of eyewitness responses to repeated and increasingly suggestive questions. *Journal of Experimental Child Psychology, 61*, 116-133.

Ceci, S. J. (1995). False beliefs: Some developmental and clinical considerations. In Daniel L. Schacter (Ed.), *Memory distortion: How minds, brains, and societies reconstruct the past* (pp. 91-125). Cambridge: Havard University Press.

Ceci, S. J. & Bruck, M. (1993). Suggestibility of the child witness: A historical review and synthesis. *Psychological Bulletin, 113,* 403-439.

Ceci, S. J. & Bruck, M. (1995). *Jeopardy in the courtroom. A scientific analysis of children's testimony.* Washington, DC: American Psychological Association.

Ceci, S. J. & Bruck, M. (1998). The ontogeny and durability of true and false memories: A fuzzy trace account. *Journal of Experimental Child Psychology, 71*, 165-169.

Ceci, S. J. & Huffman, M. L. C. (1997). How suggestible are preschool children? Cognitive and social factors. *Journal of the American Academy of Child and Adolescent Psychiatry, 36,* 948-958.

Ceci, S. J., Huffman, M. L. C., Smith, E. & Loftus, E. F. (1994). Repeatedly thinking about a non-event: Source misattributions among preschoolers. In K. Pezdeck & W. P. Banks (Eds.), *The recovered memory - false memory debate* (pp. 225-244). San Diego: Academic Press.

Ceci, S. J., Leichtman, M. D. & Bruck, M. (1995). The suggestibility of children's eyewitness reports: Methodological issues. In F. E. Weinert & W. Schneider (Eds.), *Memory performance and competencies: Issues in growth and development* (pp. 323-347). Mahwah: Erlbaum.

Ceci, S. J. & Loftus, E. F. (1994). "Memory work": A royal road to false memories? *Applied Cognitive Psychology*, *8*, 351-364.

Ceci, S. J. , Loftus, E. F. , Leichtman, M. D. & Bruck, M. (1994). The possible role of source misattributions in the creation of false beliefs among preschoolers. *International Journal of Clinical and Experimental Hypnosis*, *42*, 304-320.

Ceci, S. J., Ross, D. F. & Toglia, M. P. (1987). Suggestibility of children´s memory: Psycholegal implications. *Journal of Experimental Psychology: General, 116*, 38-49.

Ceci, S. J., Toglia, M. P. & Ross, D. F. (1988). On remembering... more or less: A trace strength interpretation of developmental differences in suggestibility. *Journal of Experimental Psychology: General, 117,* 201-203.

Chandler, C. C. (1989). Specific retroactive interference in modified recognition tests: Evidence for an unknown cause of interference. *Journal of Experimental Psychology: Learning, Memory, and Cognition, 15,* 256-265.

Charles, G. (1995). The assessment and investigation of ritual abuse. In Tara Ney (Ed.), *True and false allegations of child sexual abuse. Assessment and case management* (pp. 303-315). New York: Brunner/Mazel.

Cheung, K. F. M. (1997). Developing the interview protocol for video-recorded child sexual abuse investigations: A trading experience with police officers, social workers, and clinical psychologists in Hong Kong. *Child Abuse and Neglect, 21*, 273-284.

Cohen, J. (1960). A coefficient of agreement for nominal scales. *Educational and Psychological Measurement, 20,* 37-46.

Coons, P. M. (1997). Satanic ritual abuse: First research and therapeutic implications. In George A. Fraser (Ed.), *The dilemma of ritual abuse. Cautions and guides for therapists* (pp. 105-117). Washington, DC: American Psychiatric Press.

Coulborn-Faller, K. & Corwin, D. L. (1995). Children's interview statements and behaviors: Role in identifying sexually abused children. *Child Abuse and Neglect, 19*, 71-82.

Creifelds, C. (1997). *Rechtswörterbuch.* München: Beck.

Davies, G. (1991). Research on children's testimony: Implications for interviewing practice. In C. R. Hollin & K. Howells (Eds.), *Clinical approaches to sex offenders and their victims. Wiley series in clinical approaches to criminal behavior* (pp. 93-115). Chichester: Wiley.

Davies, G. & Westcott, H. (1995). The child witness in the courtroom: Empowerment or protection? In M. S. Zaragoza, J. R. Graham, G. C. N. Hall, R. Hirschman & Y. S. Ben-Porath (Eds.), *Memory and Testimony in the child witness* (Applied Psychology: Individual, social and community issues: Volume 1) (pp. 199-213). Thousand Oaks: Sage.

Deckers, R. (1996). Verteidigung in Verfahren wegen sexuellen Mißbrauchs von Kindern. *Neue Juristische Wochenschrift, 47*, 3105-3111.

Dezwirek-Sas, L. (1992). Empowering child witnesses for sexual abuse prosecution. In H. Dent & R. Flin (Eds.), *Children as witnesses* (pp. 181-200). London: Wiley.

Doris, J. (1994). Commentary on criteria-based content analysis. *Journal of Applied Developmental Psychology, 15*, 281-285.

Dunn, A. R. (1995). Questioning the reliability of children's testimony: An examination of problematic elements. *Law and Psychology Review, 19*, 203-215.

Duve, T. (1994). Hexenjagd in Deutschland: Anmerkungen zum Fall "Montessori". In K. Rutschky & R. Wolff. (Hrsg.), *Handbuch sexueller Mißbrauch* (S. 233-244). Hamburg: Klein.

Endres, J. (1997). Kindesmißbrauch, Psychologie und Wahrheitssuche: Der Fall State of New Jersey v. Margaret Kelly Michaels und die Folgen. *Praxis der Rechtspsychologie, 7*, 229-239.

Endres, J., & Scholz, O. B. (1994). Sexueller Kindesmißbrauch aus psychologischer Sicht – Formen, Vorkommen, Nachweis. *Neue Zeitschrift für Strafrecht, 10,* 466-473.

Ernst, C. (1997). Zu den Problemen der epidemiologischen Erforschung des sexuellen Mißbrauchs. In G. Amann & R. Wipplinger (Hrsg.), *Sexueller Mißbrauch. Überblick zu Forschung, Beratung und Therapie: Ein Handbuch* (S. 55-71). Tübingen: Deutsche Gesellschaft für Verhaltenstherapie.

Fegert, J. M. (1995). Kinderpsychiatrische Begutachtung und die Debatte um den Mißbrauch mit dem Mißbrauch. *Zeitschrift für Kinder- und Jugendpsychiatrie, 23,* 9-19.

Finkelhor, D. (1988). *Victims.* In D. Finkelhor, L. Meyer Williams & N. Burns (Eds.), *Nursery crimes: Sexual abuse in day care* (pp. 70-83). Newbury Park: Sage.

Finkelhor, D. (1994). Current information on the scope and nature of child sexual abuse. *Future of Children, 4,* 31-53.

Finkelhor, D. (1997). Zur internationalen Epidemiologie von sexuellem Mißbrauch an Kindern. In G. Amann & R. Wipplinger (Hrsg.), *Sexueller Mißbrauch. Überblick zu Forschung, Beratung und Therapie: Ein Handbuch* (S. 409-417). Tübingen: Deutsche Gesellschaft für Verhaltenstherapie.

Finkelhor, D., Hotaling, G., Lewis, I. A. & Smith, C. (1990). Sexual abuse in a national survey of adult men and women: Prevalence, characteristics, and risk factors. *Child Abuse and Neglect, 14,* 19-28.

Finkelhor, D. & Meyer Williams, L. (1988). *Introduction, study design, and incidence.* In D. Finkelhor, L. Meyer Williams & N. Burns (Eds.), *Nursery crimes: Sexual abuse in day care* (pp. 70-83). Newbury Park: Sage.

Fisher, R. P. & Geiselman, R. E. (1992). *Memory-enhancing techniqes for investigative interviewing: The cognitive interview.* Springfield: Thomas.

Fivush, R. (1993). Developmental perspectives on autobiographical recall. In G. S. Goodman & B. Bottoms (Eds.), *Child victims and child witnesses: Understanding and improving testimony* (pp. 1-24). New York: Guilford Press.

Fivush, R. (1994). Young children's event recall: Are memories constructed through discourse? In K. Pezdek & W. P. Banks (Eds.), *The recovered memory - false memory debate* (pp. 151-168). San Diego: Academic Press.

Fivush, R. & Schwarzmueller, A. (1995). Say it once again: Effects of repeated questions on children's event recall. *Journal of Traumatic Stress, 8,* 555-580.

Foley, M. A., Durso, F. T., Wilder, A. & Friedman, R. (1991). Developmental comparisons of explicit versus implicit imagery and reality monitoring. *Journal of Experimental Child Psychology*, *51*, 1-13.

Foley, M. A. & Johnson, M. K. (1985). Confusions between memories for performed and imagined actions: A developmental comparison. *Child Development*, *56*, 1145-1155.

Foley, M. A., Santini, C. & Sopasakis, M. (1989). Discriminating between memories: Evidence for children's spontaneous elaborations. *Journal of Experimental Child Psychology*, *48*, 146-169.

Fraser, G. A. (1997). Introduction. In G. A. Fraser (Ed.), *The dilemma of ritual abuse. Cautions and guides for therapists* (pp. xi-xviii). Washington, DC: American Psychiatric Press.

Frey, D. (1994). Über die Ausblendung unerwünschter Informationen. Sozialpsychologische Befunde zum Entscheidungsverhalten. In F. Roesler & I. Florin (Hrsg.), *Psychologie und Gesellschaft* (S. 45-57). Stuttgart: Hirzel.

Friedrichsen, G. & Mauz, G. (1993). Kot mit Ketchup. *Der Spiegel, 47 (39),* 87-102.

Friedrichsen, G. & Mauz, G. (1994). „Jetzt ist niemand sicher". *Der Spiegel, 48 (25),* 94-109.

Fürniss, T. (1991). *The multi-professional handbook of child sexual abuse. Integrated management, therapy, and legal intervention.* London: Routeledge.

Fürniss, T. (1993a). Kinder und Familien im traumaorganisierten System von Sexringen. *Familiendynamik*, *18*, 264-286.

Fürniss, T. (1993b). Verleugnungsarbeit. In G. Ramin (Hrsg.), *Inzest und sexueller Mißbrauch – Beratung und Therapie: Ein Handbuch* (S. 63-89). Paderborn: Jungfermann.

Garry, M. & Loftus, E. F. (1994). Pseudomemories without hypnosis. *The International Journal of Clinical and Experimental Hypnosis*, *XLII*, 363-378.

Garry, M., Manning, C. G., Loftus, E. F. & Sherman, S. J. (1996). Imagination inflation: Imagining a childhood event inflates confidence that it occured. *Psychonomic Bulletin and Review*, *3*, 208-214.

Garven, S., Wood, J. M. & Malpass, R. S. (in press). Allegations of wrongdoing: The effects of reinforcement on children's mundane and fantastic claims. *Journal of Applied Psychology.*

Garven, S., Wood, J. M. , Malpass, R. S. & Shaw, J. S. III (1998). More than suggestion: The effect of interviewing techniques from the McMartin Preschool case. *Journal of Applied Psychology*, *83*, 347-359.

Gerstendörfer, M. (1994). "In dubio pro reo" oder "In dubio contra victimam"? Zur Problematik der Entscheidungsfindung vor Gericht im Falle von Sexualstrafdelikten - Einige Anmerkungen aus der Sicht der statistischen Entscheidungstheorie -. *Praxis der Rechtspsychologie*, *4*, 51-62.

Goff, L. M. & Roediger, H. L. (1998). Imagination inflation for action events: Repeated imaginings lead to illusory recollections. *Memory and Cognition*, *26*, 20-33.

Goodman, G. S. & Clarke-Stewart, A. (1991). Suggestibility in children´s testimony: Implications for sexual abuse investigations. In J. Doris (Ed.), *The suggestibility of children´s recollections: Implications for eyewitness testimony* (pp. 92-105). Washington, DC: American Psychological Association.

Goodman, G. S., Qin, J., Bottoms, B. & Shaver P. (1994). *Characteristics of allegations of ritualistic child abuse* (Final report to National Center on Child Abuse and Neglect, Washington, DC).

Goodman, G. S. & Schwartz-Kenney, B. M. (1992). Why knowing a child´s age is not enough: Influences of cognitive, social, and emotionale factors on children´s testimony. In H. Dent & R. Flin (Eds.), *Children as witnesses* (pp. 15-32). Chichester: Wiley.

Gordon, B. N., Jens, K. G., Shaddock, A. J. & Watson, T. E. (1991). Children's ability to remember activities performed and imagined: Implications for testimony. *Child Psychiatry and Human Development*, *21*, 301-314.

Gordon, W. C. & Payne, D. E. (1992). *Learning and Memory.* Boston: Allyn and Bacon.

Greuel, L., Offe, S., Fabian, A., Wetzels, P., Fabian, T., Offe, H. & Stadler, M. (1998). *Glaubhaftigkeit der Zeugenaussage: Theorie und Praxis der forensisch-psychologischen Begutachtung.* Weinheim: PsychologieVerlagsUnion.

Heath, W. P. & Erickson, J. R. (1998). Memory for central and peripheral actions and props after varied post-event presentation. *Legal and Criminological Psychology*, *3*, 321-246.

Home Office (1994). *Memorandum of good practice on video recorded interviews with child witnesses for criminal proceedings (4th impression).* London: HMSO.

Horowitz, S. W. (1991). Empirical support for statement validity assessment. *Behavioral Assessment*, *13*, 293-313.

Howe, M. L. (1991). Misleading children's story recall: Forgetting and reminiscence of the facts. *Developmental Psychology*, *27*, 746-762.

Hudson, P. S. (1990). Ritual child abuse: A survey of symptoms and allegations. *Journal of Child and Youth Care, Special Issue: In the shadow of satan: The ritual abuse of children*, 27-54.

Huffman, M. L., Crossman, A. M. & Ceci, S. J. (1997). "Are False Memories Permanent?": An Investigation of the Long-Term Effects of Source Misattributions. *Consciousness and Cognition, 6*, 482-490.

Hutcheson, G. D., Baxter, J. S., Telfer, K. & Warden, D. (1995). Child witness statement quality. Question type and errors of omission. *Law and Human Behavior, 19*, 631-648.

Jacoby, L. L., Woloshyn, V. & Kelley, C. (1989). Becoming famous without being recognised: Unconscious influences of memory produced by dividing attention. *Journal of Experimental Psychology: General, 118*, 115-125.

Janis, I. L. (1972). *Victims of groupthink.* Boston: Houghton Mifflin.

Johnson, M. K. (1988). Reality monitoring: An experimental phenomenological approach. *Journal of Experimental Psychology: General, 117*, 390-394.

Johnson, M. K., Hashtroudi, S. & Lindsay, D. S. (1993). Source monitoring. *Psychological Bulletin, 114,* 3-28.

Johnson, M. K. , Kahan, T. L. & Raye, C. L. (1984). Dreams and reality monitoring. *Journal of Experimental Psychology, 113*, 329-344.

Johnson, M. K. & Raye, C. L. (1981). Reality monitoring. *Psychological Review, 88*, 67-85.

Johnson, M. K. & Suengas, A. G. (1989). Reality monitoring judgements of other people's memories. *Bulletin of the Psychonomic Society, 27*, 107-110.

Jones, D. P. (1991). Ritualism and child sexual abuse. *Child Abuse and Neglect, 15*, 163-170.

Jones, D. P. & McQuiston, M. G. (1988). *Interviewing the sexually abused child.* London: Gaskell.

Keeney, R. L. & Raiffa, H. (1976). *Decisions with multiple objectives: Preferences and value tradeoffs.* New York: Wiley.

Kendall-Tackett, K. A. , Meyer Williams, L. & Finkelhor, D. (1993). Impact of sexual abuse on children: A review and synthesis of recent empirical studies. *Psychological Bulletin, 113,* 164-180.

Kinscherff, R. & Barnum, R. (1992). Child forensic evaluation and claims of ritual abuse or satanic cult activity: A critical analysis. In D. K. Sakheim & S. E. Devine (Eds.), *Out of darkness: Exploring satanism and ritual abuse* (pp. 73-107). New York: Lexington Books/Mcmillan.

Köhnken, G. (1982). Zur Glaubwürdigkeit von Zeugenaussagen: Experimentelle Überprüfung ausgewählter Glaubwürdigkeitskriterien. *Zeitschrift für experimentelle und angewandte Psychologie, 29*, 92-111.

Köhnken, G. (1990). *Glaubwürdigkeit: Untersuchungen zu einem psychologischen Konstrukt.* München: Psychologie Verlags Union.

Köhnken, G. (1995). *Wissenschaftliches Gutachten zu Glaubwürdigkeitsbeurteilung an das Landgericht Münster, 1. Strafkammer.* Unveröffentlichtes Manuskript, Universität Kiel.

Köhnken, G. (1997). Suggestive Prozesse in Zeugenbefragungen: Formen und theoretische Erklärungsansätze. *Monatsschrift für Kriminologie, 80,* 290-299.

Kriminologisches Forschungsinstitut Niedersachsen (KFN) (1999). Eigene Berechnung der PKS (Polizeiliche Kriminalstatistik) - Zahlen zum sexuellen Mißbrauch. Unveröffentlichtes Manuskript.

Kutchinsky, B. (1994). Mißbrauchspanik - Häufigkeit und Befund sexuellen Kindesmißbrauchs. In K. Rutschky & R. Wolff (Hrsg.), *Handbuch sexueller Mißbrauch* (S. 49-62). Hamburg: Klein.

Lamb, M. E. (1994). The investigation of child sexual abuse: An interdisciplinary consensus statement. *Child Abuse and Neglect, 18*, 1021-1028.

Lamb, M. E., Hershkowitz, I., Sternberg, K. J., Esplin, P. W., Hovav, M., Manor, T. & Yudilevitch, L. (1996). Effects of investigative utterance types on Israeli children's responses. *International Journal of Behavioral Development, 19,* 627-637.

Lamb, M. E., Sternberg, K. J., Esplin, P. W., Hershkowitz, I. & Orbach, Y. (1997). Assessing the credibility of children's allegations of sexual abuse: A survey of recent research. *Learning and Individual Differences, 9,* 175-194.

Lamb, M. E., Sternberg, K. J., Esplin, P. W., Hershkowitz, I., Orbach, Y. & Hovav, M. (1997). Criterion-based content analysis: A field validation study. *Child Abuse and Neglect, 21,* 255-264.

Lanning, K. V. (1991). Ritual abuse: A law enforcement view or perspective. *Child Abuse and Neglect, 15*, 171-173.

Laungani, P. (1992). Assessing child abuse through interviews of children and parents of children at risk. *Children and Society, 6*, 3-11.

Leichtman, M. D. & Ceci, S. J. (1995). The effects of stereotypes and suggestions on preschoolers' reports. *Developmental Psychology, 31*, 568-578.

Lepore, S. J. & Sesco, B. (1994). Distorting children´s reports and interpretations of events through suggestion. *Journal of Applied Psychology, 79*, 108-120.

Lindsay, D. S. (1990). Misleading suggestions can impair eyewitnesses' ability to remember event details. *Journal of Experimental Psychology: Learning, Memory, and Cognition, 16,* 1077 - 1083.

Lindsay, D. S. (1994). Memory source monitoring and eyewitness testimony. In D. F. Ross, J. D. Read & M. P. Toglia (Eds.), *Adult eyewitness testimony* (pp. 27-55). New York: Cambridge University Press.

Lindsay, D. S., Gonzales, V. & Eso, K. (1995). Aware and unaware uses of memories of postevent suggestions. In M. S. Zaragoza, J. R. Graham, G. C. N. Hall, R. Hirschman & Y. S. Ben-Porath (Eds.), *Memory and Testimony in the child witness* (Volume 1: Applied Psychology: Individual, social and community issues) (pp. 86-108). Thousand Oaks: Sage.

Lindsay, D. S. & Johnson, M. K. (1987). Reality monitoring and suggestibility. In S. J. Ceci, M. Toglia & D. Ross (Eds.), *Children's eyewitness memory* (pp. 92-121). New York: Springer.

Lindsay, D. S. & Johnson, M. K. (1989). The eyewitness suggestibility effect and memory for source. *Memory and Cognition, 17,* 349-358.

Lindsay, D. S., Johnson, M. K. & Kwon, P. (1991). Developmental changes in memory source monitoring. *Journal of Experimental Child Psychology, 52,* 297-318.

Littmann, E. & Szewczyk, H. (1983). Zu einigen Kriterien und Ergebnissen forensisch-psychologischer Glaubwürdigkeitsbegutachtung von sexuell missbrauchten Kindern und Jugendlichen. *Forensia, 4,* 55-72.

Lloyd, D. W. (1991). Ritual child abuse: Understanding the controversies. *Cultic Studies Journal, 8,* 122-133.

Loftus, E. F. (1979a). *Eyewitness Testimony.* London: Harvard University Press.

Loftus, E. F. (1979b). Reactions to blatantly contradictory information. *Memory and Cognition, 7,* 368-374.

Loftus, E. F. (1991). Made in memory: Distortions in recollection after misleading information. *The Psychology of Learning and Motivation, 27,* 187-215.

Loftus, E. F. (1998). The private practice of misleading deflection. *American Psychologist, 53,* 484-485.

Loftus, E. F., Miller, D. G. & Burns, H. J. (1978). Semantic integration of verbal information into a visual memory. *Journal of Experimental Psychology: Human Learning and Memory, 4,* 19-31.

Loftus, E. F. & Palmer, J. C. (1974). Reconstruction of automobile destruction: An example of the interaction between language and memory. *Journal of Verbal Learning and Verbal Behavior, 13,* 585-589.

Loftus, E. F., Schooler, J. W. & Wagenaar, W. A. (1985). The Fate of Memory: Comment on McCloskey and Zaragoza. *Journal of Experimental Psychology: General, 114,* 275-380.

Lorenz, H. E. (1999). Lehren und Konsequenzen aus den Wormser Mißbrauchsprozessen. *Deutsche Richter Zeitung, 7,* 253-255.

MacFarlane, K. & Krebs, S. (1986). Techniques for interviewing and evidence gathering. In K. MacFarlane, J. Waterman, S. Conerly, L. Damon, M. Durfee & Suzanne Long (Eds.), *Sexual abuse of young children. Evaluation and treatment* (pp. 67-100). New York: Guilford Press.

Marche, T. A. & Howe, M. L. (1995). Preschoolers report misinformation despite accurate memory. *Developmental Psychology, 31,* 554-567.

Marquardt, C. (1993). *Sexuell mißbrauchte Kinder und das Recht: Juristische Möglichkeiten zum Schutz sexuell mißbrauchter Mädchen und Jungen* (Band 1). Köln: Volksblatt.

McBrien, C. M. & Dagenbach, D. (1998). The contributions of source misattributions, acquiescence, and response bias to children's false memories. *American Journal of Psychology, 111,* 509-528.

McCloskey, M. & Zaragoza, M. (1985a). Misleading postevent information and memory for events: Arguments and evidence against memory impairment hypotheses. *Journal of Experimental Psychology: General, 114,* 1-16.

McCloskey, M. & Zaragoza, M. (1985b). Postevent information and memory: Reply to Loftus, Schooler, and Wagenaar. *Journal of Experimental Psychology: General, 114*, 381-387.

McGough, L. S. (1994). *Child Witnesses. Fragile voices in the american legal system.* New Haven: Yale University Press.

Memon, A. & Vartoukian, R. (1996). The effects of repeated questioning on young children's eyewitness testimony. *British Journal of Psychology, 87,* 403-415.

Meyer, J. & Jesilow, P. (1996). Obedience to authority: Possible effects on children's testimony. *Psychology, Crime and Law, 3*, 81-95.

Mitchell, K. J. & Zaragoza, M. S. (1996). Repeated exposure to suggestion and false memory: The role of contextual variability. *Journal of Memory and Language, 35,* 246-260.

Moston, S. (1990). How children interpret and respond to questions: Situational sources of suggestibility in eyewitness interviews. *Social Behaviour, 5*, 155-167.

Moston, S. & Engelberg, T. (1992). The effects of social support on children's eyewitness testimony. *Applied Cognitive Psychology, 6*, 61-75.

Nack, A. (1995). Glaubwürdigkeit und Glaubhaftigkeit. Kriterien zur Prüfung, ob eine Auskunftsperson lügt. *Kriminalistik, 4*, 257-262.

Nathan, D. & Snedeker, M. (1995). *Satan's Silence: Ritual abuse and the making of a modern american witch hunt.* New York: HarperCollins Publishers.

Offe, H. & Offe, S. (1994). Anforderungen an die Begutachtung der Glaubwürdigkeit von Zeugenaussagen beim Verdacht des sexuellen Mißbrauchs. *Praxis der Rechtspsychologie, 4,* 24-37.

Ornstein, P. A., Gordon, B. N. & Larus, D. M. (1992). Children's memory for a personally experienced event: Implications for testimony. *Applied Cognitive Psychology, 6*, 49-60.

Paterson, B. & Bull, R. (1999, Juli). *Young children's recall after long delays.* Paper presented at the combined meeting of the European Association of Psychology and Law with the American Psychology-Law Society in Dublin.

Payne, D. G., Toglia, M. P. & Anastasi, J. F. (1994). Recognition performance level and the magnitude of the misinformation effect in eyewitness memory. *Psychonomic Bulletin and Review, 1,* 376-382.

Pezdek, K. (1994). The illusion of illusory memory. *Applied Cognitive Psychology, 8*, 339-350.

Pezdek, K. & Roe, C. (1995). The effect of memory trace strength on suggestibility. *Journal of Experimental Child Psychology, 60*, 116-128.

Pezdek, K. & Roe, C. (1997). The suggestibility of children's memory for being touched: Planting, erasing, and changing memories. *Law and Human Behavior, 21,* 95-106.

Pollatsek, A. & Well, A. D. (1995). On the use of counterbalanced designs in cognitive research: A suggestion for a better and more powerful analysis. *Journal of Experimental Psychology: Learning, Memory, and Cognition, 21*, 785-794.

Poole, D. A. & Lamb, M. E. (1998). *Investigative interviews of children: A guide for helping professionals.* Washington, DC: American Psychological Association.

Poole, D. A. & Lindsay, D. S. (1995). Interviewing preschoolers: Effects of nonsuggestive techniques, parental coaching, and leading questions on reports of nonexperienced events. *Journal of Experimental Child Psychology, 60*, 129-154.

Pynoos, R. S. & Nader, K. (1989). Children's memory and proximity to violence. *Journal of the American Academy of Child and Adolescent Psychiatry, 28*, 236-241.

Raskin, D. C. & Esplin, P. W. (1991). Assessment of children's statements of sexual abuse. In J. Doris (Ed.), *The suggestibility of children's recollections: Implications for eyewitness testimony* (pp. 153-164). Washington, DC: American Psychological Association.

Richter-Appelt, H. & Tiefensee, J. (1996). Die Partnerbeziehung der Eltern und die Eltern-Kind-Beziehung bei körperlichen Misshandlungen und sexuellen Missbrauchserfahrungen in der Kindheit aus der Sicht junger Erwachsener. Weitere Ergebnisse der Hamburger Studie (Teil II). *Psychotherapie, Psychosomatik, Medizinische Psychologie, 46*, 405-418.

Roberts, K. P., Lamb, M. E. & Sternberg, K. J. (1999). Effects of the timing of postevent information on preschoolers' memories of an event. *Applied Cognitive Psychology, 13*, 541-559.

Roebers, C., Rieber, F. & Schneider, W. (1995). Zeugenaussagen und Suggestibilität als Funktion der Erinnerungsgenauigkeit: Eine entwicklungspsychologische Studie. *Zeitschrift für Entwicklungspsychologie und Pädagogische Psychologie, XXVII,* 210-225.

Roediger, H. L., Jacoby, J. D. & McDermott, K. B. (1996). Misinformation effects in recall: Creating false memories through repeated retrieval. *Journal of Memory and Language, 35*, 300-318.

Roediger, H. L., Wheeler, M. A. & Rajaram, S. (1993). Remembering, knowing and reconstructing the past. In D. L. Medin (Ed.), *The psychology of learning and motivation. Advances in research and theory* (pp. 97-134). San Diego: Academic Press.

Rosenthal, R. (1995). State of New Jersey v. Margaret Kelly Michaels: An Overview. *Psychology, Public Policy, and Law, 1,* 246-271.

Saywitz, K. J. (1995). Improving children's testimony: The question, the answer, and the environment. In M. S. Zaragoza, J. R. Graham, G. C. N. Hall, R. Hirschman & Y. S. Ben-Porath (Eds.), *Memory and testimony in the child witness* (Volume 1: Applied Psychology: Individual, social and community issues) (pp. 113-140). Thousand Oaks: Sage.

Saywitz, K. J. , Goodman, G. S. , Nicholas, E. & Moan, S. F. (1991). Children's memories of a physical examination involving genital touch: Implications for reports of child sexual abuse. *Journal of Consulting and Clinical Psychology, 59,* 682-691.

Schnotz, W. (1988) Textverstehen als Aufbau mentaler Modelle. In H. Mandl. & H. Spada (Hrsg.), *Wissenpsychologie* (S. 299-332). Weinheim: PVU.

Shaw, J. S. , Garven, S. & Wood, J. M. (1997). Co-witness information can have immediate effects on eyewitness memory reports. *Law and Human Behavior, 21*, 503-523.

Steller, M. (1988). Standards der forensisch-psychologischen Begutachtung. *Monatszeitschrift für Kriminologie, 71,* 16-27.

Steller, M. (1996). Grundlagen und Methoden der Glaubwürdigkeitsbeurteilung bei Kinderaussagen über sexuellen Mißbrauch. In A. Warncke, G. - E. Trott & M. Remschmidt (Hrsg.), *Forensische Kinder- und Jugendpsychiatrie – Ein Handbuch für Klinik und Praxis* (S. 128-140). Bern: Huber.

Steller, M. (1997). Kinderschutz durch Forensische Aussagepsychologie. *Monatsschrift für Kriminologie, 80,* 274-282.

Steller, M. (1998). Aussagepsychologie vor Gericht - Methodik und Probleme von Glaubwürdigkeitsgutachten mit Hinweisen auf die Wormser Mißbrauchsprozesse. *Recht und Psychiatrie, 16,* 11-18.

Steller, M. & Boychuck, T. (1992). Children as witnesses in sexual abuse cases: Investigative interview and assessment techniques. In H. Dent & R. Flin (Eds.), *Children as witnesses* (pp. 47-72). Chichester: Wiley.

Steller, M. & Köhnken, G. (1989). Criteria-based statement analysis. Credibility assessment of children's statements in sexual abuse cases. In D. C. Raskin (Ed.), *Psychological methods for investigation and evidence* (pp. 217-245). New York: Springer.

Steller, M. & Volbert, R. (1997). Glaubwürdigkeitsbegutachtung. In M. Steller, & R. Volbert (Hrsg.), *Psychologie im Strafverfahren: Ein Handbuch* (S. 12-39). Hemsbach: Huber.

Steller, M., Volbert, R. & Wellershaus, P. (1993). Zur Beurteilung von Zeugenaussagen: Aussagepsychologische Konstrukte und methodische Strategien. In L. Montada. (Hrsg.), *Berichte über den 38. Kongress der Deutschen Gesellschaft für Psychologie in Trier 1992* (S. 367-376). Göttingen: Hogrefe.

Steller, M., Wellershaus, P. & Wolf, T. (1992). Realkennzeichen in Kinderaussagen: Empirische Grundlagen der kriterienorientierten Aussageanalyse. *Zeitschrift für experimentelle und angewandte Psychologie, 39,* 151-170.

Sullivan, J. T. & Howe, M. L. (1995). Metamemory and memory construction. *Consciousness and Cognition, 4,* 104-110.

Summit, R. C. (1983).The child sexual abuse accommodation syndrome. *Child Abuse and Neglect, 7,* 177-193.

Toglia, M. P., Neuschatz, J. S. & Goodwin, K. A. (1999). Recall accuracy and illusory memories: When more is less. *Memory, 7,* 233-256.

Trankell, A. (1982). The scope of psychological expertise contributions to the evaluation of witness evidence. In A. Trankell (Ed.), *Reconstructing the Past* (pp. 11-26). Stockholm: Norstedt.

Tucker, A., Mertin, P. & Luszcz, M. (1990). The effect of a repeated interview on young children's eyewitness memory. *The Australian and New Zealand Journal of Criminology*, *23*, 117-124.

Tulving, E. & Osler, S. (1968). Effectiveness of retrieval cues in memory for words. *Journal of Experimental Psychology*, *77*, 593-601.

Undeutsch, U. (1967) Handbuch der Psychologie: Forensische Psychologie (Bd. 11). Göttingen: Hogrefe.

van der Haart, O., Boon, S. & Heijtmajer Jansen, O. (1997). Ritual abuse in european countries: A clinician's perspective. In G. A. Fraser (ed.), *The dilemma of ritual abuse. Cautions and guides for therapists* (pp. 137-163). Washington, DC: American Psychiatric Press.

Volbert, R. (1992a). Child witnesses in sexual abuse cases: The juridical situation in Germany. In F. Lösel, D. Bender & T. Bliesener (Eds.), *Psychology and Law* (pp. 374-384). Berlin: de Gruyter.

Volbert, R. (1992b). Sexueller Mißbrauch von Kindern. Empirische Befunde und psychosoziale Trends. *Psychomed*, *4*, 8-12.

Volbert, R. (1995). Glaubwürdigkeitsbegutachtung bei Verdacht auf sexuellen Mißbrauch von Kindern. *Zeitschrift für Kinder- und Jugendpsychiatrie*, *23*, 20-26.

Volbert, R. (1997). Suggestibilität kindlicher Zeugen. In M. Steller & R. Volbert (Hrsg.), *Psychologie im Strafverfahren: Ein Handbuch* (S. 40-62). Hemsbach: Huber.

Volbert, R. (1999). Determinanten der Aussagesuggestibilität bei Kindern. *Zeitschrift für experimentelle und klinische Hypnose*, *15*, 55-78.

Volbert, R. & Pieters, V. (1994, April). *Instructions and suggestions: Effects on the amount of detail in children's statements.* Paper presented at the 4th European Conference on Psychology and Law, Barcelona.

Volbert, R. & Pieters, V. (1996). Suggestive Beeinflussung von Kinderaussagen. *Psychologische Rundschau*, *47*, 183-198.

Volbert, R. & Steller, M. (1997). Methoden und Probleme der Glaubwürdigkeitsbegutachtung bei Verdacht auf sexuellen Mißbrauch. In G. Amann & R. Wipplinger (Hrsg.), *Sexueller Mißbrauch. Überblick zu Forschung, Beratung und Therapie. Ein Handbuch* (S. 55-369). Tübingen: Deutsche Gesellschaft für Verhaltenstherapie.

Wakefield, H. & Underwager, R. (1989). Evaluating the child witness in sexual abuse cases: Interviewing or inquisition? *American Journal of Forensic Psychology*, *7*, 43-69.

Walker, A. G. & Warren, A. R. (1995). The language of the child abuse interview: Asking the questions, understanding the answers. In T. Ney (ed.), *True and false allegations of child sexual abuse. Assessment and case management* (pp. 153-162). New York: Brunner/ Mazel.

Warren, A., Hulse-Trotter, K. & Tubbs, E. C. (1991). Inducing resistance to suggestibility in children. *Law and Human Behavior, 15*, 273-285.

Weingardt, K. R., Loftus, E. F. & Lindsay, D. S. (1995). Misinformation revisited: New evidence on the suggestibility of memory. *Memory and Cognition, 23*, 72-82.

Wells, G. L. (1978). Applied eyewitness-testimony research: System variables and estimator variables. *Journal of Personality and Social Psychology, 36*, 1546-1557.

Wessells, M. G. (1990). *Kognitive Psychologie.* München: Reinhardt.

Wetzels, P. (1997). *Gewalterfahrung in der Kindheit: Sexueller Mißbrauch, körperliche Mißhandlung und deren langfristige Konsequenzen* (Interdisziplinäre Beiträge zur Kriminologischen Forschung: Band 8). Baden-Baden: Nomos.

White, T. L., Leichtman, M. D. & Ceci, S. J. (1997). The good, the bad, and the ugly: Accurace, inaccuracy, and elaboration in preschoolers′ report about a past event. *Applied Cognitive Psychology, 11*, 37-54.

Wittlich, S. & Wolfsgruber, A. (1995). Verschüttete Wahrheit. Freispruch im "Montessori-Prozeß". Sind Aussagen von Kindern noch beweiskräftig? *Focus, 3 (52),* 52-54.

Wolff, R. (1994). Der Einbruch der Sexualmoral. In K. Rutschky & R. Wolff, (Hrsg.), *Handbuch sexueller Mißbrauch* (S. 97-116). Hamburg: Klein.

Wood, B., Orsak, C., Murphy, M. & Cross, H. (1996). Semistructured child sexual abuse interviews: Interview and child characteristics related to credibility of disclosure. *Child Abuse and Neglect, 20,* 81-92.

Wood, J. M. & Garven, S. (in press). How sexual abuse interviews go astray: Implications for prosecutors, police, and child protection services. *Child Maltreatment.*

Wood, J. M., Schreiber, N., Martinez, Y., McLaurin, K., Strok, R., Velarde, L. D., Garven, S. & Malpass, R. S. (1998, März). *Child interviewing techniques in the McMartin Preschool and Kelly Michaels cases: A quantitative comparison.* Paper presented at the 1998 AP-LS conference in Redondo Beach, Kalifornien.

Wood, J. M., Schreiber, N., Martinez, Y., McLaurin, K., Strok, R., Velarde, L.D., Garven, S. & Malpass, R. S. (2000). *Interviewing techniques in the McMartin Preschool and Kelly Michaels cases: A quantitative analysis.* Manuscript in preparation.

Wright, D. B. (1996). Misinformation methodologies: Explaining the effects of errant information. In G. Davies, S. Lloyd-Bostock, M. McMurran & C. Wilson (Eds.), *Psychology, Law, and Criminal Justice* (pp. 39-45). Berlin: de Gruyter.

Wright, D. B. & Stroud, J. N. (1998). Memory quality and misinformation for peripheral and central objects. *Legal and Criminological Psychology, 3,* 273-286.

Yuille, J. C. (1988). The systematic assessment of children's testimony. *Canadian Psychology/Psychologie Canadienne, 29,* 247-262.

Yuille, J. C., Hunter, R., Joffe, R. & Zaparniuk, J. (1993). Interviewing children in sexual abuse cases. In G. S. Goodman & B. L. Bottoms (Eds.), *Child victims, child witnesses. Understanding and improving testimony* (pp. 95-115). New York: The Guilford Press.

Yuille, J. C., Tymofievich, M. & Marxsen, D. (1995). The nature of allegations of child sexual abuse. In T. Ney (Ed.), *True and false allegations of child sexual abuse. Assessment and case management* (pp. 21-46). New York: Brunner/Mazel.

Zaragoza, M. S. & Lane, S. M. (1994). Source misattributions and the suggestibility of eyewitness memory: A source monitoring approach to eyewitness suggestibility. *Journal of Experimental Psychology: Learning, Memory, and Cognition, 20,* 934-945.

Zaragoza, M. S. & Lane, S. M. (1998). Processing resources and eyewitness suggestibility. *Legal and Criminological Psychology, 3,* 305-320.

Zaragoza, M. S., Lane, S. M., Ackil, J. & Chambers, K. (1997). Confusing real and suggested memories: A source monitoring approach to eyewitness suggestibility. In N. Stein, C. Brainerd, P. Ornstein & B. Tversky (Eds.), *Memory for everyday and emotional events* (pp. 401-425). Hillsdale: Erlbaum.

Zaragoza, M. S. & McCloskey, M. (1989). Misleading postevent information and the memory impairment hypothesis: Comment on Belli and reply to Tversky and Tuchin. *Journal of Experimental Psychology: General, 118,* 92-99.

Zaragoza, M. S. & Mitchell, K. J. (1996). Repeated exposure to suggestion and the creation of false memories. *Psychological Science, 7,* 294-300